나는 나고 너는 너다

내가 나일 수 있고 내가 아닐 필요가 없는 세상,

네가 너일 수 있고 너가 아닐 필요가 없는 세상을 건설하자

너와 내가 다른 사람에게 너와 나처럼 되라고

강요하지 않는 세상을 건설하자

그리하여 '많은 세상이 어울리는

세상'을 건설하자

－ 마르코스 (사파티스타 민족해방군 부사령관)

Yo soy como soy y tú eres como eres,
construyamos un mundo donde
yo pueda ser sin dejar de ser yo,
donde tú puedas ser sin dejar de ser tú,
y donde ni yo ni tú obliguemos
al otro a ser como yo o como tú.

〈 자르는 선 〉

라틴 아메리카

영원한 위기의 정치경제

라틴아메리카

영원한 위기의 정치경제

이성형 지음

역사비평사

"예수님은 십자가에 단 한 번 못박혀 돌아가셨고 다음에 하늘로 올라가셨다. 그러나 라틴아메리카 사람들은 매년 십자가에 못박히고도 계속해서 살아난다. 아픈 몸이지만 어떻게든 살아나서 이자돈을 갚아야 하기 때문이다." 멕시코의 저명한 경제사가 카를로스 마리찰은 한 글에서 이렇게 풍자했다. 1982년의 외채위기 이래 20년이 지났지만 외채는 계속 늘어나 현재 7천억 달러를 넘었고 또 원리금 상환액도 계속 증가하고 있다.

브라질이 올해 갚아야만 하는 원리금은 350억 달러, 멕시코가 작년에 갚은 원리금은 287억 달러나 된다. 멕시코는 석유판매 대금 수입을 거의 외채 원리금 상환에 써버렸다. 이 나라의 유정은 국제 금융권이 요구하는 금리 지불에 크게 봉사하고 있는 셈이다. 브라질은 현재 IMF의 긴급 금융지원으로 디폴트 상태는 막았지만, 노동자당의 룰라와 민중주의 스타일의 좌파 정치인 시로 고메스가 주도하는 대통령 선거 정국과 맞물려 향후 국제금융권과의 어려운 게임을 치러야만 할 것이다. 제3세계 외채청산운동

캠페인을 벌이는 에릭 투생은 몇 년 뒤 다시금 20년 전처럼 상환 불능으로 연쇄 모라토리엄이 터질지도 모른다고 경고한다.

격변의 20년이 지나갔다. 과거의 폐허는 사라졌지만 새로운 폐허가 나타나고 있다. 도대체 무엇이 문제였던가? 1982년 외채위기를 맞이한 중남미 제국들은 소위 '워싱턴 컨센서스'를 받아들여 영미형 자본주의 모델을 적극적으로 수용하기 시작했다. 민영화, 긴축재정, 규제완화, 무역개방 등의 개혁조치가 줄을 이었다. 국제금융권의 찬사가 뒤따랐고 곧 정체와 경제불안의 대륙이란 오명도 벗을 듯이 보였다. 개혁과 개방의 전도사들이었던 살리나스, 메넴, 후지모리는 국제언론과 금융권의 총아로 부상했다. 1990년대 초반에 이르러 대륙 전체에 안정과 성장 기조가 안착되는 듯 보였다. 그러나 그것은 신기루였을 뿐이다. 1994~95년의 멕시코 페소 위기를 기점으로 다시 국제금융권의 압박은 시작되었고, 1997년 아시아 금융위기의 여파까지 흡수하자 그 이후 대륙 전체가 '또다시 잃어버린 5년'(1997~2002)을 맞이하게 되었던 것이다. 경제는 다시 완전히 망가졌다. 아르헨티나 경제는 아수라장이 되었고 멕시코 경제는 북미자유무역협정(NAFTA)에도 불구하고 별로 신통치 않은 실적을 보이고 있다. 칠레가 겨우 견디고 있지만 이 나라조차도 그렇게 든든한 경제체질은 아니다. 국제언론이 극찬하였던 살리나스와 후지모리는 모두 부패와 독직 혐의로 망명생활을 하고 있고, 메넴은 불법무기 거래와 부정부패 혐의로 국내언론의 지탄을 받고 있다. 도대체 무엇이 문제였을까?

『신자유주의의 빛과 그림자 : 라틴아메리카의 정치와 경제』(한길사, 1999)를 낸 다음 지난 2년 동안 대중들이 쉽게 이해할 수 있는 중남미 정치경제 이야기를 써보라는 부탁을 여러 군데에서 받았다. 필자로서는 너무 상투적으로 굳어진 중남미 정치경제에 대한 담론들이 언론이나 식자층에서조차 난무하는 분위기를 한번 바꾸고 싶기도 했다. 그래서 가끔 월간지지면을 빌려 글을 쓰기도 했다. 때마침 필자가 멕시코에 체류하고 있을 2000년 당시 『시민의 신문』 편집인으로 계시던 서울시립대의 이근식 교수님께서 좋은 기회를 주셨다. 매주 25매씩 시간이 나는 대로 써달라는 주문을 하신 것이다. 덕분에 이 책에서 다룬 다섯 나라 이야기들을 틈틈이 쓸 수 있었다. 선생님의 배려에 새삼 감사드린다. 이와 더불어 퍼슨웹(www.personweb.com)이 필자와 함께한 인터뷰 기사도 포함시켰다. 『배를 타고 아바나를 떠날 때』(창작과비평사, 2001)를 출간한 뒤에 한 인터뷰였지만, 필자가 평소 라틴아메리카 및 지역 연구 전반에 가지고 있던 생각들을 이야기할 수 있었던 기회였기에 당연히 이 책의 말미에 포함시켰다. 게재를 허락해준 퍼슨웹 측에 감사드린다.

최명 선생님께서는 항상 저자의 글을 읽고 따뜻하게 코멘트해주셨다. 선생님께 입은 학문의 은혜에 깊이 감사드린다. 지난 1년 간 연구실에서 편안하게 공부할 수 있게 배려해주신 세종연구소 백종천 소장님과 선후배 동학들께도 책 출간의 기쁨을 함께 나누고 싶다. 여기저기 쓴 글들을 솜씨 있게 편집하고 꼼꼼하게 교정봐준 역사비평사의 이상실 님께도 깊이 감사드린다. 노환으로 고생하시는 어머님께서 하루빨리 쾌차하시길 빌면서 삼가 이 책을 올린다.

2002년 9월
이성형

『라틴아메리카, 영원한 위기의 정치경제』

제1부 아르헨티나 : 영원한 위기의 정치경제

1. 아르헨티나 병 : 영원한 위기의 정치경제학 / 12

2. 국가부도, 무엇이 문제였던가? / 37

3. 아르헨티나 사태의 국제정치학 / 45

4. 고도를 기다리며 : IMF 지원의 정치경제 / 49

   보론(1) : 사회학자 알시라가 본 아르헨티나 위기 / 57

   보론(2) : 스티글리츠, IMF를 정면으로 비판하다 / 68

5. 아르헨티나 사태와 한국 언론 / 81

6. 25주년을 맞이한 오월광장 어머니회 / 99

7. 탱고를 통해 본 아르헨티나 사회 / 107

제2부 멕시코 : 폐허에 비치는 서광

8. '영원한 구조조정' 18년의 공과 / 116

9. 사라진 공룡 : 제도혁명당 최후의 날 / 129

10. 치아파스 통신 : 마르코스의 도박 / 151

제3부 후지모리의 페루, 영광과 좌절

11. 후지모리의 페루 : '스스로 쿠데타' 이후 / 172

12. 후지모리, 마침내 몰락하다

   : 10년 독재체제의 영광과 좌절 / 186

제4부 칠레 : 경제기적과 기억의 정치

13. 칠레의 경제기적, 거짓과 진실 / 210

14. 피노체트 재판 전말기, 기억과 망각의 정치 / 216

15. 두 도시 이야기
    : 산티아고와 부에노스아이레스의 정전 소동 / 223

제5부 베네수엘라 : 볼리바르 혁명과 쿠데타 소동

16. 3일천하로 끝난 베네수엘라 쿠데타 / 230

17. 베네수엘라 사태의 교훈 / 239

제6부 세계화와 우리의 좌표

18. 세계화와 우리의 심상지도 / 246

19. 세계화와 축구 : 세 개의 이야기 / 252

20. 세계화와 중남미 이민사회 / 263

21. 아래로부터의 세계화 : 시민사회와 저항 네트워크들 / 269

제7부 라틴아메리카 및 지역 연구의 방향

22. 라틴아메리카 (지역) 연구 유감 / 286

23. 라틴아메리카와 우리 : 대담(퍼슨웹/이성형) / 295

제1부

아르헨티나
영원한 위기의 정치경제

1

아르헨티나 병:
영원한 위기의 정치경제학

아르헨티나 병(病)의 기원

악순환의 개방경제

'외채의 수렁.' 여기에 한번 빠져들면 헤어나기 쉽지 않다. 그러니까 2000년 12월 12일 국제통화기금과 국제금융권은 397억 달러를 향후 3년 간 아르헨티나 정부에 제공하겠다고 발표했다. 익년에 만기가 돌아오는 아르헨티나 정부의 채무에 대한 부도사태를 막고 불안정한 신흥시장으로의 연쇄 파급효과를 차단하기 위해서라고 한다.

1999년 12월에 출범한 델 라 루아 정부는 "부패 청산, 깨끗한 정치"를 슬로건으로 내걸고 메넴 행정부 10년이 남긴 유산을 정리하고자 했다. 국민들은 페론당 정부가 추진했던 신자유주의 개혁 정치 10년이 남긴 실업, 빈곤, 부패에 염증이 나서 급진시민연합(UCR)–연대국가전선(Frepaso)의 중도/중도좌파 연합(Alianza)에 힘을 모아주었다. 국민의 바람은 컸다. 메넴 정부가 남겨준 부정적인 유산은 한두 가지가 아니었다. 17%나 되는 살인적인 실업률, 가난한 주들에 주기적으로 터지는 사회소요 사태, 장기화된 내수시장의 위축 같은 구조적인 문제에다 전임 정부의 온갖 수뢰 스캔들과 흐지부지 처리된 군정 시절의 인권침해 사태에 대한 단죄 문제에도 국민들은 메스를 대길 바랐던 것이다.

델 라 루아 정부의 1년

그런데 국민의 여망을 안고 출범한 새 정부가 지난 1년 동안 무엇 하나 제대로 해결한 게 없다. 정부는 무능하기도 했지만 어쩔 수 없는 진퇴양난에 빠져 있기도 했다. 10년 동안 진행된 신자유주의 개혁정치가 남긴 거라곤 일상화된 사회적 저항뿐이다. 노조측은 노동법 개악을 막으려 1년 동안 세 번이나 파업을 했다. 2000년 4월에는 노동법 개혁을 둘러싸고 연립정부 내부에도 균열이 생겼다. 메넴 정부의 정책기조를 어쩔 수 없다는 투로 그대로 유지하려는 대통령과 이를 바꾸길 원하는 프레파소(연대국가전선) 세력이 갈등 관계에 들어갔기 때문이었다. 10월에 이 노동법을 통과시키려 정부가 야당의원들을 돈으로 매수한 사건이 불거지자 프레파소 지도자로 부통령직에 있었던 카를로스 '차초' 알바레스가 항의조로 사임서를 던졌다.

왜 연립정부는 메넴 정부의 정책 기조를 바꿀 수 없었을까? 그것은 지난 10년 간의 변화가 이미 새 정부의 발목을 완전히 잡고 있기 때문이다. '최종심의 개혁정치(transformismo)'라고 부르는 메넴의 개혁정치는 말하자면 "더이상의 변화를 봉쇄하는 최후의 개혁"이란 성격을 띠고 있다. 만약 이를 수정하려면 광범한 국민적 합의를 바탕으로 상당한 비용을 치러야만 가능하다. 페소와 달러를 일대일로 묶어둔 '태환법'에서 민영화, 긴축예산, 개방경제 레짐(regime)에 이르기까지 모든 것이 외국 투자자와 국제금융기관의 사실상 '감시' 아래 있기에 새 정부가 새롭게 할 수 있는 일은 거의 아무것도 없다. 이 중 무엇이건 하나를 건드리면 금방 국내 재벌들과 외국 투자자들이 당장 '시장 쿠데타(market coup)'를 일으킬 것이다. 가진 자들이 할 수 있는 가장 쉬운 쿠데타의 방법은 예치 달러를 모두 빼서 몬테비데오로 옮기는 것이다. 그러면 '태환법'의 정부는 버틸 수가 없다. 시중에는 돈이 말라버릴 터이니. 그러니 IMF와 내외 금융권이 시키는 대로 할 수밖에 없지 않겠는가?

메넴 정부의 후유증

지난 10년 간 메넴 정부는 전광석화같이 개혁을 추진해 국제금융권으로부터 각광을 받은 바 있다. 그 중에서도 가장 돋보이는 것이 민영화 정책이다. 전화국, 항공사, 도로, 석유산업, 전력회사, 가스 산업 같은 공공 서비스와 전략산업도 민간 부문으로 모두 넘겼다. 그런데 어떻게 외채는 그다지 줄지 않고 늘어만 갈까? 게다가 정부 국고에도 110억 달러의 적자가

언론으로부터 '자폐증 환자'라는 비판을 받은 델 라 루아 대통령. 그는 국민의 열망에도 불구하고 위기의 아르헨티나를 구해내지 못했다.

페론당 정부(1989~99)를 두 차례 이끌었던 메넴 대통령. 퇴임 후 젊은 미스 유니버스와 재혼하는 행운도 따랐지만 재임시 저지른 무기밀매와 스위스 비밀구좌 사건으로 도덕성을 의심받고 있다.

누적되어 있는 형편이다. 결국 허약한 징세 능력, 국부를 주기적으로 약탈하는 민간부문의 지대추구 행위, 그리고 바람잘 날이 없었던 이 나라의 부패 스캔들에 그 답이 있는 것 같다.

민영화와 개방으로 인해 직장인들도 하나 둘씩 자리를 잃기 시작했다. 실업률이 메넴 정부 중반기부터 15%로 올라가 말기에는 17%까지 올라간다. 부에노스아이레스 거리를 배회하는 젊은이들이 급증하고 사회치안 상태도 급격히 나빠진다. 급기야 이 나라의 보수층을 대변하는 가톨릭 교회조차도 이런 성명을 발표하기에 이른다. 교회는 국제금융기구의 압력이 "생존을 위한 필수품이 결핍된 사람들을 고려하지 않는다"고 비난하고 "위험한 수준의 불평등을" 낳고 있는 "경제의 전제적 지배"에 반대한다고.

이런 상황에서 새 정부는 IMF에 약속한 대로 긴축기조의 재정을 유지하기 위해 공공요금을 대폭 올렸고 공무원 임금을 12% 삭감했다. 또 지방 교부금도 대폭 삭감했다. 당연히 새 정부에 기대를 걸던 국민들은 크게 실망했다. 한 여론조사에 따르면 취임 1주기를 맞이한 새 정부 경제정책에 국민들의 70~77%가 반대하는 것으로 보도되었다. 심지어 비판적인 성향의 『파히나 도세(Pagina12)』지는 새 정부가 임기를 채우지 못할 것이라고 믿는 국민이 다수라고 보도하였다.

아르헨티나 병

아르헨티나 학계에서 오랜 동안 논란거리가 된 토론 중에 '아르헨티나 병(anomalía argentina)'이란 게 있다. 도대체 20세기 초엽에는 선진국에 진입하려던 이 국가가 어떻게 이 모양 이 꼴이 되었나 하는 질문이다. 1930년부터 1983년 문민정부에 이르기까지 대통령은 24명이나 교체되었지만 임기를 채운 사람은 2명뿐이고 경제 사령탑은 무려 52명이나 바뀌어 평균 임기가 1년밖에 되지 않았다. 그러니 정치적 불안정은 물론이고 경제도 이른바 지속적으로 '스톱-고 사이클'을 반복하게 되었다. 이런 풍토에선 아무도 생산적인 활동을 하려 하지 않는다. 당연히 기업인들은 단기적인 렌트를 추구하는 지극히 퇴행적인 행태를 보이게 되었다.

왜 이런 현상이 생기게 되었을까? 혹자는 노동자와 사용자 사이의 권력이 팽팽하게 맞서니 해결책이 좌충우돌될 수밖에 없다고 말한다. 국제금융권이나 미국 학자들 다수는 페론 시대의 국가주의 때문에 나라가 망했다고 말한다. 나아가 강성의 노조집단이 경제개혁에 저항하니 경제가 악화일로를 걸을 수밖에 없다고 주장한다. 모두 근거 없는 낭설은 아니다. 그렇지만 거시역사적 시각에서 보면 아르헨티나 과두제 계급의 퇴행적 성격 때문에 정치, 경제의 불안정이 장기화된다고 보는 게 정설일 것이다. 특히 농업 자본주의 발전이 비슷한 조건에 있었던 캐나다나 호주와 비교한다면 말이다.

퇴행적인 과두제 세력

1880년부터 1930년까지 아르헨티나는 팍스브리타니카(Pax Britanica) 아래 승승가도를 달렸다. 넓은 땅에 인구가 모자라니 이탈리아, 스페인, 심지어 프랑스에서도 대규모로 이민을 왔다. 땅을 파는 인부가 1주일 일하면 양을 수백 마리 살 수도 있었다는 그 시절이었다. 이 시절 정부는 철도도 깔았고 인디오 주거 지역을 군사적으로 점령하여 농지를 크게 넓혔다.

문제는 국가 활동으로 인한 농지 확장과 지가 상승분을 국가가 생산적으로 활용하지 못하고 기존의 지주 과두제 세력에게 고스란히 넘겨주었다는 데 있다. 이 점은 비슷한 조건에 있던 캐나다와 호주의 경험과는 크게 다른 것이다. 두 나라는 지가 상승분을 국가가 흡수하여 발전의 인프라를 구축하는 데 사용했던 것이다. 과두제 세력은 국가와 유착하여 토지 투기로 큰돈을 벌었고 여기에다 영국이 요구하는 곡물과 양털, 육우를 생산하였다.

런던의 시티(금융중심지)는 금융과 종자를 건네다주었다. '제국주의-과두제 동맹'은 이후 1930년대까지 탄탄한 길을 밟게 된다. 이 시절에 형성된 과두제 세력의 지대 추구 습성은 향후 고질적인 저발전의 원인이 되고, 또 이 습성을 한 번도 제대로 개혁하지 못한 것이 바로 이 나라가 저발전의 미로에서 벗어나지 못하는 가장 큰 이유가 된다. 토지제도와 농지개혁이 향후 발전에 얼마나 중요한지 여기서도 생생하게 확인할 수 있다.

1930년대 이후 이 나라에도 새로운 바람이 불어 수입대체산업화가 본격적으로 진행되었다. 국가가 경제활동의 관리자로 나섰지만 이 새로운 틀 속에서도 과두제 세력은 국가에 기생하여 새로운 산업과 금융 분야에서 자신의 지분을 넓혔다. 과두제 세력은 자신의 잉여 자본을 농업 관련 분야와 내수 산업에 투자하였기에 바뀐 시스템 속에서도 자신의 기득권을 계속 유지할 수 있었다. 페론 정권 이래 페론주의자들이 이 과두제를 말로는 공격했지만 이들도 뚜렷한 대안적인 발전 모델을 창출하는 데 실패했던 것이다. 보수적인 과두제 세력은 때때로 군정에 기대면서 기득권을 방어하는 데만 힘써 국내외 환경 변화 적응에는 실패하였던 것이다.

메넴 정부의 개혁 정치도 바로 이 과두제 세력과 국제금융권의 이해에 부응하는 것이었다. 이제 알짜 기업들은 무더기로 이들의 손으로 넘어갔다. 이들은 사이좋게 외국자본과 연대하여 그 동안 국가가 쌓아놓은 부를 한꺼번에 독식할 수 있었다. 이제 아르헨티나의 진짜 주인은 대공황 이전처럼 다국적 자본과 이들 과두제 세력이 연대한 신판 '제국주의-과두제 동맹'이다. 그러니 아르헨티나 사람들은 지난 10년 전부터는 미국 대사관을 (식민시대의) '부왕청'으로 부르고 미국 대사를 '부왕'이라 부른다.

탱고, 희미한 퇴행의 그림자
탱고란 슬픈 춤곡에서도 우린 종속과 퇴행의 희미한 그림자를 발견할 수 있다. 이 노래와 춤은 원래 부에노스아이레스의 변두리 사창가에서 굴러다니던 것이다. 과두제 세력은 오랫동안 이 춤과 노래를 불결하고 흉물스런 것으로 취급했다. 그런데 이 노래가 파리의 중심을 휘젓고난 뒤 아르헨티나의 명물로 인식되자 비로소 과두제 세력은 이를 역수입한다. 지금이나 과거나 역시 이들에겐 뉴욕, 런던 그리고 파리의 시선이 중요한 것이다. 중상류층의 소비 문화 역시 마찬가지다. 그래서 탱고의 기본 안무 동작에는 파리지앵의 '오리엔탈리즘적인 시선(oriental gaze)'이 깃들여 있고, 또 그 가사에는 정처없는 나그네의 코스모폴리타니즘이나 부친 상실의 고아 의식이 짙게 배어 있다.

자신의 정체성을 상실한 엘리트는 말할 것도 없고 노동자 계급까지 탱고에 물들었으니 이 사회는 건전한 사회개혁을 향한 제대로 된 투쟁을 한번도 할 수 없었던 것이다. 노조와 노동자들은 자신들의 경제적 이익을 방어하는 데는 열심이었지만 한 번도 거시적인 사회개혁의 비전을 가져본적이 없었다. 메넴 정부는 친정부 노조들에게 민영화 기업을 몇 개 나눠주기도 했고 노조 지도부 다수는 이를 냉큼 받아들였다. 제대로 된 사회개혁을 향한 투쟁의 부재, 이 점이 아르헨티나가 칠레의 스토리와 크게 다른점이다. 건전하고 힘찬 사회개혁의 전통이 없었기에 오늘날까지도 경제는 과두제 세력과 외국자본이 휘젓고 있고 정치는 메넴 같은 광대들이 한판 흐드러지게 놀다간 굿판으로 변한 것이다.

아르헨티나 경제개혁의 문제점

잠 못 이루는 부에노스아이레스

10년 전에 국제금융권으로부터 경제개혁을 잘한다고 찬사를 받던 아르헨티나가 이제는 악몽의 나날을 보내고 있다. 미국과 국제금융기구도 아르헨티나 때문에 잠을 못 이루기는 마찬가지이다. 밑 빠진 독에 물을 붓듯이 구제금융을 하고 있지만 그 효과가 제대로 날지 확신을 못하기 때문이다. 2001년 현재 아르헨티나의 채무 잔고는 2010억 달러. 중앙정부의 채무가 1330억 달러, 지방정부 지분이 210억 달러, 그리고 민간부문의 채무가 470억 달러라고 한다. 그러니 외채이자 10%를 지불한다고 치면 200억 달러가 감쪽같이 사라지게 된다.

거리에는 나날이 전투 장면이 재현된다. 경제인구의 17%에 달하는 실업자들, 나날이 생활비가 줄어드는 연금생활자들, 임금을 삭감당한 공무원들, 벌써 수개월 월급을 받지 못한 지방 공무원과 교사들, 끊임없이 문을 닫는 기업들로부터 해고되는 노동자들이 거리로 쏟아져나오면서 빵과 정의를 요구한다. 심지어 우유급식조차 위협받은 어린이들의 전국 행진까지 있기도 했다. 워싱턴 컨센서스의 정책처방을 액면가 그대로 받아들여 급진개혁을 추진했던 아르헨티나의 메넴 정부는 도대체 무얼 했길래 이런 결과가 배태되었을까?

메넴의 개혁정책

전임자 알폰신 대통령 정부(1983~89)가 5천%가 넘는 하이퍼인플레이션으로 무너지자 6개월 일찍 권력을 넘겨받은 메넴 대통령은 자신을 뽑아준 페론당의 지지기반과 관계없이 일찌감치 대외 금융권과 국내 민간자본들이 요구하는 경제개혁을 과감히 추진하기 시작했다. 그는 아예 경제부 장관으로 국내 굴지의 다국적 자본인 붕헤이 보른 그룹 인사를 영입했다. 그러나 혼란스런 경제와 인플레이션 기조는 좀처럼 수그러들지 않았다. 뒤에 들어선 에르만 곤살레스 장관은 국내 저축자들의 예금을 동결하여 정부채권으로 바꿔주는 이른바 '보넥스 계획'을 실시해야 할 정도로 인플레이션 압력은 거세었다. 이윽고 도밍고 카발로가 장관으로 기용되면서 내외 금융권의 불안을 잠재우는 기상천외의 조치인 태환법을 실시하였다. 페소와 달러를 일대일로 묶고 태환을 법률로 보장하는 태환법을 통과시켰던 것이다. 이와 더불어 대외개방과 민영화도 급진전하게 되었다. 1991~94년 사이에 아르헨티나는 국제금융권과 민간부문의 축복 아래 중남미에서 가장 충실한 신자유주의 경제개혁에 매진하게 되었다.

태환법 체제

우선 대외개방이 급진전되었다. 1989년 10월 기준으로 26.5%이던 수입관세는 1990년 9.7%로 떨어졌다. 수입에 대한 양적 통제도 폐지되었고 다양한 관세 레짐도 일원화되었다. 다음으로 인플레이션 기대심리를 근본적으로 해체하기 위해 페소를 달러와 일대일로 묶는 태환법을 통과시켰다. 이로써 중앙은행은 태환창구로서만 기능하고 최종대부자로서의 기능을 잃게 되었다. 정부는 재정적자가 나더라도 통화증발로 대응할 수가 없게 되었다. 아울러 자본의 자유화도 완성되어 국제수지의 자본계정에 대한 통제도 없어졌다.

1990년부터 본격화된 민영화 사업도 1994년에 이르면 거의 완결된다. 전화회사, 항공사, 석유회사, 전력회사가 민영화되었으며 철강과 석유화학 그리고 가스업종도 민간인들 손으로 넘어갔다. 석유시추, 철도, 항만, 도로, 상수도, TV 채널, 라디오 등의 분야는 정부가 민간인들에게 이권을 주었다. 정치권과의 거래를 통해 졸속으로 진행된 민영화 사업에는 당연히 부정과 부패 스캔들이 꼬리에 꼬리를 물었고 아르헨티나 경제는 "영원한 약탈의 경제"라는 오명을 덮어썼다. 내외 자본들은 독점적 서비스 업종을 낮은 낙찰가로 넘겨받아서 독과점적 렌트를 누리는 혜택을 입게 되었다. 독립적인 규제기관이 미비한 상태에서 마구잡이로 민영화한 당연한 결과였던 것이다.

초기의 효과

대외개방, 태환법, 민영화로 경제는 잘 굴러가는 듯 보였다. 성장률도 8% 선을 웃돌았고 통화가치도 크게 안정화되었던 것이다. 국제금융권은 이전보다 낮은 금리로 신용을 제공했고 민영화로 인한 수입도 짭짤하게 들어왔다. 끊임없는 경제적 실패를 겪어온 아르헨티나 사람들은 이제 살 만한 세상이 도래한 것 같다고 느꼈고 메넴 대통령에 대한 지지를 아끼지 않았다. 태환법을 적용한 이후 실질임금의 평균치(1994~98)도 1990년치 대비로 10%나 상승한 것으로 나타났다. 적어도 멕시코의 페소 위기로 인한 테킬라 효과(Tequila effect)가 드러나기 전에 대중들은 이 개혁 모델에 커다란 문제점이 있다고 생각하지 않았다. 지난 몇 년 간의 하이퍼인플레이션에 대한 악몽이 아직도 이들의 뇌리에서 떠나지 않았던 것이다. 그러나 이미 카발로 장관의 태환법 레짐은 여러 개의 뇌관을 장착하고 있었다.

태환법 체제의 아킬레스 건

태환법은 하이퍼인플레이션을 잠재우는 데 효과가 있었다. 3년이 경과하면서 인플레이션 수준은 국제적 수준으로 수렴됐지만 카발로는 이를 일시적인 입법 조치로 보지 않았고 신자유주의 모델의 기본적인 틀로 수용하였다. 정부의 재정적자를 방지하는 최후의 보루로서 이를 금과옥조시하였던 것이다. 태환법으로 인해 큰 혜택을 입은 내외 금융자본, 수입업자들, 달러 예금자들(인구의 10%)은 소득의 달러화로 기분이 좋았다. 그러나 나머지는 장기적으로 이 게임에서 돈을 잃어야만 했다. 또 수출업자들은 페소화의 고평가로 인해 비교역재로 눈길을 돌려야 했다. 수출보다는 수입을 유발하는 이 태환법이 장기적으로 버틸 수 없는 것은 불을 보듯 뻔한 일이었다.

무엇보다 무역수지 적자가 큰 폭으로 늘었다. 9.8%였던 1986~90년의 GDP 대비 수출계수는 1997년 14.5%로 증가했지만 수입계수 역시 6.3%에서 21.6%로 크게 증가했다. 무역적자는 급격한 대외개방 조치 아래 경제의 만성적인 체질로 자리잡았다. 경상수지 적자를 보전하기 위해서는 외국돈이 필요했다. 다행히 국제금리가 낮았던 1993년까지는 외국자본이 쉽게 흘러들어와서 국내 경기를 부추겼다. 민영화에 뛰어든 외국기업들 때문에 메넴 정부 초기에는 외국자본이 대량으로 유입되었다. 그러나 1994년 멕시코 페소위기로 인한 신흥시장에 대한 위기감이 확산되자 경제의 선순환은 끊어지게 되었다. 1995년 상반기에 자본 유출이 일어나고 중앙은행 지준보유고가 급감하자 IMF의 구제금융을 통한 자금조달로 메워야만 했다. 1997년 아시아 위기가 발생한 당시에도 마찬가지였다. 국제금리와 외자 유입 같은 외생적인 변수에 대한 지나친 의존을 체질화한 태환법은 아르헨티나 경제를 도무지 예측이 불가능한 아수라장으로 만들어버렸던 것이다.

세계 최고의 전화료

비효율성과 만성적인 적자에 시달리던 공공서비스 부문의 민영화 역시 많은 문제점을 낳았다. 민영화 과정에서 내외 자본들은 거의 독과점적인 지위를 누리는 서비스 부문을 장악했다. 부정과 부패 스캔들은 메넴 정부 내내 잠들 날이 없었다. 결국 민영화의 혜택은 소수의 독과점업체들에게 돌아갔고 시민들은 이들의 포로가 되어 과거보다 크게 오른 서비스 대금을 지불해야 했다. 부에노스아이레스의 전화국은 프랑스의 스텟과 스페인의 텔레포니카가 샀다. 두 외국회사는 지역 독점의 아르헨티나 전화 요금을 비트당 세계 최고로 만들었다. 덕분에 IBM사의 직원도 부에노스아이레스 출장중에는 가급적이면 국제전화를 사용하지 않도록 하고 꼭 이용할 경우에는 전화카드를 이용하도록 한다. 개인 청부업자가 관리하는 도로를 지날 때마다 상당한 수준의 도로 이용료를 내야만 하고 전화나 전력 요금 청구서를 제때 지불하지 않으면 당장 서비스 공급이 중단된다. 이렇기에 소비자들의 원성은 높아만 간다. 정부의 졸속 민영화로 민영화 이후 서비스 공급업체를 적절히 규제할 장치가 없었기 때문에 생긴 일일 것이다.

거의 아나키 상태에 빠진 재정 부문은 초기의 민영화로 인한 특별 재원으로 균형을 찾을 수 있었다. 그러나 안정적인 틀을 지닌 재정개혁은 이루어지지 않았다. 수세 구조는 여전히 부가가치세 같은 역진세에 크게 의존했고 이윤세의 비중은 제한적이었다. 게다가 이윤세는 대부분 법인세 형식이었고 가진 자들에 대해서는 소득세를 거의 거둘 수 없었다. 외채에 대한 지불 약속 그리고 경상수지 적자에 대한 보전이 이러한 균형을 깨트리는 것은 시간 문제였다. 경제활동이 위축되면서 부가가치세도 크게 줄어들었기 때문이다.

사회적 적자

1994년의 페소위기가 발생하기 전 약 8%의 성장률을 유지하던 시절에도 아르헨티나의 실업률은 떨어지지 않았다. 태환법 체제가 발효된 1995년에는 테킬라 효과로 실업률은 17% 상승했고 이후 줄곧 15~17% 선을 맴돌고 있다. 고용된 자 가운데서도 비공식 부문에 종사하는 사람들이 크게 늘고 있고 공식 부문의 비중은 날로 축소되고 있다. 이는 제조업 고용자는 줄고 서비스 및 상업 종사자들이 늘어가는 추세와도 관련이 있다. 지난 10년 간 아르헨티나 경제는 "일자리 창출 없는 성장(jobless growth)"과 "실업 증가를 동반한 정체"를 주기적으로 반복하는 체질을 갖게 되었던 것이다. 지난 3년 간 경제가 계속 정체를 지속하자 대중의 생활은 크게 나빠졌다. 급기야 이 나라 최대의 신문 『라 나시온』(2001. 6. 27)은 인구의 56%가 빈곤층이며 17%는 하루 한 끼 먹기도 힘들 정도라고 보고한다.

태환법, 무엇이 문제인가?

태환법 레짐은 고정환율제의 극단적인 형태이다. 비록 그것이 인플레이션 기대심리를 해체하는 데는 효력이 있겠지만 결국 무역적자나 재정적자를 외부저축으로 메우게 하여 대외금융 종속을 체질화하는 매개고리가 되기도 한다. 하이퍼인플레이션 시대의 아르헨티나가 화폐증발로 재정적자를 메우던 것을 이제 외채로 메우게 만든 것에 불과하다. 최종대부자가 없는 국민경제는 이미 테킬라 효과와 아시아 금융위기의 전염으로 두 차례나 큰 혼란을 치르었다.

이제 이 나라의 기득권층과 이들에 동조하는 경제학자들은 차라리 페소화를 버리고 달러화를 통화로 사용하자고 말한다. 그러면 평가절하에 대한 두려움은 완전히 제거될 것이고 국가위험도(country risk)도 줄어져서 실질금리도 떨어질 것이다. 당연히 장기 금융도 증가할 것이고 경제의 불확실성도 줄어들어 외국으로 도피한 자금들도 쉬이 들어오지 않겠냐고 강변한다.

비판자들의 논리도 만만찮다. 경제활동이 외국자본에 과도하게 의존되면 금융기관이나 실물경제에 신용공급이 불안정하게 되어 오히려 불량채권이 증가하게 되고 이에 따라 은행위기가 도래할 가능성이 증가한다. 태환법 시행에서 보았듯이 국제수지가 불균형을 이룰 때에 상대가격을 정정할 가능성은 떨어져서 국민경제의 파행성은 더욱 커진다. 지난 10년 간의 역사는 비판자들의 논리가 옳다는 것을 이미 보여주지 않았는가? 한 비판적인 경제학자는 이렇게 비꼰다. "과도한 섹스를 피하기 위해 그것을 잘라버릴 수는 없지 않아요?"

카발로 장관의 입각 : 누가 통치하는가?

오도넬의 분노, "최악의 종속국"

지금 아르헨티나 사회가 겪고 있는 종속은 "지난 수십 년 동안 나온 종속이론서 가운데 가장 비판적인 것조차도 예견하지 못한 최악의 유형과 정도의 종속"이다. 저명한 정치학자인 기예르모 오도넬이 아르헨티나의 한 일간지(『파히나 도세』 2001. 3. 1)에 기고한 논문에서 밝혔다. 메넴 정부 (1989~99)의 신자유주의 정책에 분노한 대중들의 열기로 집권한 라디칼 당-프레파소의 연대 정부가 전임 정부 아래에서 경제개혁을 진두지휘한 슈퍼장관 도밍고 카발로(2001년 현재 군소야당 AA의 총재)를 다시 영입하여 그에게 전권을 부여한 델 라 루아 대통령의 결정에 낙담하여, 오도넬은 아르헨티나 경제가 이제 완전히 내외 금융자본가들의 포로가 되었다는 고뇌에 찬 목소리를 전하고 있다.

그의 분석에 따르면 1976년 군정이 집권하여 신자유주의 정책을 펴면서 금융자본의 투기 체질이 나타나기 시작했고 메넴 행정부 시절에 완전히 제도화되었다. 제대로 된 나라라면 금융자본은 생산을 매개하여 경제의 선순환을 만드는 윤활유 기능을 수행할 것이다. 그러나 워싱턴 컨센서스 (Washington Consensus)가 요구하는 개방, 민영화, 탈규제 개혁 속에서 내외 금융자본은 오로지 공채에 대한 투기를 일삼을 뿐이다. 이들의 합리성은 오로지 높은 이자를 지불하는 정부의 채무 증권을 사들이되 이를 적절한 국가위험도(country risk) 내에서 관리하여 이자 소득을 극대화하는 것이다. 채무 재협상을 통해 이자 프리미엄을 더욱 높이고 이를 위해 신용을 공여하여 외채 증가 스파이럴(spiral)을 유지하는 메커니즘, 바로 이것이 지난 10년 간의 아르헨티나 경제의 초상화인 것이다. 여기서 국제통화기금의 임무는 아르헨티나의 국가채무에 대한 지불능력을 감독하고 이를 어기지 않도록 압력을 행사하는 것일 뿐이다.

내외 금융권이 임명한 장관

사실 연대 정부가 지난 14개월 간 수수방관하며 지낸 것은 아니었다. 전임장관 마치네아는 메넴 행정부가 남긴 폐허 속에서 재정균형과 경제성장을 이룩하기 위해 고군분투했었다. 전임장관은 가진 자들로부터 세수를 늘이기 위해 이윤과 금융소득에 대한 세율을 조정하였고 부가가치세 면세 범위를 줄이기도 했다. 그렇지만 시장의 반응은 냉담했다. 1999년 −3.4%의 경제성장 침체를 겪은 뒤 이듬해에도 제로 성장에 그쳤고 2001년 역시 더딘 경기회복(1∼2%)에 그치리라는 전망이 나왔다.

IMF로부터 비관적인 경기전망이 나오고 국가위험도가 점차 높아가면서 델 라 루아 대통령은 국민과의 약속을 저버리고 다시 도밍고 카발로를 기용하기로 맘을 먹었다. 국민의 요구보다 금융권(소위 '시장의 사인'이라고 불린다)의 요구에 굴복했던 것이다. 연대 정부의 부통령으로 중도좌익 프레파소의 지도자인 '차초' 알바레스는 이 조치에 불복하고 일단 정치 일선에서 손을 뗀다는 폭탄선언을 했다. 어차피 국민과의 선거공약을 지키기 힘들다면 물러서는 게 정치적 도리라고 생각했던 것이다. 올해 말에 의회 선거를 앞둔 아르헨티나 정국은 또 심각한 위기의 소용돌이에 빠져들게 되었다.

카발로의 입각

카발로의 입각은 바로 냉담한 시장의 요구, 더 정확하게는 내외 금융자본의 요구가 승리했다는 뜻이기도 하다. 그것은 채무 불능 사태를 막고 금리를 최대한 수취하려는 국내외 금융자본과 이들의 이해를 간접적으로 대변하는 다국적 금융기관의 입김이 국민 다수의 의사를 누른 것이기도 하다. 이는 한편으로 한 주권국가의 정책결정권이 어떻게 탈국적화되고 탈국민화되어가는가 하는 과정을 생생하게 보여주는 예이기도 하다.

'밍고'란 애칭을 지닌 카발로는 군정 시절 중앙은행 총재를 지낸 베테랑 기술관료이다. 그는 메넴 행정부 시절 슈퍼경제장관으로 '태환법'을 입안했고 페소와 달러를 일대일로 묶어 고질적인 인플레이션 심리를 잠재우는 데 성공했다. 그렇지만 이 태환법이 중앙은행을 무력화시켰고 또 투기 체질에 찌든 금융자본의 이윤 극대화에 순기능적이었지만, 10년 간 지속적으로 고평가된 페소화를 유지시켜 수출산업의 경쟁력에 악영향을 미쳤던 부정적인 효과도 크다는 점을 잊어서는 안 된다. 지금 중남미를 떠도는 유령인 '달러화'는 득보다 실이 많은 조치인 것이다.

2001년 봄에 입각한 카발로는 시장을 진정시키기 위해 우선 자본재 수입에 대해 면세조치를 취하고 태환 바스켓에 유로화를 50% 가미하는 정책을 내놓았다. 일단 기업인들은 환영의 뜻을 표했지만 유로화를 태환 바스켓에 포함시킨 정책으로 아르헨티나 수출산업의 경쟁력이 나아질 것이라고 생각하는 사람은 아무도 없다. 그의 입각에도 불구하고 이코노미스트 인텔리전스 유닛(EIU) 분석팀은 국가위험도를 C(중)급에서 D(고)급으로 하향 조정했다. 위기는 그만큼 심각하고 가까운 미래에 경제가 회생할 가능성을 꿈꾸기가 어렵기 때문이다.

악순환의 연속

델 라 루아 정부는 정권을 인수할 당시 1500억 달러의 외채잔고를 물려받았다. 메넴이 집권할 1989년 당시 630억 달러였던 외채잔고가 10년 만에 870억 달러나 증가했던 것이다. 지난 10년 간 민영화 재정 수입으로 잡힌 돈이 400억 달러가 있었다는 점도 잊어서는 안 된다. 그럼에도 불구하고 왜 이렇게 외채는 증가만 하고 있을까? 문제는 공공재정을 둘러싼 투기

메커니즘이다.

지난 10년 간 정부가 부르짖은 개혁 슬로건에도 불구하고 관료 정치의 개혁은 대단히 빈곤했다. 메넴 정부는 공기업을 파는 데는 열심이었지만 고위 관료들의 부정행위는 그대로 방치했고 중앙정부와 지방정부의 조직 개혁에도 별 성과를 거두지 못했다. 태환법이 발효된 이후 재정지출의 부담도 증가했지만 소비 붐에 따른 세수 확대와 민영화 수입으로 공공채무는 별로 증가하지 않았다. 그러나 1994년 말 멕시코 페소 위기가 터지면서 파급된 테킬라 효과로 실질성장률이 −3%에 달하고 연금 시스템에서 기업인 기여금이 축소하면서 정부 재정 부담이 늘어나자 공공채무 수준도 GDP 30% 수준에서 40% 수준으로 상승하게 되었다. 다시 국가재정 상태는 금융자본의 투기 대상이 되었던 것이다. 결국 공채 금리는 대폭 상승하고 기존 채무도 재협상을 통해 프리미엄 금리를 지불해야 했으며 정부는 이를 위해 빈약한 재원 대신 외채를 끌어들여야만 했던 것이다. 바로 이것이 알짜배기 기업들을 민영화했음에도 불구하고 계속 외채가 늘어난 이유이기도 하다.

장기화된 경기침체

금융자본의 투기 체질화는 생산적 자본의 탈구로 연결된다. 다국적 자본은 이미 아르헨티나 대기업들의 2/3 정도를 장악하고 있다. 개방과 더불어 국내 중소업체들도 줄줄이 도산했고 실업률도 15%를 넘은 지 오래이다. 고평가된 페소화로 인해 수출부문 산업도 경쟁력을 유지하기 위해 비용 절감분을 임금 부문에다 지속적으로 전가시켰다. 저임금도 저임금이지만 근로자들의 고용조건도 대단히 불안해졌다. 당연히 내수 시장에는 찬 바람이 불고 있다. 아르헨티나 정부가 지금 국면에서 내외 금융권과 채무 협상이 잘 진전되어 위기를 넘긴다고 해도 얼어붙은 내수시장 때문에 단

아르헨티나 페소화

슈퍼장관 도밍고 카발로. 그는 태환법 체제의 설계자로
1990년대의 경제불안을 진정시켰지만 2001년 아르헨티나
경제붕괴를 막지 못했다. 장관 임기 말년에는 이중국적 문제,
비밀구좌 문제로 구설수에 올랐다.

기에 경기가 회복되지는 않으리라고 경제분석가들은 예견한다. 더구나 미
국경제의 연착륙이 이루어지지 않는다면 아르헨티나 경제는 더욱 힘들 것
이다.

과거의 영화, 현재의 고난

30년 전에는 아르헨티나인들이 자랑스럽게 말했지요. '작년엔 프랑스, 체코슬
로바키아 그리고 불가리아를 50일 간 다녀왔지요.' 요즘은 이렇게 말한답니다.
'작년에 보스니아 혹은 루마니아 난민에게 50센트(센타보)를 준 적이 있지요.'

한 일간지에 실린 자조적인 농담의 한 구절이다. 중간계급의 몰락을 상
징적으로 보여준다.

결국 공공채무의 늘어나는 이자를 갚느라 정부는 교육과 복지 부문 투
자비용을 대폭 삭감할 수밖에 없었다. 사회보장 시스템은 열악해져서 연

금 소득자는 이제 신빈곤층이라 일컬어질 만큼 수입이 줄어들었다. 고작 우리 돈으로 월 20만 원 미만에 불과하다. 20년 경력의 교사 월급도 월 50만 원 정도이다. 이 교사가 먹고살려면 겹치기 출연으로 몸을 파김치가 되도록 굴려야 한다.

급기야 어려운 가정 사정으로 학업을 포기하는 학생들도 급증했다. 1999년 기준으로 초등학생의 30%, 중학생의 49%, 그리고 대학생의 51%가 학업을 중도에 포기해야만 했다. 정나미떨어지는 이 나라에 미련을 버리고 보따리를 싼 과학자들도 지난 30년 간 도합 5만 명이나 된다. 몇 년 전에 작고한 이 나라의 저명한 시인 세사르 페르난데스 모레노는 이렇게 자조적으로 말했다. "아르헨티나인이 된다는 건 말이야 백치 엄마를 갖는 것과 다를 바가 없지."

상류층만이 쾌적한 나라

중간층도 이제 휴대폰 비용 부담이 쉽지 않아 이를 끊는다. 사립학교에 아이를 보내는 엄마는 학교급식비를 부담하는 것이 힘들어 이제 손수 먹거리를 싸준다. 주중 2회 정도 가정부를 두던 중상층 가정도 대부분 이들을 내보냈다. 주말이면 레스토랑에서 오붓하게 가족들이 모여 식사하던 풍경도 이젠 옛날 이야기가 되어버렸다. 가계 소비의 주름살은 이렇게 중상층에까지 영향을 미치고 있다고 한 신문사의 조사는 밝힌다. 하층에 이르면 분위기는 가히 험악하다. 한 신문이 서베이 조사를 한 뒤 하층민 가정의 생활상을 정형화한 스토리를 읽어보자.

텔레비전은 6개월 전에 박살났는데 고칠 수도 없었다. 휴가철에 일을 해서 수리 비용을 마련해보려 했는데 그것도 여의치 않았다. 큰아들은 고등학교를 그만두었다. 이제 배달꾼 노릇을 한다. 마누라가 머리를 자르고 염색하지 않은 지도 오래되었고 이젠 아예 거울조차 보지 않는다. 얼굴을 남에게 보이기도 기억되기도 싫은 모양이다. 이전에는 나도 의사가 권고한 대로 광장을 어슬렁거리거나 산책을 했는데 지금은 모두 그만두었다. 일에 녹초가 되어 들어오면 침대에 누워서 아무 말도 안한다. 부모를 모셔야 하지만 같이 사는 것이 쉽지 않다.(『파히나 도세』 2001. 5. 1)

오직 상류층만이 소비의 부담에서 면제될 뿐이다. 정치적 성향이 비교적 온건하다는 평을 얻고 있는 아르헨티나 출신 미국 정치학자 오도넬의 분노는 바로 여기서 출발한다.

아르헨티나 금융위기와 교훈

새로운 구제금융

인터넷에 떠다니는 조크라고 한다. 아르헨티나와 미국 두 나라의 가장 중요한 차이점은 무엇일까? 미국인들에겐 대통령 조지 부시, 스티비 원더, 밥 호프, 자니 캐시가 있는 반면 아르헨티나인들에겐 대통령 페르난도 델라 루아밖에 없다. 그러니 기적을 바랄 수도 없고 희망도 현찰도 없다. 참으로 썰렁한 조크이다. 국제금융권의 총아로 워싱턴 컨센서스를 가장 모범적으로 따랐던 아르헨티나. 1990년대 메넴 대통령의 개혁 정치는 국제금융권의 찬사를 받았고 국제언론은 드디어 아르헨티나가 정체의 늪에서 빠져나오고 있다고 보도했다. 그러나 10년이 지난 이 시점, 찬사는 실망과 냉소로 바뀌었고 아르헨티나인들은 스스로 깊은 허무주의에 빠져 있다. 게다가 경제개혁을 주도했던 대통령은 집무 당시 범한 불법 행위로 법원에 기소되어 있다.

돈을 찾으러 나왔지만 은행문은 좀처럼 열리지 않는다. '탱고 효과'에 전염된 몬 테비데오 거리

시위대와 진압 경찰의 충돌은 이제 일상사가 되어버렸다. 제2도시 코르도바에서 시위대를 해산하기 위해 최루탄을 쏘는 전투경찰들

집권 초기부터 더이상 개도국의 위기에 구제금융을 지원하지 않겠다고 다짐하던 부시 행정부도 결국 폴 오닐 재무장관을 아르헨티나에 파견하여 2주 간 협상을 끝낸 뒤에 IMF의 대기성 차관으로 80억 달러를 추가로 공급한다고 8월 22일 발표했다. 아르헨티나에 대규모 은행예금 인출 사태가 일어나고 이웃나라인 브라질, 칠레 그리고 (부분적으로) 아르헨티나에 투자를 많이 한 스페인에 위기가 전염될 조짐이 농후해지자 미국도 수수방관만 할 수 없는 노릇이었다. 이미 브라질과 칠레에서도 예금 인출 사태가 일어났고 통화가치마저 흔들리기 시작했던 것이다. 2005년 미주자유무역지대(FTAA) 창설을 앞둔 미국으로서도 무언가 제스처를 써야만 했다. 협상

결과가 발표되기 직전에 아르헨티나의 국가위험도는 1662포인트(아르헨티나 공채금리가 미국 재무증권 금리보다 16.62% 더해져야 팔린다는 의미이다)까지 올라갔고 주식시장도 3.5%나 떨어지는 등 불안한 조짐을 보였다. 협상이 2주나 끌게 되자 금융권은 미국의 대답이 '노'로 기울어진다고 보았던 것이다. 그러나 부시 행정부가 종전의 언행을 번복하고 연초에 국제금융권이 공여하기로 한 138억 달러에 더하여 IMF 대기성 차관 80억 달러를 추가로 공여하기로 했던 것이다. 80억 달러 중에서 50억 달러는 중앙은행의 외환보유고로 들어갈 예정이고 30억 달러는 신규 공채 발행에 대한 보증금으로 사용될 예정이라고 한다.

카발로의 극약처방

협상 이전에 '슈퍼장관' 카발로는 늘어나는 재정적자를 혁신적으로 막는 '제로적자법'을 제안했다. 매년 60~70억 달러씩 발생하는 재정적자 때문에, 정부는 2001년 들어서 계속 디폴트의 위협에 시달렸다. 최근에 있었던 채권 재협상(만기연장)을 거쳐 디폴트는 막았지만 위기의 뿌리는 여전히 남아 있었다. 슈퍼장관이 7월에 제안한 제로적자법은 공공부문의 임금과 연금을 13% 삭감하여 재정균형을 도모하는 것이었다. 월 300페소(달러) 이상의 모든 봉급자는 이 제안에 따라 급여가 대폭 줄게 되었다. 아울러 부패와 비효율을 이유로 국세청과 세관의 관리를 민영화하는 방안도 제시되었다. 이러한 조치의 성실한 수행을 조건으로 IMF와 폴 오닐 재무장관이 추가지원을 허용했던 것이다. 그러나 금융권에서 이번 조치로 아르헨티나 경제가 나아질 것이라고 믿는 사람은 거의 없다.

악순환의 경제정책

아르헨티나의 현단계 외채 잔고는 약 1500억 달러. 1991년에 613억 달러였던 것이 그 많은 민영화 기금의 수입에도 불구하고 이렇게 늘었던 것이다. 원리금 상환을 위한 재정 규모도 1993년에는 35억 달러 수준이었지만 2001년 예산에서는 270억 달러로 증가했다. 이 중 180억 달러가 원리금 상환(이자는 110억 달러)에 충당되고 90억 달러는 재정적자분 보전에 충당된다. 외채는 계속 쌓여갈 수밖에 없다. 이런 와중에 카발로 장관이 제로적자를 슬로건으로 내세웠다. 당연히 서민층의 임금소득을 깎아서 재정적자를 줄이겠다는 야심찬 조치이다. 이미 실업률이 16%에 달한데다 노동인구의 1/3이 불안전 고용(460만 명)으로 내수시장이 얼어붙어 있는데 이번에 취한 공공부문의 임금 삭감조치는 3년 연속으로 지속된 경기침체를 가속화할 전망이다. 과연 이 조치가 그냥 굴러갈까? 이미 노동자들은 지난 7월부터 지속적으로 파업과 도로 점거에 나서고 있어서 사회불안이 가속화되고 있다. 3대 노조는 카발로의 조치가 나오자 총파업으로 맞섰고 일부 노동자 세력은 주요 간선도로를 수십 군데 장악하여 교통을 마비시키기도 했던 것이다.

정치적 난관

지방정부의 재정 상황도 대단히 어려운 실정이다. 이번 협상에서 중앙정부와 지방정부의 협력에 관한 사항이 빠져 있기 때문에 향후 전망도 상당히 어려운 실정이다. 대부분의 지방정부가 그렇지만 인구 1/3이 사는 부에노스아이레스 주 정부도 공무원의 월급과 연금도 지불할 현금이 없어서 임의로 만든 돈표인 '파타콘(patacon)'을 발행하고 있다. 파타콘은 1년 뒤에 7%의 이자를 붙여 지불하는 일종의 채권이다. 나쁘게 이야기하면 지불약속이 어겨질 경우 폴란드 망명정부의 지폐처럼 휴지조각에 지나지 않을 수도 있다. 이미 많은 상점과 서비스 회사에서 이를 받지 않는다. 전화요금으로는 받지 않고 할인된 가격으로 맥도날드에서 햄버거를 사먹을 수는 있다고 한다. 물론 가전제품 같은 고가품 취급점은 절대로 받지 않는다. 이런 상황에서 델 라 루아 정부의 IMF 협상 결과에 주정부의 긴축을 강요받고 있는 주지사들이 협조적인 태도를 취할지도 미지수이고 상원과 하원에서도 입지가 축소되어 있기에 향후 정국 운영 자체가 어려울지도 모른다.

국민의 불신

이미 다수의 국민이 카발로의 조치를 불신한다. 여론조사기관 리카르도 루비에르사가 조사한 바에 따르면 응답자의 67.8%가 문제해결이 어려울 것이라고 반응을 보인 반면 상황이 호전되리라 믿는 사람은 겨우 18%에 불과했다. 이 중에서 32.4%는 차라리 지금 정부가 퇴진하고 새 정부가 들어서는 것이 나을 것이라는 반응을 보이기도 했다고 한다. 태환법으로 고평가된 페소화로는 수출 잠재력을 배양할 수도 없다. 3년 연속으로 침체된 내수시장은 더욱 침체가 가속화될 전망이다. 불평등의 수준은 아무리 자유주의자라 할지라도 눈을 뜨고 보기 힘들 정도로 열악해졌다. 수출상품이라곤 철강과 유지 정도밖에 없으니 참으로 암담한 상황이라 하겠다.

달러화의 유혹

이런 와중에 월스트리트의 분석가들은 이런 충고를 한다. 페소화를 버리고 차라리 달러화를 사용하라! 태환법 같은 간접적인 달러화가 아니라 직접 달러화를 통화로 사용하라고. 이미 달러화는 에콰도르, 엘 살바도르, 니카라과에서 통화로 사용되고 있고 기타 나라들에서는 저축과 결제 수단으로 광범하게 사용되고 있다. 달러화를 부추기는 사람들은 이런 논리를 갖다댄다. 경제침체를 핑계로 바깥으로 빠져나간 800억 달러(추산치)는 페소화 시절의 불안을 잊어버리고 국내로 들어오지 않겠느냐고. 미국 전략국제연구소(CSIS)의 남미 프로젝트 책임자 미겔 디아스는 말한다.

아르헨티나에는 단순한 접근법이 요구된다. 달러화만큼 일관되고 단순한 조치는 없다. 만약 페소 붕괴의 두려움이 없다면 아르헨티나에 투자하라는 호소는 먹혀들 것이다.

과연 그럴까? 집을 나간 탕아(800억 달러 추산)가 돌아온다고 할지라도 경제가 나아진다는 보장은 없다. 여전히 그들은 금융투기에만 열을 올리고 어떻게 하면 국부를 바깥으로 빼내갈 것인가를 고민하는 사람들이기 때문에 경제성장, 균등한 배분을 동반한 국민경제 건설과는 거리가 멀 것이기 때문이다. 국내 경제학자들은 차라리 태환법을 포기하고 변동환율제로 복귀하는 것이 국민경제를 위해 유리할 것이라고 충고한다.

달러화냐 중남미 통화블록이냐?

현단계 미주지역의 달러화 논쟁을 주도하는 사람들은 아르헨티나의 추이를 주목한다. 만약 이 나라가 일방적으로 완전한 달러화를 선택한다면 멕시코나 여타 큰 나라들도 하나의 대안으로 심각하게 받아들일 것이다. 반면 아르헨티나 태환법의 경제적 결과(고평가로 인한 수출 침체)가 부정적인 마당에 달러화에 대한 부정적인 여론이 확산된다면 지역통화블록에 대한 논의가 향후 진행될 것이다. 금융위기의 빈도는 점차 잦아지고 있고 진행기간도 길어지고 있다. 이미 1990년대 들어와 세계경제는 여러 차례 금융위기를 겪은 바 있다. 마치 20세기 초엽의 위기 상황이 반복되는 듯한 느낌이다. 향후 미주 대륙은 자유무역지대의 결성과 통화블록 논의가 활성화될 것이다. 유로화, 달러화가 두 개의 기축통화로 자리잡은 통화블록의 이 시대에 아시아 경제 나아가 우리 경제가 걸어가야 할 길은 어떤 것인지 심각하게 생각해보아야만 할 것이다.

2

국가부도,
무엇이 문제였던가?

무엇이 문제였던가?

26명의 인명피해를 낸 뒤에서야 델 라 루아 대통령은 사임을 결심했다. 비상계엄 선포로도 전국 곳곳에서 일어난 슈퍼마켓 약탈과 방화 그리고 소요 사태가 수그러들지 않았던 것이다. 대통령궁 카사 로사다 앞의 오월 광장에 모인 군중들은 경제 실정에 책임이 있는 도밍고 카발로 경제장관 의 해임만으로 만족하지 않았다. 불과 2년 전에 메넴 행정부(1989~99)의 경제적 파탄과 부패에 질린 국민들은 부패 청산을 슬로건으로 내건 중도 파(라디칼당)-중도좌파(프레파소) 연합세력인 '연대(Alianza)' 정부에 표를 몰아주었지만 새 정권은 국민의 여망에 부응하지 못하고 중도에 하차하고 말았다.

도대체 무엇이 잘못되었던가? 한국의 주요언론들은 페론주의가 문제라 느니 노조와 과도한 복지제도가 문제라고 써댔지만 너무나도 사태의 핵심 에서 벗어나 있었다. 심지어 "누가 에비타를 위해 울어주랴" 식의 신파조

시평도 버젓이 얼굴을 내밀었다. 『뉴욕타임즈』, 『르몽드』, 『알게마이네 차이퉁』이 개방경제의 통화정책을 문제삼고 IMF의 정책 미스를 지적하고 있을 때 우리 언론들은 모두 입이라도 맞춘 듯이 노동자들의 집단이기주의와 포퓰리즘(인기영합주의)의 폐해를 떠들어댔다. 세계화 시대에 바깥 세계에 대한 신경이 이렇게 둔감해서야……

아르헨티나 사태는 길게는 1976년 군정 시절부터 시작된 무모했던 개방정책과 신자유주의 개혁이 남긴 종착역이다. 강성 노조, 복지국가, 개입주의 국가를 깨기 위해 마르티네스 데 오스 경제장관은 군부 지도자의 후원 아래 대규모로 경제개방을 단행했다. 그러나 이러한 정책의 후유증으로 경제의 탈산업화는 가속화되었고 외채도 눈덩이처럼 불어났다. 군부는 결국 경제실정과 포클랜드 전쟁 패배로 1983년에 퇴진할 수밖에 없었다. 재난의 두 번째 사이클은 메넴 행정부의 개혁 개방 정책이었다.

태환법 체제와 신자유주의 개혁 개방

알폰신 정권의 말기에 5천 퍼센트가 넘는 초인플레이션을 경험한 메넴 정부는 군정 시절 중앙은행 총재를 역임한 개방경제론자 도밍고 카발로를 입각시켰다. 카발로는 인플레이션을 잡기 위해 태환법이란 극단적인 고정환율제를 도입했다. 1페소를 1달러로 묶고 정부가 태환을 보증해주는 이 제도는 고질적인 타성적 인플레이션을 잡는 데는 큰 효력을 보였다. 페소의 발행한도는 중앙은행이 보유한 달러 한도 내로 제한되었기에 사실상 통화주권도 재정정책 수단도 포기한 것에 다름없었다. 이와 더불어 대외개방, 민영화, 규제완화가 정권 초기에 빠른 속도로 진행되었고 국제금융권과 미국은 아르헨티나를 "개방경제의 모범생"이라고 부추겼다. 외국자본은 막 불어닥치기 시작한 민영화 붐에 동참했다. 내외 금융자본은 민영화나 채권 투기로 큰 재미를 보았다.

그러나 고평가되기 시작한 페소화로 인해 수출경쟁력은 급전직하로 떨어졌고 다시 한번 내수산업은 붕괴되기 시작했다. 탈산업화의 두 번째 사이클이 시작되었다. '금융천국'이 된 아르헨티나 경제를 카발로는 구조조정을 겪는 개방경제의 조정국면으로 해석했다. 어느 누구도 제조업에 투자하려 하지 않았고 공채 투기나 독과점 서비스 업종에 눈독을 들였다. 한편 소비자들은 고평가된 페소화로 수입제품을 사다 쓰고 외국여행 다니는 재미에 마취되었다. 메넴 행정부는 전력, 전화, 항공, 석유산업 등에 시행된 민영화로 들어온 수입도 적당하게 나눠 썼다. 규제장치가 풀린 이 업종에 서비스 공급자들의 횡포도 눈에 띄게 늘어갔다. 전화요금은 비트당 세계 최고의 가격을 자랑했다. 심지어 IBM 직원도 부에노스아이레스에서는 호텔 전화를 사용하지 못할 정도였으니.

정치광고의 명수인 메넴은 인플레이션 퇴치라는 공적과 민영화 수입의 적절한 배분으로 집권 초기에 높은 인기를 누렸다. 여세를 몰아 그는 야당 총재였던 알폰신과 밀약을 맺고 단임제 헌법을 중임제로 바꾸었고 높은 인기 속에 재선되기도 했다. 대통령 중임제는 포퓰리즘적인 정치행태를 낳을 수도 있다는 명백한 사례가 메넴의 집권 1기이리라.

메넴이 집권한 10년 동안 추진했던 구조개혁과 안정화 정책은 '눈물의 계곡'을 지나는 고통스런 과정이 아니라 화려한 봄나들이와도 같았다. 291억 달러의 민영화 수입이 있었지만 이 시절 외채규모는 또 한번 크게 늘어났다. 성장의 잠재력은 집권 2기부터 소진되어갔고 경제는 집권 말기에 오랜 침체 상태로 빠져들어갔다. 실업률은 16~18%를 육박했고 빈곤층도 기하급수적으로 늘어갔다. 태환법 체제는 1994년의 멕시코 위기(테킬라 효과), 1997년의 아시아 위기(드래곤 효과), 1998년의 브라질 위기(삼바 효과) 같은 외생변수에도 쉽게 전염되었다. 사람들은 그제서야 마취에서 깨어나기 시작했다.

델라 루아 정부의 무능

사실 델 라 루아 행정부가 집권했을 당시 정부에게 남은 카드는 아무것도 없었다. 태환법 체제를 폐기하고 대안적인 경제정책을 설계하기에는 집권여당 세력의 힘이 너무 약했다. 야당인 페론당(PJ)이 의회에서 발목을 잡고 있었기에 델 라 루아 정부는 손쉽게 기존의 정책을 답습할 수밖에 없었다. 그러나 다수 국민은 이를 대통령의 우유부단함, 무능, 급기야 배신으로 받아들였다. 언론은 대통령을 '자폐증 환자'라고 비판하기도 했다. 집권 이후에도 경기침체가 지속되자 대통령은 태환법 체제를 설계한 슈퍼 장관 카발로를 재기용했다. 내외 금융권이 지지하는 카발로를 통해 시장의 불안을 잠재우겠다는 전략이었지만 이는 고통을 겪는 국민 다수가 바라는 정반대의 정책이었다.

카발로 장관은 태환법 체제를 고수한 채 재정적자를 제로로 만들겠다고 공언했다. 이미 3년 연속으로 경기침체가 가속화되었고 실업률도 20%나 되었다. 단기외채를 장기로 바꾸는 대량의 공채 스왑(swap)을 실행했고 제로 적자를 위해 공무원의 임금을 13% 삭감하기도 했지만 시장은 안정되지 않았다. 외화유출은 지난 10개월 동안 200억 달러나 되었다. 최후의 수순으로 장관은 '긴급포고'를 내려 90일 간 예금인출을 부분적으로 동결한다는 조치까지 취했다. 예금주의 주당 인출한도는 250페소로 국한하고 해외 여행자는 일회당 1천 페소만 가져갈 수 있다는 것이다. 여유자금으로 만기가 돌아온 외채의 상환의무를 계속 완수하겠다는 의지의 표명이었지만 IMF는 장관의 노력을 외면하고 이전 협정에서 약속한 12월 전도자금 13억 달러의 이관을 거부했다. 20년 간 아르헨티나 경제를 모니터하며 정책처방을 해온 IMF가 보인 돌출행동은 급기야 유럽언론과 프랑스 외무부의 비난을 사기도 했다. IMF의 조치는 적어도 불타는 집에 기름을 들이부은 효과를 내었기 때문이었다.

졸속적인 정책의 효과

전국적으로 소요가 확산되는 데 결정적으로 기여한 또다른 하나의 조치가 있었다. 카발로 장관이 탈세를 막기 위해 모든 거래에 신용카드나 수표 사용을 의무화한 것이었다. 세금을 내지 않는 풍토를 개선하고자 고육지책을 쓰는 것은 이해하지만 모든 거래를 "은행화"하겠다는 장관의 과욕은 준비가 전혀 없는 졸속조치이기도 했다. 심지어 은행권에만 엄청난 이익을 안겨주는 의심스런 조치이기도 했다. 전국에 있는 90만 개의 거래 장소(백화점, 가게, 식당 등) 중 카드 거래 기계가 있는 곳은 14%에 불과했다. 카드기계 설치에는 900달러나 들기 때문에 영세업자들은 차라리 영업을 하지 말라는 신호로 받아들였다. 임금을 13%나 깎인 공무원, 연금생활자들,

대중들의 슈퍼마켓 약탈,
주인인 화교 완초주의 울음

부에노스아이레스의 한 슈퍼
마켓을 약탈하는 군중들

20%에 달하는 실업자들, 경기침체에 울고 있는 영세상인들은 정부가 내건 '거래의 은행화'에 분노를 폭발시켰다. 신용카드 사용자가 매월 내야 하는 돈은 5달러, 수표 사용자는 20달러, 현금자동인출기 월 3회 사용에 3.5달러를 내야 하므로 은행은 가만히 앉아서도 떼돈을 벌 수 있게 되었던 것이다. 보수적인 성향의 중간층도 상인층도 전국적인 소요 사태에 참여했고 델 라 루아 정부는 유혈사태로 막을 내리고 말았다.

로드리게스 사아, 막간극의 희극

그리고 2주 만에 5명의 대통령이 탄생했다. 세계 헌정사에 유래가 없는 기록이다. 델 라 루아, 라몬 푸에르타, 로드리게스 사아, 라몬 푸에르타, 에두아르도 두알데. 막간극의 주인공은 로드리게스 사아였다. 페론당 출신 상원의장인 라몬 푸에르타가 권력승계를 거절하자 의회를 장악하고 있는 페론당 세력들은 임시로 '아돌포'(사아의 애칭)에게 권력을 맡겼다.

2001년 12월 22일 그는 외채의 모라토리엄을 선언했고 일자리 1백만 개를 만들겠다는 과욕을 부렸다. 새로운 통화 '아르헨티노'를 유통시킨다고 발표도 했다. 언론에서는 그가 2개월짜리 대통령으로 만족하지 않고 3월 5일에 예정된 선거를 취소하고 잔여임기를 채우려 한다며 과욕을 걱정했다. 현재 권력의 중심으로 부상한 '주지사 클럽'에서 제동을 걸었다. 코르도바 주지사인 델 라 소타가 3월 선거를 강력하게 주장하며 사태는 험악해졌다. 집권 여당이 된 페론당의 15명 주지사들 가운데 겨우 6명만 아돌포가 소집한 회의에 참석하여 지지를 다짐했다. 기싸움에서 한풀 꺾인 로드리게스 사아는 급기야 자신의 고향인 산 루이스 주로 돌아가 칩거하겠다고 선언했다. 시민권력의 표출이기도 한 냄비 시위가 또 재현되자 정치권도 공멸을 두려워하여 낡은 인물인 에두아르도 두알데를 소방수로 투입시켜 잔여 임기를 채우도록 했다.

낡은 인물 두알데

두알데는 메넴 대통령 시절 부통령에 부에노스아이레스 주지사를 지냈다가 1999년 선거에서 라디칼당의 델 라 루아에게 참패를 당한 페론당 최후의 카우디요 정치인이다. 정치적인 반대자들을 설득하고 연합을 이끌어내는 데는 탁월한 기량을 자랑하지만 그가 주지사를 역임한 시절 부에노스아이레스 주의 재정은 엉망이 되었다. 최근의 한 여론조사에 의하면 국민들이 기피하는 정치인 오인방에도 포함되었다. 델 라 루아, 알폰신, 메넴, 그리고 두알데 순서였지만 정치권은 이 난국을 이끌어갈 신망 있는 인물을 찾을 수 없었기에 조정능력이 탁월한 그에게 힘을 실어준 것이다. 사람들이 그에게 기대하는 것은 일단 불타는 집을 진화할 소방수 역할이다. 권력투쟁은 2003년 말의 선거를 두고 계속 진행될 것이다.

태환법 체제의 폐지

새로운 경제정책안을 받은 의회는 심의를 거쳐 곧 행정부에 비상대권을 부여하였다. 태환법 체제는 이제 죽었다. 무역 거래용 페소는 40% 평가절하되었다. 이와 더불어 물건 가격도 나라 전역에서 20~30%씩 뛰고 있고 의약품은 사재기로 품귀현상을 빚고 있는 실정이다. 달러로 되어 있는 채무의 80% 가량도 부분적으로 페소화될 것이다. 일단 10만 달러 미만의 채무자에게만 페소화가 적용되리라고 한다. 아울러 서비스 요금도 페소화될 예정이지만 전력·전화 등의 독과점 서비스를 장악하고 있는 다국적 기업(스페인, 미국 등)들은 요금의 40% 인상을 위해서 열심히 로비중에 있다. 심지어 스페인 수상 아스나르가 대통령에게 전화를 할 정도였다. 그렇지만 예금에 대한 부분적인 동결령은 조만간 풀리지 않으리라고 한다. 국민 다수의 불만은 여전히 남을 것이다.

이번 조치를 두고 2002년 1월 4일 두알데 대통령은 이렇게 평가했다. 정치권과 금융 부문의 밀월관계는 끝났다고. '금융천국'을 만들었던 메넴 대통령의 유산과는 확실히 단절하겠다는 의지를 표명했다. 이제부터는 "생산 공동체가 지배를 해야 한다"고 그는 힘주어 말했다. 그는 아르헨티나 제조업연합(UIA) 협회장인 멘디구렌을 신설한 생산부 장관으로 등용했다. 고용창출을 위해서 내수산업 재건에 힘을 쏟겠다는 사인이기도 하다.

불안한 미래

평가절하 조치는 일단 수출업계에 큰 도움을 줄 것이다. 그렇지만 일시적으로 조정국면에서 고인플레이션으로 진행하는 어려움도 겪게 될 것이다. 사람들은 알폰신 말기의 하이퍼인플레이션이란 악몽을 떠올리며 불안한 미래를 곁눈질한다. 현재의 아르헨티나 상황은 누구라도 진화하기 힘든 상황이다. 경제 불안은 2~3년 정도 계속될 것이다. 과도한 외채, 누적된 재정적자, 중앙과 지방의 갈등, 20%의 실업률, 40%의 빈곤층…… 누가 이 많은 문제를 단기간에 해결하겠는가? 개방경제의 예찬자이든 비판자이든 아르헨티나 사태는 우리에게 매우 귀중한 사례이고 그 실패의 경험을 면밀하게 연구해서 반면교사로 활용해야만 할 것이다. 국민경제가 생산자의 왕국이 아닌 금융천국으로 바뀌면서 생긴 이 기가 막힌 사태를 보면서 50년 전의 페론주의나 에비타의 망령을 떠올리는 한국 언론들의 낡은 가락은 이제 사라져야 한다. 세계화 시대라면 언론도 이제 세계시간(world time)에 호흡을 맞추어야 할 것이다.

아르헨티나 사태의 국제정치학

3

결국 경제의 파국은 대통령의 사임으로 귀결되었다. 사임이 있기까지 아르헨티나 전역은 슈퍼마켓과 상점에 대한 약탈과 방화 그리고 26명에 이르는 인명 손실이 있었다. 재산이 불탄 한인 부부 한 쌍이 낙담한 끝에 자살한 이야기도 현지신문에 보도되어 우리를 안타깝게 했다. 740일 간 권좌에 머물렀던 델 라 루아 대통령의 잘못은 어디에 있었을까?

1999년 10월, 메넴 행정부가 10년 간 추진해온 신자유주의 경제정책이 끼친 폐해에 진저리를 낸 국민들의 지지로 그는 권좌에 올랐다. 하지만 새 정부는 국민들이 그토록 열망한 '변화'를 가져오기는커녕 이전 정부의 정책을 답습했다. 연정 내부도 분열상을 초래했고 야당이 다수인 의회도 비협조적이었다. 그러니 고평가된 페소화를 유지하는 태환법 체제를 개혁하기는커녕 끊임없이 재정지출을 삭감하여 채무이자를 갚으라는 내외 금융권의 요구에 순순히 응했다. 급기야는 메넴 시절 신자유주의 정책을 기획한 도밍고 카발로를 다시 입각시키기도 했다. 대안적 정책을 펼칠 것을 요구한 국민들은 우유부단하게 끌려다니는 대통령과 그 주변 세력에 분노했던 것이다. 대통령의 사임이 광란과 소요 사태에 빠져든 전국을 금방 잠재울 수 있었던 것은 바로 이러한 연유이다. 그러나 이러한 파국의 방아쇠를 당긴 측은 IMF와 미국이었다. IMF와 미국은 '적자 제로'를 약속한 아르헨티나 정부가 약속을 이행하지 않았다는 이유로 12월 크리스마스 전에 전도하기로 한 13억 달러를 넘기지 않았다. 왜 IMF는 이 민감한 순간에 뇌관을 잡아당겼을까?

스탠포드대 경제학자이자 IMF의 제2인자 앤 크루거의 입김이 강하게 작용한 이번 조치는 변화된 부시 행정부의 대외경제정책을 잘 보여준다. 경제위기를 당하는 제3세계 국가나 이들 나라에 투자하는 투자자들의 도덕적 해이를 그냥 두지 않겠다는 것이다. 이번 사태는 그런 점에서 중요한 신호를 보여준 셈이다. 그렇지만 위기가 가시화된 지난 1년 내내 IMF가 아르헨티나 정부에게 권유한 처방의 대부분은 대외 채무에 대한 의무이행만을 고집한 것이었고 국내 경제의 활성화나 사회 부문에 대한 고려는 전혀 없었다. 또 투자자들의 도덕적 해이를 처벌하기에도 너무 늦었다. 모두 큰 돈을 벌고 떠났기 때문이다. 그런 점에서 IMF는 이번에도 자신의 무능을 톡톡히 드러내었다.

노벨경제학상 수상자 조셉 스티글리츠는 IMF에 한방 날렸다. "아르헨티나 문제는 수년 간 계속되어온 혼란스런 전략의 결과물이다. IMF가 이 나라에 강제한 거시경제적 조치의 실패는 예견되었던 것이다."(『알게마이네 차이퉁』 대담) 영국의 『파이낸셜 타임즈』의 사설도 근로자나 연금생활자보다 대외 채권자들에 대한 지불의무만 우선시한 IMF의 조치가 "정치적으로 유지될 수도 없고 사회적으로도 부당한" 것일 뿐 아니라 "경제적으로나 정치적으로 미친 짓거리"였다고 쏘아붙였다. 빈자의 호주머니를 털어서 부자의 호주머니로 옮기는 정책들만 줄곧 요구한 IMF의 정책은 그만큼 매저

도심의 변두리에서 넝마주이 일을 하는 한
아르헨티나 소녀. 부국 아르헨티나의 몰락
을 상징적으로 드러낸다.

결국 아르헨티나 위기는 우루과이로 전염되었다. 여기에서도 상점 약탈,
은행 폐쇄가 재현되었고 IMF의 긴급구호가 시작되었다. 식료품점을 털
고 달리는 사람들

키스트적이었을 뿐만 아니라 자가당착적이었던 것이다.

　도덕적 해이를 처벌한다는 부시 행정부와 IMF의 잣대가 과연 꼼꼼히 지
켜지고 있을까? 그렇지 않다. 고인플레이션과 재정적자가 엄청난 터키의
경우에는 적용되지 않는다. 미군기지가 있고 중동에 대한 미국의 전략적
이해가 있기 때문이다. 지난 몇 년 간 400억 달러나 되는 신용을 공여받은
바 있는 이 나라는 아르헨티나 같은 수모를 당하지 않는다. 아르헨티나 비
극에는 지정학적 이유가 있지 않을까? 여기에는 다른 성격의 지정학적 이
해 즉 미주 전체를 길들이려는 드러나지 않은 미국의 헤게모니 전략이 숨
어 있다.

　아르헨티나 위기로 남미남부공동시장(Mercosur)은 이제 거의 파산지경
에 이르렀다. 조지 부시 대통령이 제안했고 현 행정부가 밀어붙이고 있는
미주자유무역지대(FTAA)화에 가장 큰 걸림돌은 브라질과 아르헨티나가 주
도하는 메르코수르였다. 이번 사태로 메르코수르는 지리멸렬해질 것이고

이에 따라 자유무역협정 협상에 나설 남미의 맹주 브라질의 협상력도 크게 위축될 것이다. 미국으로서는 아르헨티나 사태가 일석이조의 효과를 낳은 셈이다.

IMF와 국제금융권은 아르헨티나 정부에게 태환법 같은 간접적인 달러화를 버리고 달러를 통화로 쓰는 완전한 달러화를 위기타개책의 하나로 사용할 것을 은근히 부추겨왔다. 달러를 통화로 쓰면 미국은 엄청난 시뇨리지(조폐권) 효과를 얻을 터이고 채권자들은 안정적으로 머니게임에 몰입할 수 있을 터이다. 그렇지만 태환법 폐해를 뼈저리게 느낀 국민 다수의 감정이 경제의 완전한 달러화를 허용하지는 않을 것이다. 외채 1,320억 달러에 대한 모라토리엄을 선언한 임시정부는 곧 이어 국내 채무와 예금의 페소화 조치를 취할 것이고 이후 평가절하와 변동환율제로 넘어갈 것이다. 아르헨티나가 다시 살아나는 방법은 일단 내수경기를 진작시키고 아울러 평가절하로 수출경쟁력을 회복하는 수밖에 없다는 생각이 정치권과 경제권에 확산되고 있기 때문이다.

고도를 기다리며: 4
IMF 지원의 정치경제

스티글리츠의 IMF 비판

지금 외신에서는 두 경제학자가 각광을 받고 있다. 조셉 스티글리츠와 루디거 돈부시이다. 스티글리츠는 스탠포드 대학의 경제학자, 클린턴 행정부의 경제자문역, 세계은행의 부총재로 잘 알려졌고 노벨경제학상까지 수상한 발군의 학자이다. 그가 최근에 낸 저서 『세계화가 가져온 불만 (Globalization and Its Discontents)』은 IMF를 노골적으로 비판한 것으로 IMF의 수석연구원인 케네스 로고프가 IMF를 대표하여 신랄하게 공격한 바 있다. 스티글리츠는 IMF가 미 재무부와 월스트리트의 이해를 충실하게 대변하면서 경제 원리보다는 정치와 이념적 경직성에 따라 정책을 결정하여 발전도상국에 수많은 피해를 주고 있다고 비판했기 때문이다. 게다가 그는 IMF의 수석부총재였던 스탠리 피셔가 2001년 9월에 시티그룹 (Citigroup)의 부회장으로 자리를 옮긴 것을 두고 아마도 채무 재협상시에 편의를 봐주고 얻은 자리가 아닌가 하는 혐의까지 넌지시 책에 흘린 모양이다. IMF 사람들이 발끈한 것은 당연한 일이리라.

사실 클린턴 행정부의 재무부 장관이었던 로버트 루빈이 헤지 펀드인 골드만 삭스의 고위 경영자 출신이었고 공직을 마치고 다시 월스트리트로 복귀한 사례나 연방준비위원회(FRB) 의장인 그린스펀 역시 공직을 맡기 전 금융계에 종사한 것을 보면, 이미 월스트리트/재무부 복합체를 단순한 음모로 치부할 수만은 없을 것이다. 더욱 심각한 문제는 시민들의 사회계약 범위를 벗어나는 IMF가 월스트리트와 국제금융권의 이해를 충실하게 반영하면서 세계(선진국과 발전도상국) 금융의 안정성이란 공공재를 사유화하는 것이리라. 스티글리츠의 책은 향후 IMF의 제도개혁이나 발전도상국 프로그램에 대한 논의에 새로운 논란거리를 제공할 것임에 분명하다. 마드리드의 일간지 『엘 파이스』에 실린 그의 IMF 비판을 한번 음미해보면서, 아래 이야기할 아르헨티나 사태와 연결지어보자.

IMF는 이념적, 정치적 집단

그는 먼저 IMF가 경제전문가들의 조직이 아니라 월스트리트의 이념적 대변자들 조직이라고 갈파한다.

날 정말 불안하게 만든 것은 이데올로기와 정치가 그렇게 중요한 역할을 했던 국제경제기구들이었다. 우린 그곳에서 경제전문가들이 일하고 있다고 믿는다. 예를 들어보자. 연구 결과들은 자본시장의 자유화가 불안을 더욱 가중시키며 경제성장을 더이상 고려하지 않는다고 말한다. 경제학은 자본시장의 자유화를 추천하지 않는다. 그런데도 IMF는 이런 자유화를 계속 촉진시킨다. 이데올로기적이고 정치적인 동기 때문에 금융시장의 이해관계 세력들에 발맞추어 그렇게 행동하는 것이다. 금융시장이 미국 재무부에 압력을 행사하고 다시 재무부가 IMF에 압력을 행사하는 식이다.

IMF는 어떤 경우에는 맞는 말을 하는 경우도 있다. 예컨대 어떤 나라가 벌어들이는 것보다 많이 쓴다면 틀림없이 문제에 봉착할 것이라는 이야기 말이다. 그러나 기묘한 일도 있다…… 해당국이 그렇게 돈이 필요하지 않은 순간에 돈을 빌려주려 하고 반면 진짜 돈이 필요할 때에는 돈을 회수하고 매우 높은 이자를 낼 것을 강요한다. 또 개방하면 해당국이 위험에 빠지게 된다는 점을 모든 증거가 가리키고 있는데도 은행들은 자본시장의 개방화 같은 조치를 취하도록 한다…… 그들은 확고한 의견을 가지고 있지만 아무도 증거와 대조하려 하지 않는다. 통계수치조차 보려 하지 않는다.

아르헨티나의 붕괴, 브라질과 러시아의 붕괴 시절, 사람들은 IMF가 말하는 것과 달리 무언가 잘 돌아가지 않는다는 점을 잘 알게 되었다. 중요한 것은 고립된 붕괴가 아니라는 점이다. IMF는 붕괴를 정당화하기 위해 항상 무슨 핑계거리를 찾았다…… 동아시아의 과도한 긴축 재정정책에서 보여지듯이 오류를 인정한 경우에도 왜 그런 오류를 범했는지 결코 질문하지 않는다.

스티글리츠는 이러한 발언으로 IMF와의 정면 대결이 불가피하게 되었고 아르헨티나의 붕괴, 브라질로의 위기 확산 위험에 긴장하고 있는 IMF 경제전문가들로서도 그냥 무시하고 지나기에는 너무 강력한 펀치를 맞은 셈이다. 그러나 IMF가 반성을 하고 있고 정책이 변화하리라 기대하는 것은 어불성설이다. IMF의 미국 대표를 맡고 있는 앤 크루거도 보수 강경세력을 대변하며 아르헨티나에 대한 구제금융을 쉽게 내주려 하지 않는다. 이런 국면에서 IMF가 아르헨티나에 대한 언론 플레이에 유효적절하게 이용하는 학자가 바로 루디거 돈부시이다. 그는 스티글리츠와는 대척점에 서서 경제학의 정치적 실천을 소신껏 수행하고 있는 것이다.

IMF의 총잡이 돈부시

돈부시는 1980년대부터 발전도상국에 워싱턴 컨센서스에 따른 개혁과 개방 정책을 전파하는 전도자였다. 그는 아르헨티나 메넴 대통령의 태환법 조치를 성공사례로 추어주었고, 또 멕시코의 폭스 대통령(2000~) 당선자가 권력을 이양받기 직전에 "멕시코도 아르헨티나처럼 태환법을 받아들이든지 아니면 완전한 달러화를 추진해야 한다"고 정책조언을 한 바 있다. 그는 발전도상국의 달러화(dolarization)가 조폐권의 이득으로 미국 경제에 큰 도움을 주리라는 것을 잘 아는 애국주의 경제학자일 수도 있지만 아르헨티나 경제의 달러화 정책(태환법 레짐)이 이미 실패로 끝난 점에 미루어 보면 그의 정책 조언이 좋은 효과를 거둔 것 같지는 않다.

그런 그가 이번에는 좀더 무시무시한 정치경제보고서를 내었다고 한다. 최근에 초국적연구소(Trans-National Research Corporation)의 의뢰를 받아 「세계경제보고 – 미국의 경기회복에 대한 위협으로서의 주변부 문제점」이란 보고서를 쓴 모양이다. 경제학자가 보고서 하나 썼기로 무엇이 문제가 되겠는가? 하지만 이를 입수한 아르헨티나 일간지 『파히나 도세』의 2002년 7월 7일자 보도를 보면 심상치 않은 내용이 담겨 있다고 한다. 더구나 시기적으로 매우 미묘한 시점이 아닌가?

7월 8일에는 미 국무부의 중남미 담당 차관보인 오토 라이시가 부에노스아이레스를 방문했다. '미스터 베네수엘라'라 불리는 라이시는 베네수엘라의 최근 쿠데타에 개입하여 중남미 언론에서 구설수에 오른 바 있었지만 백악관의 강력한 두둔으로 자리를 굳건히 지키고 있다. 그는 아르헨티나 정국의 상황을 파악하고 나아가 미국과 IMF의 지원 프로그램에 대한 최종적인 판단을 위해 방문한 것으로 알려져 있다. 이런 시점에 돈부시의 보고서가 흘러나온 것이다. 7월 9일은 아르헨티나 독립 기념일로 시민들의 대규모 시위가 "제2의 독립 선언"으로 연결될 것이라는 풍문도 나돌았다. 시국의 분위기 때문인지 아르헨티나 정치세력들은 이 보고서 소문에 크게 자극되었다.

권위주의 탄생까지 경제지원을 멈추어라

『파히나 도세』의 마르틴 그라노프스키 기자가 요약한 내용을 살펴보자. 보고서에 따르면, 그는 아르헨티나의 제도들은 "계속 붕괴되고 있어 어떤 군부독재가 들어설 때까지 외부 지원을 이야기할 수도 없으리라"고 진단하고 있다. "아르헨티나에서 배제된 사람들(disenfranchised)은 계급투쟁을 확산하고 있고 제도들은 완전히 붕괴되고 있다." 그는 은행에 저축이 묶여 있는 시민들의 요구와 배고픈 사람들의 생존권 투쟁을 '계급투쟁'이란 마르크스주의 용어를 차용하여 부정적으로 표현하고 있다는 점에서 투자은행들과 IMF의 이해를 철저하게 대변하는 경제학자이다. 기자에 따르면 보고서 내용은 세 가지로 요약된다고 한다.

첫째, 제도들은 계속 붕괴하고 있다. 둘째, 제도의 붕괴는 군부독재의 등장으로 귀결될 것이다. 셋째, 아르헨티나에 대한 경제지원은 하지 않는 것이 좋다. 문제는 이 세 가지 분석이 독립적인 결론인지 아니면 서로 연결된 분석인지의 여부이다. 만약 연결된 분석이라면 여기서 두 가지 조건문이 탄생한다. 첫째, 군부독재가 들어서면 경제지원을 할 수 있다. 둘째, 군부독재가 들어서지 않도록 경제지원을 해야만 한다. 최선의 결론은 3만 명의 실종자를 내었던 1976년의 국가재건과정을 되풀이하지 않도록 미국이 인도적 차원의 구제금융을 마련해야 한다는 논리일 것이다. 그렇지만 부시 행정부의 오토 라이시가 주도하는 강경 노선이나 앤 크루거가 주도하는 IMF의 근본주의적 입장이 이 결론과 결합하기는 힘든 것으로 보인다.

"아르헨티나는 믿을 수 없다."

그렇다면 우리가 생각할 수 있는 것은 최악의 결론일 것이다. 군부독재가 들어서서 시민들의 시위나 불복종을 완전히 잠재울 수 있어야 경제지원의 효과가 발생하리라는 차가운 결론이 바로 그것이다. 이 결론은 사실 돈부시와 칠레 출신 MIT 경제학자인 리카르도 카바예로가 『파이낸셜 타임즈』(2002년 3월 7일자)에 기고한 "아르헨티나는 믿을 수 없다"는 글에서 풍긴 냄새와도 비슷하다. 그는 여기서 아르헨티나 국민들은 주권의 상당한 부분을 이양하여 제3국의 전문가 집단이 관리하는 위원회의 통치를 적어도 5년 간은 받아야 한다고 제안했다. 아르헨티나 국민은 스스로 통치할 능력이 없다고 이 경제학자들은 결론을 내렸던 것이다.

　아르헨티나는 이제 자신의 통화, 재정, 규제, 자산 관리의 주권을 일정 기간 즉 적어도 5년 간은 포기해야만 할 것이다. 제1차 세계대전 직후 국제연맹은 오스트리아처럼 기능이 마비된 사회의 근본문제를 인지한 바 있었다. 연맹은 의회의 동의 아래 그곳에 거주하는 총독(commissione-general)을 지명하여 이 쟁점을 해결했고 또 금융지원을 해주었다.

　친절하게도 돈부시는 이 외국인 총독이 "멀리 떨어져 있는 불편부당의 소국인 영국, 네덜란드, 에이레" 등의 출신이면 좋겠다고 말한다.
　더불어 이런 제안도 덧붙인다. "특히 경험이 많은 외국 중앙은행 금융인들이 아르헨티나의 통화정책을 통제해야만 한다." "항구와 세관 그리고 생산성에 장애가 되는 큰 여타 장애물들의 대규모 민영화 캠페인도 실시되어야 한다." 민영화와 대규모 탈규제 사업 역시 외국인 대리인들이 맡아야 한다고 덧붙인다. 아르헨티나의 메넴 정부는 팔 수 있는 거의 모든 것을 민영화했기에 돈부시가 겨우 찾아낸 것이라곤 항구와 세관뿐이다.
　그가 3월에 쓴 에세이에는 "독재는 탄생할 것 같지도 않고 바람직하지도 않다"고 하며 강력한 정권이 외국인들의 위원회를 매개로 세워져야 한다고 말하지만 7월의 보고서에는 이보다 더욱 강경한 톤으로 '군부정권이 들어설 때까지 경제지원을 막아야 한다' 는 식으로 결론을 내리는 것 같다. 아르헨티나의 내부 정국에다 이런 제안을 비춰보면 더욱 의미심장하다. 결국

무기밀매 혐의로 구속되었다가 풀려난 메넴 전 대통령이 차기 대권 경쟁에 참여하겠다고 기염을 토하고 있다. 그렇지만 국민들의 반응은 냉담한 편이다.

경제학자의 보고서도 CIA의 보고서와 진배없는 효과를 발휘하는 것이다.

아르헨티나 정국의 먹구름

에두아르도 두알데 대통령 정부는 최근 2003년 3월에 대선을 치른다고 공고를 했고 이에 따라 다음 선거를 둘러싼 정치인들 사이의 암투도 치열하다. 메넴 전 대통령도 선거전에 나오겠다고 기염을 토하고 있고 페론당의 젊은 후보들도 이에 뒤질세라 줄줄이 출마의 변을 내뱉고 있다. 그렇지만 시민들의 반응은 냉담하다. 독립기념일에 거리에 나온 시민들은 "모두 (기성 정치인 모두 : 역자) 떠나라!"를 외치며 데모를 했다. 이들은 페론당이든 라디칼당이든 기성 정치인들에 대해 신물을 내고 있다. 이 덕분에 '평등자의 아르헨티나를 위한 연합(ARI)' 같은 신종 중도좌파 세력이 인기를 얻고 있고 이 당의 여성 지도자인 엘리사 '릴리타' 카리요가 대선 후보 가운데 인기 면에서 단연 선두를 달리고 있다. 그렇지만 시민들의 불안은 심각한 수준이다. 수도와 그란 부에노스아이레스의 8백 명을 대상으로 한 최근 조사에서 응답자의 45퍼센트가 주권 이양 의사가 있는 것으로 드러났던 것이다. 현 정부에도 차기 정부에도 별로 신뢰를 두지 않고 있는 시민들의 의식상태가 잘 드러내고 있는 지표일 것이다.

이보다 심각한 쟁점은 끓어오르는 정국 가운데 보수 우익세력과 군부

세력 간의 연계 조짐이 포착되고 있다는 점이다. 일전에 외무부 장관인 카를로스 루카우프가 최근 '내란(subversion)'을 종식시키기 위해서 만들어졌던 1975년의 군부와의 협약에 자신도 서명했으리라는 발언을 언론에 내비쳐, 군부의 행동시에 모종의 협력을 아끼지 않겠다는 간접적인 의사표시를 한 바 있었다. 루카우프는 재벌로서 추악한 선전전의 명수인 언론사주 다니엘 하닷과도 친분이 두터워 정치권 일각에서 군부-우익 연합의 연결핀으로 주목받고 있다. 이런 민감한 순간들에 연결하여 돈부시의 보고서, 강경파 차관보인 라이시의 방문을 겹쳐 읽어보면 좀더 복합적인 이미지가 잡힐 것이다.

아무리 돈부시와 IMF가 바란다고 해도 향후 정국이 군부독재로 이어지리라는 보장은 전혀 없다. 3만 명이나 실종자를 만들었던 군정에 대한 추억도 좋지 못하거니와 군정 시절 인권 침해에 연루된 수많은 군인들이 내외에서 기소되거나 재판에 회부되고 있는 정국이기 때문에 군부가 대대적으로 정치에 개입하는 강공책을 취하기도 쉽지 않다. 향후 아르헨티나에는 군부의 공개적인 독재보다는 IMF 구미에 맞는 인사 가운데 한 사람이 여론이 주도하는 선거를 거쳐 정당성을 확보한 다음 군부의 지지를 업고 시민들의 저항을 분쇄할 수 있는 강력한 정부를 수립할 가능성이 큰 것 같다. 그러나 상황은 대단히 유동적이다.

보론 1

– 사회학자 알시라가 본 아르헨티나 위기

저명한 사회학자이자 부에노스아이레스 대학 교수인 알시라 아르구메도는 군정 시절에 박해를 받아 멕시코로 망명한 경력이 있는 비판적 지식인이다. 그녀는 아르헨티나의 주요 일간지 『파히나 도세』와의 대담(2002. 1)에서 아르헨티나 사태의 전모를 비판적 시각에서 조명했다. 그녀는 이번 사태가 군정 시절부터 시작된 잘못된 개방정책과 메넴 시절의 신자유주의 개혁에서 시작된 것이라고 말한다. 그 결과 아르헨티나 경제는 탈산업화, 탈국적화의 길을 걸었고 대량실업과 대중의 소득 감소 그리고 통화의 파괴로 이어졌다고 한다. 그녀는 반문한다. 대의제의 위기가 심각하게 진행되고 있는 아르헨티나에 진정한 민주주의의 가능성은 없을까? 남반부의 끝자락에서 고뇌에 찬 목소리를 외치고 있는 한 사회학자의 해석과 대안에 귀를 기울여보자. 이하 번역은 부분적으로 축약한 것이다. (역자)

냄비 데모, 피케팅 그리고 약탈 사이에 어떤 공통요소가 있을까요?

구조적으로 위기를 발생시킨 것은 공적, 사회적 자원을 특혜성으로 내외 대재벌에게 넘겨버린 일관된 경제정책입니다. 이 때문에 국부와 사회적 다수의 소득이 크게 훼손되었지요. 이 과정은 외채의 국유화(민간기업의 외화표시 채무를 국가가 떠맡도록 한 조치)로 시작되어서 금융천국, 공기업의 부패와 형해화, 민영화, 공급자 중심의 시장, 고금리, 높은 가격의 서비스 요금 등으로 연결되었지요. 이 모델은 공적 자원의 착복으로 인구 다수에게 영향을 끼쳤고 모든 사회계급을 내동댕이쳐버렸기에 결국 살아남을 수 없었던 겁니다.

현단계 대중들의 요구에서 읽을 수 있는 특징은 무엇일까요? 중간계급까지 매우 적극적으로 참여하고 있지 않나요?

탈산업화 과정은 노동자들에게 영향을 주었지요. 그렇지만 중소 기업인들, 중간 및 상층 관리인들, 다양한 수준의 전문직업인들과 고용인들, 그리고 이들과 연계된 서비스 관련 종사자들 모두에게도 영향을 주었답니다. 이 과정은 이제 중간층과 중상층의 뒤통수를 집요하게 치기 시작했지요. 신빈곤층은 몰락하고 있는 중간계급을 일컫는답니다. 처음에 중간계급은 태환법과 신용 공여로 짧았던 봄을 경험하기도 했지요. 그 달콤했던 돈 맛이란. 그러나 1995년 이후 이 모든 과정의 결과가 보이기 시작했어요. 실업, 도산 등등.

탈산업화 프로젝트는 메넴 시대(1989~99)에 들어와서 시작된 것인가요?

아닙니다. 군부독재(1976~83) 초기 단계에 아르헨티나 현대사에서 가장 매판적이고 반사회적인 경제적 프로젝트가 출범했지요. (민정이 출범한 이후 실행된) 아우스트랄 계획(알폰신 민선정부가 실행한 비정통적 안정화 정책이었지만 실패로 끝났다 : 역주) 이후 라디칼당은 베르나르도 그린스푼을 밀어내고 재벌 세력과 가장 부패한 노조들과 새로운 연대를 시도했지요. 이 시점에서 정치적 대의제에 변화가 있었고 야합과 부패가 부각되기 시작했습니다. 이제 정치는 재벌들이나 다양한 뇌물 상자에서 나오는 정치자금으로 돌아가게 되었지요. 정치 부문에는 이제 돈이 있는 사람만 살아나는 생존 윤리가 판을 치게 된 거지요. 만약 라디칼당 정권이 부패하지 않았더라면 1990년대에 메넴 정부가 그렇게 후안무치한 도적

아르헨티나의 출구를 여는 열쇠는?

질은 하지 못했을 겁니다.

메넴 시대의 경제 모델은 이전 시대의 모델이 심화된 것인가요, 아니면 자체의 특징을 가지고 있나요?

메넴 정부는 비교할 수 없을 정도로 철저한 약탈을 자행했답니다. 이런 규모의 약탈은 아르헨티나 역사에서 찾아볼 수 없어요. 라디칼당 정부의 점진적인 낭비는 메넴화된 페론주의로 대체되었지요. 여기서는 수십만의 당원들이 "하나를 다섯이" 나눠먹는 형식에서 "네 개를 네 사람이" 모두 먹는 식으로 바뀌었답니다. (이후 등장한 델 라 루아의) 연대정부는 중간계급 최후의 보루였습니다. 그래서 연대정부(1999~2001)에 대한 기대는 대단히 컸지요.

2001년 12월 19일과 20일에 오월광장에서 일어난 사태를 어떻게 해독할 수 있나요?

19일날 사람들이 뛰쳐나간 것은 예금 인출의 제한조치 때문만은 아닙니다. 비상계엄령도 있었잖아요. 계엄령이 컵의 물을 넘치게 한 것이지요.

저수지의 봇물을 막고 있던 중간계급은 흔들리기 시작했고 이들이 최후로 저수지의 수문을 때렸다고 보아야지요. 이들이 거리에 나선 것은 아르헨티나에 미래가 없다고, 자신의 자식들이 교육과 의료 서비스의 질적 하락으로 결코 중간계급 수준의 생활을 향유할 수 없을 것이라고 느꼈기 때문입니다. 이 때문에 중간계급이 거리로 쏟아져나온 것이지요.

어떻게 해서 연대정부가 붕괴했고 2주 만에 5명의 대통령이 탄생했지요?

먼저 연정의 해체 과정이 있었고 대표성의 위기가 존재했지요. 그러나 이런 점은 비단 아르헨티나뿐만 아니라 라틴아메리카 전역에 재현되고 있답니다. 금융재벌들이 힘을 가지고 있는 기반 아래 민선 정부가 들어선 지역 모두에서 말이에요. 매판적이고 반민중적인 프로젝트는 정치세력과 관계없이 노래의 후렴구처럼 흘러나온답니다. "라디칼당 식의 전진" 아니면 "페론주의자의 행진"으로 말입니다. 이 프로젝트가 이젠 한계에 도달한 것이지요. 이제 파산해버렸답니다.

상점 약탈은 부추김을 받은 조작의 결과라고 생각하세요?

모든 해석의 가능성은 열려져 있습니다. 약탈은 대부분 빈자에 대한 빈자의 투쟁으로 시작되어 슈퍼마켓 약탈에까지 이르게 되었고 동네 사람들이 소상점주들을 보호하면서 진정되기 시작했습니다. 어떤 사람은 "누군가 부추겼다." 말합니다. 그래요, 부추김을 당했을 수도 있어요. 그렇지만 바짝 마른 들판에 누군가 성냥을 갖다댄 것이라고 해야만 하겠지요. 중요한 문제는 성냥을 갖다대면 활활 타오를 정도로 어떻게 이 지경까지 들판이 바짝 말랐는가 하는 것입니다.

냄비 데모와 약탈 사이에 무슨 공통의 프로젝트가 존재하나요?

냄비 데모로 인해 중간계급은 하층계급의 데모 라인에 근접하게 되었지요. 이들 모두를 연결시킨 것은 동일한 경제모델의 피해자라는 점입니다. 마르크스는 이들을 자본에 의해 연계된 "즉자적 계급"이라 불렀지요. 그렇지만 수평적으로 응집된 계급은 아닙니다. 이 상황에서 새로운 점은 가장 큰 피해층인 민중과 대단히 큰 피해를 입었지만 민중보다는 약간 덜 입은 중간계급 사이의 차이가 약화된 것입니다.

아르헨티나 중간계급이 과거에 목청 높여 요구했던 민영화로 인한 근대화에 맞설 만한 힘을 가지고 있을까요?

배신은 대응하기 가장 힘든 공격성의 형태를 띠고 있지요. 이제 배신당했다는 점을 인정할 시점입니다. 배신이 가져온 고통을 흡수하고 이에 반응하는 과정은 느립니다. 우리 사회는 군정 시절 두들겨 맞은 뒤에 만들어졌고 이로 인해 토론할 능력을 상실했어요. 민영화란 근대화를 사들였지만 이제 이게 우리를 배반했다는 사실을 알게 되었지요. 사회가 탈구되고 세포조직이 상처를 입었을 때 대응하는 것이 쉽지 않아요. 라틴아메리카 사회에서 거대한 패배가 있은 후에 사회가 복구되는 데 거의 25년 내지 30년이 걸린답니다. 현재 우리는 신세대가 자신의 투쟁을 수행해야만 하는 시점에 있습니다.

무엇을 요구해야만 하나요? 지금의 고통에 대한 호소? 개인들이나 부문들의 요구? 아니면 시스템 전체를 뒤집어야 하나요?

요구사항 중에 민주주의와 정치적 대표성을 문제시하는 경우는 없겠고 민주주의 형태가 문제시되겠지요. 개인주의와 불평등 그리고 인종주의란 특징을 지닌 중심부 국가들의 민주주의 형태 말입니다. 미국의 민주주의 모델은 백인들만의 자유, 평등, 형제애를 의미하지 원주민들에게는 죽음을 의미합니다. 우리들이 베낀 이 민주주의는 이제 위기에 빠져 있어요. 선출된 대표자가 자신의 직위를 개인 소유물로 생각하고 그 결과 직위를 이용한 돈벌이를 자행합니다. 돈벌이에 알맞은 결정이 내려지고 이로써 개인적인 이득을 취하게 하는, 이 모든 정치적 장치들이 위기에 빠져 있는 것이지요.

그러면 어떻게 새로운 정치적 프로젝트를 요구할 수 있을까요?

상호모순적이지 않은 명백한 요구들과 열망을 접합시켜야만 할 겁니다. 토론이 단순히 예금인출 제한조치나 태환법 철폐를 어떻게 할 것인가에 머물러서는 안 됩니다. 90%의 아르헨티나인들을 위한 국가적 프로젝트가 무엇인지 대토론을 벌여야만 하겠지요. 그것도 수평적인 특징을 갖는 라틴아메리카의 통합이란 틀 속에서 논의가 이루어져야 하겠습니다. 국가의 프로젝트를 논의하는 것은 열망의 단순합이 아니라 최소한의 공통분모를 기초로 시작합니다. 이질적인 단순합이 일관성 있는 접합으로 변형시킬 수 있는 조건을 발견하는 것, 기본적 복지의 조건을 지니면서 전국민을 통합할 수 있는 신사회 모델을 발견하는 것이 진정한 문제이지요. 만약 지금처럼 빈곤층이 인구의 40%가 된다면 이 나라는 조만간 유지될 수 없을 겁니다.

25년 동안 인구를 원자화시키고 굴종을 강제했는데, 현재 다양한 사회 부문들을 접합시킬 가능성이 남아 있을까요?

전통적인 기득권 세력이 권좌에 계속 머무를 수 있었던 조건 중의 하나는 중간계급과 민중 부문을 서로 대치시키는 것이었지요. 1960년대 말과 1970년대 초에 "하층(cabecitas negras)" 출신의 젊은이들과 중간계급 출신의 젊은이들이 서로 뭉치기 시작했습니다. 그랬기에 아르헨티나에서 이에 대한 탄압이 극심했지요. 권력층은 이 양자가 결합하는 것을 막기 위해 상호 대립을 조장하려 했고 또 빈민층 사이도 이간질시켰어요. 그래서 어떤 종류의 시위가 생기든지 카오스 상태로 몰고 갔지요.

이들의 요구와 주장이 무엇이며, 또 그것이 지향하는 바는 무엇인가요?

우선 그것은 일종의 카타르시스일 겁니다. 마치 파도 같아요. 문제는 썰물처럼 파도가 빠져나갈 때 무엇이 남느냐는 거지요. 권력이 안절부절못하는 것은 처음일 거예요. 이 점은 놀랄 만합니다. 사회적 제재를 학습하고 있는 인구의 일부가 있지요. 그래서 사태에 책임이 있는 대부분 사람들은 거리에 나가려 하지 않아요. 사회적 제재가 두려움을 자아내기 시작했어요.

전통적인 정치적 대의제 형태와 새로운 자기 동원을 구분짓는 것은 무엇일까요?

주민들, 피케팅하는 사람들, 채무자들, 저금을 찾을 수 없는 사람들이 스스로 동원된 것은 일종의 직접민주주의 형태라 할 수 있겠지요. 아르티가스(우루과이 독립영웅으로 부에노스아이레스의 헤게모니에 저항하여 자치와 연방주의를 강조했다)나 산 마르틴(아르헨티나 독립영웅)이 그랬던 것처럼 "나의 권위는 당신들에게서 나온다. 당신들의 주권이 현존하는 이 앞에서 그 권위는 멈춘다"는 식이지요. 이런 대의제는 붕헤 이 본 그룹(아르헨티나의 재벌 : 역주)과 결탁할 수 없도록 만들지요. 우리는 여기서 집권세력이 민중을 배신하는 순간 물러가게끔 만드는 새로운 형태의 대의제를 추구해야만 합니다. 처음에는 군부의 테러체제가 들어섰고 그 다음 경제적 테러체제가 들어섰으며 이젠 내란 상태 즉 민주주의의 종말이 도래했다고 말합니다. 아닙니다. 종말을 맞이한 것은 우리가 겪은 형태의 민주주의입니다.

그러면 어떻게 새로운 변화를 가져올 수 있을까요?

무엇보다 우리는 우리를 대표하는 사람을 선택하길 원합니다. 선량은 "동급자 가운데 으뜸(primus inter pares)"이니 동급자들의 요구 사항을 잘 결집해야만 하겠지요. 그러나 선량은 또 동급자들의 요구에 잘 부응해야만 합니다. 만약 피케팅하는 사람들이 민중의 요구에 부응한다면 아니 부응할 때에만 (민중의) 수임자가 됩니다. 만약 그렇지 못하다면 수임자의 기능을 그만두어야 합니다. 이게 아르티가스 주장의 기본이자 선량의 배신에 대한 가장 좋은 대비책이지요.

장기적인 대비책을 생각하기 전에 우선 급한 문제들을 어떻게 해결해야 할지, 예컨대 예금 지불 제한 조치를 해제하는 데 드는 비용을 누가 지불해야 할지 질문하겠습니다.

예금 지불 제한의 해결책은 여러 해결책 중의 하나일 뿐입니다. 묶여 있는 저축의 94%는 190억 달러로 총예금고의 25% 정도입니다. 소비를 재활성화시키고 경제를 다시 복구하기 위해서는 예금 지불 제한을 해제해야만 하겠지요. 문제는 누가 이에 대한 비용을 부담할 것인가입니다. 명백한 것은 그 동안 혜택을 본 주된 수혜자들 즉 민영화 기업, 은행, 석유 회사 등이 비용을 지불해야만 한다는 점입니다. 이런 집단들이 이 경제를 다시금 수탈하도록 내버려둘 수는 없습니다.

두알데 정부가 국가기구를 장악했습니다만 재벌의 압력을 뿌리치며 정책을 구사할 만큼 충분한 제도적인 역량을 갖추었다고 보십니까?

정치인들은 옴짝달싹하지도 못하지요. 국가를 통제한다고 사회에 존재하는 권력기구들을 모두 지배할 수는 없습니다. 제가 보기엔 제도적인 공백 상태가 존재합니다. 이미 상황이 터져버렸어요. 권력 집단들이 이미 일관된 대표성을 지니지 못하고 있는 전대미문의 상황이 전개되고 있답니다. 이 경제모델에 의해 영향받은 90%의 대중들은 이제껏 의사소통의 경로를 가져보지도 못했고요.

옴짝달싹할 수 없는 정부가 어떻게 그간의 수혜자들에게 비용을 부담하게 하지요?

바로 여기에 긴장이 흐릅니다. 정부와 주교단 회의는 현재 대화의 물꼬를 텄지만 마치 샌드위치의 햄처럼 웅크리고 있는 거지요. 문제는 그렇게 여유가 없다는 겁니다. 그 동안의 경과를 뚜렷이 밝히고 각 부문의 이윤이 어느 정도인지 조사한 다음 해당 부분을 각출하도록 강제하는 것입니다. 스페인 정부가 이런 조치에 압력을 행사한다는 것은 말이 안 되요. 이베리아(스페인 항공회사 : 역주)는 아르헨티나 항공을 통째로 삼켜 껍데기만 남겼고 스페인계 은행들이 자국에서는 7%의 이자를 받았지만 여기서는 38% 또는 45%의 이자를 받았잖아요. 전력회사 에데수르를 통해 에너지 공급을 줄이면서 개인적으로는 엄청나게 착복한 이런 이야기들은 왜 하지 않는 거지요? 스페인 정부에게 이 나라가 식민지는 아니라고 설명해주어야 해요.

주교들은 전대미문의 이 시기 특징을 이야기하면서 결단코 이번 대화의 테이블에 모든 부문이 참여하여 의견을 제출하고 이를 통해 국가의 새로운 프로젝트를 만들어야 한다고 이야기하는데요.

저는 모두가 의견을 제출해야 한다는 데 동의하지 않아요. 왜냐구요? 이제까지 항상 인구의 일부만 의견을 내었지요. 엄청난 이익을 착복한 사람들만 말이에요. 이 점을 분명히 해야 합니다.

사회협약이 이번 위기의 대안적 해결책이 될 수 있을까요?

지금 진행되고 있는 대화만 이야기하자면 교회에 대한 신뢰감이 중요하겠지요. 그러나 주도면밀해야 하고 위험을 불러일으킬 몇 가지 메시지는 피해야만 합니다. 예컨대 협약 작성의 세 조언자 가운데 한 명으로 환호세 야치를 지명했는데, 야치는 카발로 장관 아래 차관을 지냈고 태환법을 같이 만들었지요. 게다가 연대 정부 아래 악명 높은 교육부 장관을 지냈고요. 이건 주교단 입장에서 매우 나쁜 신호를 보낸 겁니다. 사람들의 감정이 매우 격해 있으므로 이번 건은 대단히 조심해야만 합니다. 이제 더이상 참지 않아요. 아르헨티나에 대중의 신뢰를 지닌 교회는 어떤 교회인가? 이렇게 물어야만 합니다. 진정 신뢰감을 지닌 교회는 빈민가에 뿌리를 내리고 있는 '빈자들을 위한 선택의 교회'입니다. 주교단은 이 점을 놓쳐서는 안 되고 또 이들을 닮으려고 노력해야 합니다.

교회가 이번 대화를 소집할 수 있는 유일한 부문일까요?

신뢰를 지닌 또다른 집단으로는 학교, 병원, 대학을 들 수 있겠지요. 이들이 대화를 소집할 수 있는 또다른 공간입니다. 그렇지만 대학에서는 지도부와 학생운동권 대부분과 교수들 일부가, 교회가 주도하는 대화만이 유일한 길이라고 믿으면서 스스로 뒤로 물러났어요. 게다가 현 정부도 이전 정부와 마찬가지로 지금 가고 있는 이 길이 유일한 길이라고 주장한답니다. "다른 대안이 남아 있어요?" 이렇게 묻지요. 도산당한 기업인들, 일자리에서 쫓겨난 사회 부문들이 독특한 지식을 갖고 대학의 기술적 지원을 받는다면 고용 수준을 적정하게 회복할 수 있을 겁니다. 이 모델에서는 기업인들이 전통적인 방식을 포기하고 내수시장을 위한 공급 영역에 전력을 다해 기능을 수행하고요, 또 브라질과 협약을 맺어 도움을 받아야겠지요. 또 과거에는 주변화되고 억눌린 지식이었기에 원자화되었지만 이제 대단히 다양한 수준에서 엄청난 제안들이 나오고 있지요. 이거야말로 한번 해볼 만한 일감이 아니겠어요. 집단적 해결책이 등장하는 공간을 창조해야 합니다.

경제적 개방과 탈국적화를 오랫동안 경험한 이후에 내수 생산을 어떻게 재건할 수 있지요?

무엇이 탈국적화되었나요? 목면과 방적기와 노동력이 있잖아요. 대학의 기술 지원도, 대안책을 제시할 수 있는 노는 기업인도, 지식과 기술을 겸비한 노동자들도 있는데요. 예컨대 5백만 페소를 투자해서 9시간 노동으로 150페소를 벌던 노동자가 3시간 노동에 1천 페소를 가져갈 수 있도록 만드는 네트워크를 말하는 거예요. 우리는 투자 기준의 화폐를 이야기합니다. 이 정도 돈은 마크리 같은 부자가 팁 주려고 주머니에 넣고 다니지요. 엄청난 단위의 투자 프로젝트는 아니지만 노동자들을 생산 시스템에 정당하게 포용할 수 있지요. 제1단계의 생각은 이래요. "일하자 계획"은 이런 방향으로 진행되어 적정 이윤을 얻도록 합니다. 다른 각도에서 사물을 바라보고 가장 큰 피해를 입은 부문의 지식을 회복한다면 대안들이 많이 떠오를 거예요.

보론 2
– 노벨상 수상 경제학자 스티글리츠, IMF를 정면으로 비판하다.

조셉 스티글리츠가 최근에 낸 저서 『세계화의 불만(Globalization and Its Discontents)』은 여러 모로 우리의 관심을 끈다. 그 동안 IMF의 행동에 대해서는 제3세계에서나 비판적인 학자들의 많은 지적이 있었다. 그러나 이번에는 노벨경제학상을 받은 미국 학계의 중진(59세)이면서 동시에 클린턴 행정부의 경제자문역이자 세계은행의 부총재를 역임한 그가 "내부로부터" IMF와 미국 재무부 그리고 월스트리트 간에 뒤얽힌 이해관계와 이데올로기적 독단에 대해 발언한 것이다. 가히 충격적이며 향후 큰 논란을 불러일으킬 것으로 생각된다. 흔히 IMF와 월스트리트 간의 관계는 '음모론'으로 치부되어 근거없는 상상으로 여겨졌다. 스티글리츠의 내부자 정보에 의하면 음모론은 이해관계와 이념으로 맺어진 끈끈한 구체적인 관계로 재정의된다. IMF 위기를 겪은 바 있는 우리에게, 우리 경제정책 당국자들과 경제학자들에게 새삼 우리의 위치와 시각을 점검해보도록 요청하는 참으로 시의적절한 책이 아닐 수 없다. 이 글은 마드리드에서 발간되는 『엘 파이스』의 최근 인터뷰 기사(2002. 7)에서 발췌 번역한 것이다. – 역자 주

새 책 『세계화의 불만』을 부모님께 헌정하셨더군요. 부모님이 무엇에 관심을 가질 것인지 또 어떻게 사고할 것인지 가르쳐주셨다고 했는데요, 무엇에 대해 관심을 가지라고 하시던가요?

남들에 대해서요. 누구든 어릴 때 통상적으로 부모와 이런 대화를 나누

지요. 크면 무엇이 되고 싶니? 부모님은 항상 강조하셨지요. 돈에 대해서는 생각하지 말아라. 경제학자가 될 사람에게는 이상하게 들리겠지만 무언가를 이해하고 지식을 얻고 남에게 봉사하는 것만 생각하라고 말씀하셨지요.

그게 경제학 연구를 한 동기가 되었던가요?

경제 시스템이 돌아가는 방식을 이해하는 것이 제겐 매혹적이었어요. 전 인디애나 주의 개리라 불리는 시에서 자랐어요. 가난한 사람들과 실업자가 많았고 차별도 무척 심한 곳이었지요. 오래지 않아서 경제 시스템에도 무엇이 잘 돌아가지 않는다는 점을 알게 되었지요. 전 왜 시스템이 잘 돌아가지 않는지, 보다 잘 작동하게 하려면 무엇을 해야 하는지를 알고 싶었어요. 이 때문에 학부에서는 물리학을 공부했지만 대학원에서는 제가 가진 수학적 지식과 분석적 능력을 이용하여 사회문제를 연구하기로 맘을 먹었지요.

그런 동기 때문에 후일 이론 공부에서 당신 생각을 실천에 옮기는 일자리로 바꾸게 되나요? 클린턴 행정부의 경제자문팀에 합류한 것 말이에요.

그렇지요. 이전에 저는 두 가지 방향으로 연구를 했어요. 하나는 불완전한 정보 상황을 전제한 가운데 기초 경제이론과 정보경제와 경제의 근본에 관한 새로운 고찰을 연구한 것이지요. 제가 연구를 많이 한 두 번째 방향은 공공경제론입니다. 공공경제론 교과서도 하나 썼지요. 저는 보다 포괄적인 사회적 목표를 수행하기 위해서는 공공부문의 과제가 중요하다고 봐요. 클린턴 행정부에 합류했을 당시 제가 전개시킨 생각들 가운데 몇몇을 실행하고자 했지요.

당신의 저서에서 행정부를 보다 알맞게 효율적으로 재조직하고픈 생각을 이렇게 이야기하고 있던데요. "국가가 시장의 모든 악을 정정할 수 없다는 것도 안다. 또 시장이 그 자체로 사회문제를 해결할 수 있다고 믿을 만큼의 바보도 없다."

어떤 점에선 클린턴 대통령도 동일한 시각을 공유했다고 봅니다. 경제 이론에 대한 지식은 갖추어지지 않았지만요. 이런 생각이 클린턴 정부의 철학으로 자리잡았지요. 극단적인 시장자유주의와 극단적인 규제론을 배제하는 중도노선 말입니다.

당신은 시장경제 모델을 극단적으로 추구하는 것을 배제하는군요. 마치 케인즈처럼 국가가 특정 부문과 의사결정에 개입하고 존재해야 한다고 생각하는 거지요.

그 이상입니다. 정보경제에 대한 이론연구를 한 주요 결론 중의 하나지요. 시장을 움직이는 '보이지 않는 손'이 보이지 않는 이유 중의 하나는 그런 게 존재하지 않기 때문입니다. 사실상 어떤 손도 존재하지 않는답니다. 시장에 대한 근본주의적 관념의 이면에는 충분한 시장을 지닌 완전한 정보란 전제가 있어요. 이 전제는 선진국의 경우 의미가 없습니다. 저발전국은 말할 것도 없지요.

당신의 이야기에 따르면, 클린턴 행정부에 들어갔을 때 백악관이나 국제통화기금(IMF)에서 경제적 기준에 맞추기보다는 이념적이고 정치적인 기준에 기초한 의사결정이 수차례 내려지는 것을 보고 놀랐다고 했어요.

백악관에서 일어났던 일 때문에 놀라진 않았지요. 절 정말 불안하게 만든 것은 이데올로기와 정치가 그렇게 중요한 역할을 했던 국제경제기구들이었습니다. 우린 그곳에서 경제전문가들이 일하고 있다고 믿고 있잖아요. 예를 들어봅시다. 연구결과들은 자본시장의 자유화가 불안을 더욱 가중시키며 경제성장을 더이상 고려하지 않는다고 가르쳐줍니다. 경제학은 자본시장의 자유화를 추천하지 않지요. 그런데도 IMF는 이런 자유화를 계속 촉진시키고 있어요. 이데올로기적이고 정치적인 동기 때문에 금융시장의 이해관계 세력들에 맞추어 그렇게 행동하는 것이지요. 금융시장이 미국 재무부에 압력을 행사하고 다시 재무부가 IMF에 압력을 행사하는 식이지요.

독자가 책을 다 읽고나면 이런 질문을 할 것 같은데요. 도대체 여러 나라들의 경제가 경쟁하고 또 수백만 명의 부자와 빈자가 존재하는 이 세계에서 일어나는 일은 누가 결정하는가?

정부와 세계은행에서 일했던 경험이 제게 가르쳐준 것 중의 하나는 모든 결정을 내리는 한 사람이란 존재하지 않는다는 점입니다. 결정은 수많은 힘들이 유입되는 복잡한 과정입니다. 미국 대통령조차 의사결정의 상당한 부분을 통제하지 못합니다. 필요한 정보조차 충분히 동원할 수 없지요. 대통령은 너무나 많은 결정을 해야만 하고 보고되는 정보를 먼저 알아들어야만 되지요. 이 때문에 몇몇 그룹은 대통령에게까지 보고되는 정보를 통제하려고 시도하지요.

그러나 누군가가 의사결정을 하는 정점에 있지 않을까요? 어떻게 또 누가 결정을 하지요?

전 책에서 만들어진 이해관계 세력 즉 금융가들과 대기업들의 기본적인 역할을 밝히려고 노력했어요. 그러나 또다른 세력이 게임에 개입하는 중요한 사례도 있다는 점을 강조하였지요. 예컨대 '쥬빌리 2000' 운동은 외채 탕감에 큰 영향력을 가졌답니다. IMF는 저항하지만 시민사회는 이런 이해세력들을 물리칠 만큼 힘을 갖추고 있지요. 예컨대 세계은행 내에는 빈곤이나 환경 문제에 관심을 가지고 있는 경제학자들이 많이 있어요. 그래서 이런 문제들이 조직 내에서 제기되지요. 이런 연유로 세계은행의 토론들이 IMF 경우보다는 훨씬 균형이 잡혀 있습니다.

정책을 디자인하는 것은 IMF 아닌가요?

거시경제정책과 금융 부문을 디자인하지요. 불행이지만 어떤 나라가 유럽연합이나 세계은행의 원조를 얻으려면 IMF가 이를 승인해야 하는 경우가 자주 있답니다. 이런 점에서 힘의 불균형 상태가 존재하지요. 그렇지 않았던 적은 거의 없었어요. 제가 책에서 이야기한 사례 중의 하나는 IMF가 이디오피아의 프로그램을 거부했음에도 세계은행은 이디오피아의 경제정책이 옳았다고 판단하여 차관을 3배 증액했던 경우입니다. 그러나 이런 일을 계속하긴 매우 힘들고 거의 일어나지 않아요.

발전도상국의 위기시에 재무부와 IMF는 강한 자들의 이해나 이데올로기에 빠져들어서 문제 해결이 힘든 처방이나 수단을 취합니다. 도덕적 관점에서 이런 사태는 무얼 의미하지요?

그것은 그들이 자신의 이데올로기나 이해에 유리하게끔 해당국의 위기 상황을 이용하는 것이지요. 한국의 위기를 예로 들어봅시다. 한국정부에게 이렇게 말했지요. 돈을 얻으려면 중앙은행의 우선순위 바꾸기 등과 같은 일련의 조치를 먼저 취해야 한다. 미국의 중앙은행격인 연방준비위원회가 관심을 가지고 있는 것은 인플레이션, 고용, 성장 순이지요. 미국인들은 고용과 성장에 더 많은 관심을 기울여야 한다고 확신하지만 인플레이션에 대한 관심은 덜하지요. 한국을 봅시다. 이 나라도 인플레이션 문제가 전혀 없어요. 그렇지만 대답은 다르지요. 인플레이션에 초점을 맞추어라. 고용과 성장은 잊어라. 다른 예도 들어봅시다. 한국은 다른 나라들에 대한 상품 시장의 개방을 수용했어요. 확정된 일정표를 갖고요. 그러나 IMF는 대단히 가속적으로 개방할 것을 강요했습니다. 예컨대 침체 시기는 개방을 하기에 나쁜 시기입니다. 상황을 대단히 악화시킬 수 있기 때문이지요. 우린 IMF가 위기상황을 개선하는 데 도움을 주어야 하고 악화시키지는 않아야 한다고 봅니다만 결국 순전히 힘의 논리로 밀어붙인 것이지요.

이런 일이 어느 정도 자주 일어나는가요? 몇 퍼센트 정도지요?

적어도 모든 경우의 50퍼센트 정도는 될 거예요. 문제는 대부분의 경우 흑백논리로 재단할 수 없다는 점입니다. 이디오피아의 예는 극단적인 사례였어요. 그들의 거시경제정책은 뛰어났어요. 그럼에도 IMF는 프로그램을 정지했지요. 왜냐구요? 힘을 행사하고 싶었던 겁니다. 그러나 대부분의 경우 사태가 그렇게 명확하게 드러나지 않는답니다. 한 나라가 썩 좋은 실적의 경제정책을 펴지 못했다고 합시다. IMF가 승인해주지 않으면 자신의 정책을 옹호하기도 쉽지 않고 또 IMF를 나쁘다고 비난할 수도 없으며 IMF가 펼치려 하는 정책의 효과를 평가하는 것도 쉽지 않지요.

몇몇 정부의 지도자들이 그런 이야길 하곤 했어요. IMF의 처방이 그들에겐 나쁘지만 그걸 거부할 수 없다고 슬픈 표정으로 말했지요. 마치 국제경찰관(인터폴)에게 붙잡힌 느낌을 받는다나요.

만약에 IMF에 동의하지 않는다면 IMF는 프로그램을 정지할 터인데 이 점을 겁내지요. 그렇게 되면 IMF의 기금을 받지 못할 뿐만 아니라 세계은행의 돈도 유럽연합의 돈도 못 받게 되지요. 이런 나쁜 사인이 생기면 민간 투자자들의 돈도 받기 힘들게 되지요. 게다가 솔직하게 말만 해도 위와 동일한 효과가 생기게 되는 걸 두려워하게 되지요. 솔직하게 말하면 IMF는 상대가 덤벼든다고 생각하고 뻣뻣하게 대응하며 이들을 처벌하고 복수할 거라고 상대는 겁을 먹게 되지요. 말하자면 진지한 토론조차 진행할 수 없다는 느낌을 갖게 됩니다.

이야기하신 바처럼 IMF는 어떤 나라에 와서 나흘 정도 보냅니다. 그러면서 자신들의 처방을 받아들일 것을 종용하지요. 대부분의 경우는 이러한데 이게 통합니까? 그러고나선 정치인들이 부패했다고 말하지요.

이들은 일련의 조건들을 부가합니다…… 예컨대 이 나라의 의회가 30일 이내에 이런저런 법을, 60일 내에는 또다른 법을 통과시켜야 한다는 거지요. 그러나 명확한 것은 민주적 과정에 참여하는 모든 사람들은 30일 이내에 사회보장제도나 연금제도를 개혁할 수 없다는 점을 잘 압니다. 사회적 합의를 이끌어내려면 수개월 아니 수년도 걸릴 수 있지요.

발전도상국을 대하는 태도에 있어서 일종의 무시나 인종주의 그리고 낡은 식민주의가 계속되고 있다는 느낌은 없나요?

19세기에 멕시코가 부채를 갚지 못했을 때 영국과 프랑스 군대가 상륙했지요. 다행히 오늘날에는 이런 일이 없습니다.

그럼 어떻게 채무이행을 강제하지요?

어떤 나라가 위기에 빠지면 IMF는 이렇게 말하지요. 만약 돈이 더 필요하면 이런 조치를 취해야만 한다고. 이런 의미심장한 사진이 있었지요. 미셸 캉드시(전 총재)가 앉아서 인도네시아 대통령의 어깨 위를 쳐다보고 있고 대통령은 경제주권 양도 각서에 사인을 합니다. 어떤 나라가 의향서를 쓰고 이행 의무 목록을 나열하여 IMF에 보내지만, 사실 무얼 써야 할지 이미 말해준 자는 IMF랍니다. 그 나라는 불러준 대로 받아쓴 겁니다. 계속되는 코미디이지요.

IMF가 어떻게 움직이는지 말해주시겠어요? 그들의 경제정책은 어떻게 결정되지요?

IMF 안에서 거부의 권리를 가진 유일한 나라는 미국입니다.

다른 나라들은 어떤 역할을 하나요?

좀 기묘한 일 하나를 말씀드리기로 하지요. IMF에서 일하는 한 나라의 대표는 세계은행에서 일하는 대표와 매우 다르답니다. 두 조직의 미국 대표가 토론하는 것을 들어보면 이 두 사람이 같은 나라 사람이 아닌 것 같아요. 예컨대 세계은행의 미국 대표는 이전에 힐러리 클린턴과 대학 기숙사에서 같은 방을 썼던 매우 활동적인 여성이었지요. 백악관에 친구가 있었고 시카고 게토 지역에 소규모 대출을 해주던 미국은행 시카고 사우스 쇼어에서도 일했지요. 그래서 그런지 세계은행에서 그녀는 발전 문제에 관심을 쏟았고 또 재무부의 압력에도 저항할 수 있었어요. 반면 IMF의 미국 대표는 조직 내부의 강경파에 속한답니다. 이렇게 말하지요. 문제의 나라는 어려운 시기를 견뎌내야만 하고 인플레이션 척결에 총력을 기울여야 한다…… 이 노선은 기타 회원국 전부가 취해야 할 역할을 말하는데 대부분 자신들의 노선으로 사람들을 합류시킵니다. 그 결과 그들의 출발점은 세계은행과는 완전히 다른 것으로 자리잡습니다. 반면 세계은행은 발전 문제에 훨씬 많은 관심을 기울입니다. 저는 미국 이외의 나라들 목소리가 높아지기 시작했다는 점을 중요하게 생각합니다. 세계은행에는 발전을 옹호하는 확고한 입장을 취하며 빈곤 관련 문제에 큰 흥미를 보이는 사람들이 많습니다. 그래서 미국의 입장과 대치되는 경우도 있지요.

IMF 모임에서 각 나라를 대표하는 사람들은 경제부처 장관들입니다. 이들이 많은 경우 큰 은행들이나 대기업과 연계되어 있다고 당신은 주장하는데요.

그래요. 한 예가 미국 재무부 장관으로 일한 사람입니다. 골드만 삭스에서 일한 이 사람은 장관을 그만둔 뒤 시티은행에서 일했지요. IMF의 제2인자는 대학 교수 출신이었지만 그만둔 뒤 시티은행의 재무담당 제2인자로 자리를 옮겼고요. 바깥에서 보면 금융계의 지시를 충실히 이행한 보상으로 보일 겁니다. 내가 그렇게 말하는 것은 아닙니다만 그리 좋은 모습은 아니지요.

IMF 고위 관리들이 각 국가들 대기업의 이익을 옹호한다고도 덧붙였는데요.

그럼요. 미국의 경우 이것은 명확하게 드러난답니다.

우리들의 삶이 다국적 기업들 손에 달려 있다는 결론을 내리셨지요.

내 의도는 여기에 개입하는 다른 힘도 존재한다고 말하고 싶었어요……그러나 이상한 일이지요. IMF의 정책 결정자들이 이런저런 결정을 내릴 때, 그들이 대기업을 옹호하는 행동을 하고 있다는 느낌을 전혀 가지고 있지 않다는 점이에요. 그들은 다른 시각으로 세계를 봅니다. 이데올로기를 통해서 사물을 바라보지요. 이 점을 그들에게 이야기하면 그들은 대기업 이익을 옹호한다는 것을 부정하지요. 아마도 그들의 모든 행동이 발전도상국의 이익에 부합하는 것이라고 말할 겁니다. 그들이 말한 것을 이들 나라가 수행하면 가능한 최상의 정책을 얻게 될 것이라고 확신하지요.

이런 정책들이 여러 차례 실패했는데도 이렇게 계속 말한다면, 그들이 이중인격자들이란 말입니까?

어떤 경우에는 맞는 말을 하는 경우도 있어요…… 예컨대 어떤 나라가 벌어들이는 것보다 많이 쓴다면 틀림없이 문제에 봉착하리라는 이야기 말이지요. 그러나 기묘한 일도 있어요. 은행이 대출에 관심을 기울이는 것은 자연스런 일이지요. 해당 나라가 은행들에게 제한된 대출 이상을 요구하지만 않는다면 은행들은 쉽게 수용할 수 있다고 말해야만 하겠지요. 그런데 해당국이 그렇게 돈이 필요하지 않은 순간에 돈을 빌려주려 하고, 반면 진짜 돈이 필요할 때는 돈을 회수하고 매우 높은 이자를 낼 것을 강요하지요. 그러나 아무도 이들 나라에게 외채에 큰 주의를 기울일 것을 경고하는 사람은 없어요. 또 개방하면 해당국이 위험에 빠지게 된다는 점을 모든 증거가 가리키고 있는데도 은행들은 자본시장의 개방화 같은 조치를 취하도록 합니다. 은행들은 이 조치가 해당국에 이익이 되리라 믿는 거지요. 그들은 확고한 의견을 가지고 있지만 아무도 증거와 대조하려 하지 않지요. 통계수치조차 보려 하지 않는답니다. 아시아 국가들의 위기 때에도 저는 해당국의 정책이 갖는 효과들에 대한 토론회를 개최하려 했지만 IMF는 어떤 공개적인 토론도 거부했습니다. 제가 말했지요. "그런데 정책이 투명하게 존재해야만 한다고 생각하는 바로 그곳에서 우리가 민주적 제도를 운용하고 있으니(참 어처구니가 없다 : 역자 첨가)……." 우리가 할 수 있는 것은 아무것도 없는 셈이지요.

이것 때문에 책을 썼어요?

부분적으로는 그래요. 이런 조직 내에서 무엇이 일어나고 있는지 바깥 사람들이 아는 것은 중요하다고 생각해요. 이 조직의 사람들은 자신들이 최고 사령탑으로 존재하고 또 확고한 결정을 내리고 있다고 믿기를 좋아하지요. 아마도 지금이 외부 사람들이 조직 내부에서 일어나고 있는 일을 이해하기 가장 좋은 시점인지도 모르지요. 아르헨티나 그리고 브라질과 러시아의 붕괴 시절, 사람들은 IMF가 말하는 것과는 달리 무언가 잘 돌아가지 않는다는 점을 더욱 잘 이해하게 되었어요. 중요한 것은 고립된 붕괴들이 아니라는 점입니다. IMF는 붕괴를 정당화하기 위해 항상 무슨 핑계거리를 찾았지요. 이 나라는 이런 일을 했다거나 그들에게 요구한 것들을 모두 실행하지 않았다는 거지요. IMF가 시킨 일을 하지 않았다면 상황은 더욱 악화되었을 거라고 말하지요. 동아시아의 과도한 긴축재정정책에서 보여지듯이 오류를 인정한 경우에도 왜 그런 오류를 범했는지 결코 질문하지 않지요. 마치 그것이 우연히 일어난 실수인 것처럼. 자신들의 모델이 지닌 오류로 돌리는 것보다 체계적이고 근본적인 문제 제기가 일어나지 않지요. 그러니 다음번에도 계속 똑같은 오류를 범하게 되지요.

이 모든 것이 수백만의 인구에게 그 많은 슬픔, 빈곤, 고통을 안겨주지만 IMF는 위기를 치유하려는 그 많은 실책들을 보면서도 도대체 자신들이 무얼 하고 있는지를 토론하는 것조차도 거부하고 있으니 이 얼마나 한심합니까?

문제는 사물을 바라보는 방식이지요. 그들은 매우 협소한 시각을 지니고 있습니다. 아시아 국가들의 예를 들어보아도 환율이 안정되었을 때 IMF는 위기가 끝났다고 생각했지요. 실업률은 매우 높았고 임금은 매우 낮았음에도 불구하고요. 그러나 환율이 더이상 떨어지지 않자 그들은 성공했다고 자축했습니다.

이런 오류에 봉착하게 되는 것이 IMF나 미연방 재무부가 특정 이해 세력들과 함께하기 때문일까요……?

의심의 여지 없이 그들은 특정 이해를 지지하지요. 아시아 위기의 경우 그들의 주된 관심사는 이들 국가들을 상대로 대부를 해주었던 큰 은행들에게 대출금 회수를 보장케 하는 것이었지요. 제가 당시 파산 제도를 이용할 것을 제안하였을 때 그들은 파산이 계약의 신성성을 더럽히고 파기하는 것이나 다름없다고 대답했다는 이야기를 책 속에서 언급했습니다. 그들은 파산이 어떠한 대부 계약에서도 내재적인 요소라는 점을 인정하길 원치 않습니다. 이제는 채무 때문에 사람을 감옥에 집어넣지는 않습니다. 그들은 대부자들의 이익을 옹호하면서도 이런 이유로 행동하고 있다고는 생각하지 않지요. 이 점을 그들은 인정해야만 합니다. 그러면서도 그들은 해당국을 도와주고 있다고 생각하고 있는 거지요.

이런 식의 행동양식은 시장의 독트린을 지고의 조절자로 인정한 1980년대 레이건이나 대처의 정책에서 탄생한 것인가요?

그렇지요. 레이건과 더불어 금융시장의 자유화가 진행되었지요. 재앙이었어요. 저축 투자 은행의 위기가 있었고 미국 납세자들에게 수십억 달러의 손해가 가중되었습니다. 전 농담처럼 이렇게 이야기하지요. '미국은 이기적이지 않았기에 이 경험을 발전도상국과 공유하고 싶었다. 자유화의 결과를 모두가 맛보길 원했던 것이다. 그래서 발전도상국도 위기에 빠지게 되었던 것이다.' 하하하. 얼마나 인상적입니까? 자유화의 결과로 고통을 겪은 미국이 다른 나라들에게 시장의 자유화를 외치고 똑같은 재앙을 맛보길 이야기하는 것 말이에요. 참 이해가 되지 않는 일이지요.

그런데 왜 이런 상황이 굳어지고 있는 거지요?

세 가지 요소 즉 시각, 이데올로기, 이해관계가 지속되고 있기 때문입니다. 예를 들어봅시다. 거의 모든 경제학자들은 경기침체가 일어나면 팽창적인 재정정책이 있어야 한다고 이구동성으로 말합니다. 세계 어디에서도 우리들이 경제학 강좌시간에 가르치는 것이지요. 2001년 미국 경제가 약간 가라앉았을 때 민주당도 공화당도 모두 경기진작이 필요하다고 똑같이 말했어요. 그렇지만 IMF는 반대로 행동하지요. 라틴아메리카에서 경기가 침체되고 있을 때 그들은 동아시아에서 그랬듯이 긴축정책을 추천했습니다.

절 놀라게 한 것은 사회당 정부들까지도 IMF가 원하는 것을 수행한다는 점입니다. 이들은 IMF의 길이 유일한 가능성이라고 시민들에게 설득하기까지 한답니다. 그러나 그것은 도그마일 뿐이지요.

바로 이 점이 절 불안케 하는 거지요. 예컨대 인플레이션이 전혀 문제가 되지 않는 사회나 경제에 인플레이션에 대해 과도하게 신경쓸 것을 말하면 그것은 잘못된 일입니다. 정부의 첫번째 책임은 고용과 성장을 활성화하는 것입니다. 인플레이션 억제는 목표를 위한 하나의 수단일 뿐이고요. 경험이 지시해주는 것은 인플레이션이 낮아지거나 완만할 경우 부정적인 효과가 없다는 것이지요. 인플레이션에만 지나치게 몰두하는 방식은 매우 위험할 수도 있습니다. (이성형 역)

아르헨티나 사태와 한국 언론

조바꿈

마치 기억상실증 환자의 일기장을 보는 것 같다. 우리 신문의 아르헨티나 보도를 보면서 받은 느낌이다.*

인터넷 덕분에 지난 10년 간의 기사를 검색해서 죽 읽어본다. 어, 불과 3~4년 전만 해도 아르헨티나의 경제개혁 사례는 항상 우리에게 모델 케이스였는데……. "그리하여 오늘날 페소화는 남미에서 가장 안정된 화폐로 복구되고 아르헨티나 경제는 모든 후진국들의 귀감이 될 만큼 철저한 세계화와 시장경제체제 속에서 새로운 도약을 하고 있다."(1997. 12. 24) IMF 위기 시절 한 신문이 당시 김대중 신임 대통령에게 언론이 권고한 것도 메넴 같은 대통령이 되라는 것이었다. 친노조 대통령이 노조를 잘 통제할 수

---

* 우리 언론은 멕시코 살리나스 대통령(1989~94)의 개혁 드라이브에 대해서도 열광했었는데, 그 것의 실패가 입증된 1994년 말의 페소위기에 와서는 말을 바꾸는 모습을 보였다.

있다는 훈수까지 두면서.

경쾌한 론도 분위기의 왈츠가 이번에는 '페론주의 때문에 작금의 아르헨티나 사태가 터졌다'는 무당들의 한판 흐드러진 굿판으로 슬그머니 바뀌었다. 그래서 이 한반도에서 때아니게 페론과 에비타의 망령을 몰아내기 위해 내로라는 무당들의 굿거리 장단이 시작되었다. "누가 에비타를 위해 울어주랴"는 신파조의 가락도 등장했다. 이런 우리 신문매체의 태도는 현지나 파리, 프랑크푸르트, 뉴욕, 멕시코시티의 그것과 너무 달랐다. 『르몽드』, 『알게마이네 차이퉁』, 『파이낸셜 타임즈』 같은 유수언론들이 IMF의 정책이 가져온 잘못된 결과, 태환법이란 통화정책의 문제점을 심도 있게 짚어주고 있을 때 우리는 다시 한번 페론주의와 노조를 문제시하였던 것이다. 이런 논법은 멕시코나 아르헨티나 신문과 잡지 그 어디에서도 찾아볼 수 없는 우리만의 독특한 세상읽기 방식일 게다.

방송대담에 나갔을 때 진행자가 물었던 질문이다. 그런데요, 페론주의 때문에 문제가 생긴 모양인데 어떻게 이번에도 페론당 지도자가 대통령이 되었어요? 도대체 페론주의가 뭐예요? 『조선일보』 「만물상」에 해답이 쓰여 있건만 도무지 이해가 되지 않는 모양이다. 대부분의 국민들은 예의 조바꿈 때문에 생긴 인식상의 혼란으로 갑갑한 모양이다. 이제까지 언론에서 메넴은 페론당 출신이지만 페론주의와는 결별하고 IMF의 처방을 가장 모범적으로 실행한 자유경제의 신봉자라고 했는데……. 그럼 50년 전 페론 정권의 유산 때문에 이번 위기가 생겼단 말인가? 메넴이 개혁을 한 것은 도대체 무언가? "아르헨티나여, 나를 위해 울지 말아다오!" 하고 노래했던 에비타의 저주 때문인가? 의문은 꼬리에 꼬리를 문다. 결국 주요 신문들이 국민들에게 끼친 민폐는 적지 않다. 궁금증을 해소시켜주기보다는 그것을 증폭시키는 결과를 낳았으므로.

세계화를 부르짖으며 개혁대열에 동참하라고 언론이 나선 지도 오래건만 나는 가장 덜 세계화된 공간이 우리 신문들의 외신면이 아닐까 생각한다. 외신면은 우리가 스스로 그리는 세계지도이다. 그러니 우리가 외부에 대한 지식을 생산하고 또 재생산하는 주요한 장치인 셈이리라. 이 중요한 공간이 기억상실증에 걸린 환자의 일기장 같다니.

『조선일보』, 사설과 만물상의 부조화

무책임한 비판이라는 비난에서 벗어나기 위해 나도 텍스트를 인용하면서 하나씩 짚어가기로 하겠다. 『조선일보』, 『동아일보』의 2001년 12월 21일자 사설과 『중앙일보』 22일자 사설은 한결같이 아르헨티나의 델 라 루아 정권의 붕괴 사태를 다루면서 우리에게 주는 교훈이 무엇인가를 짚고 있다. 이어서 『조선일보』는 23일자 「만물상」에 "페론주의"를, 『중앙일보』는 24일자 「중앙시평」에 "누가 에비타를 위해 우나"를, 『동아일보』는 25일자 「시론」에 "아르헨 사태에 교훈 있다"를 게재해서 이번 사태를 반면교사로 삼아야 한다는 문제의식을 뚜렷이 보여주었다. 문제는 뭔가 배우겠다는 강박관념이 아니라 "무엇을" 배울 것이냐 하는 소재가 쟁점이리라.

『조선일보』 사설 "아르헨티나의 반면교사"는 필자가 보기엔 세 개의 사설 가운데 가장 정리가 잘된 것이다. 위기의 직접적인 원인을 환율정책의 실패에서 찾고 중장기적인 원인을 정치인들의 인기영합주의와 사회 각층의 집단이기주의에서 찾는다. 겉으로 보기에는 나무랄 데가 없는 명문의 사설이다.

문제는 메넴 시절부터 시행되어 근 10년 간 집행된 이 '태환법'(페소와 달러를 일대일로 묶고 페소의 달러 태환을 법적으로 보장한 극단적인 고정환율제)이란 이름의 통화정책은 개방개혁 정책의 근간이었고 IMF가 권고했고 줄곧 모니터링해온 것이었다는 점을 잊고 있는 것이다. 그러니 아르헨티나 위기는 단순히 통화정책의 위기로 축소될 수 있는 성질의 것이 아니다. 오히려 태환법 레짐의 신자유주의 개혁 정치 전반에 대한 일종의 파산선고에 해당하는 셈이다. 특히 이 부분이 IMF의 책임론이 맞물리는 지점이기도 하다.*

24일자 『조선일보』 국제면에는 연합통신 멕시코발 "아르헨 위기 IMF 탓"이 실려 있어 남미, 특히 브라질과 멕시코 언론들의 아르헨티나 사태 분석을 지상중계하며 현지의 분위기를 간접적으로 전한다. 그나마 독자들에게 다른 목소리도 있다는 것을 전해준 점에서 일종의 균형감각을 갖게 한다. 이에 앞서 21일자 연합통신 파리발 기사 "아르헨 위기는 과도한 이자에서 유발"에서 구미 경제학계의 토론 결과를 지상중계한다. 별로 정리가 깔끔하지는 않지만 대부분 태환법 체제의 오류에 초점을 맞춘 것이다. 달러화가 국제경제학계의 초미의 쟁점이고보면 아르헨티나의 실패는 내로라하는 경제학자들 모두 한마디씩 하게 했다. 달러화를 지지한 루디거 돈부시의 언급만은 아직 읽을 수 없었지만 이번 실패를 보고 폴 크루그만이나 조셉 스티글리츠는 신이 나서 이렇게 말하는 것 같다. 그봐, 내가 안 된다고 했지 않아! 내가 뭐라 그랬어. IMF 그놈들 정신차려야 돼!**

문제는 「만물상」에 실린 "페론주의"란 글이다. "이런 비극의 뿌리는 크

----

* 사실 IMF 총재 캉드시는 러시아 금융위기가 터졌을 때 위기의 해결사로 태환법 체제를 디자인한 도밍고 카발로 아르헨티나 전 경제장관을 추천했고 카발로는 이 덕분에 러시아 구경을 하기도 했다. 불행인지 다행인지 사려깊은(?) 러시아 정치인들과 경제관료들이 그의 충고를 건성으로 듣고 넘겼다 한다.

** 세계은행 수석 부총재직을 지냈던 스티글리츠는 "IMF가 아르헨티나의 페소/달러 페그제를 지지하고, 아르헨티나에 대한 구제금융의 대가로 긴축재정을 요구한 것이 아르헨티나 사태를 촉발한 주요 원인"이라고 말했다고 한다. 그는 IMF가 "치명적으로" 잘못된 조언을 했다고 비난하면서 IMF의 전면적인 개혁을 촉구했다(『중앙일보』, 2002. 1. 18). IMF에 대한 비난에 대해 호르스트 쾰러 IMF 총재도 "아르헨티나 경제위기는 IMF와 국제사회의 실패작"이라고 시인했다(『중앙일보』, 2002. 1. 23).

게 봐서 바로 '페론주의'이다…… 페론이 죽은 지도 25년이 지났지만 아르헨티나는 페론주의의 함정에서 빠져나오지 못하고 국가부도를 맞은 것이다." 이 부분은 사설에 나오는 "그러나 아르헨티나 경제위기는 페론시대 이래 변치 않은 정치인들의 인기영합주의와 사회 각층의 집단이기주의라는 좀더 구조적이고 만성적인 증상에 그 연원을 두고 있다"는 부분을 좀더 상세하게 해석한 것으로 보인다. 여기서 페론주의는 페론 시대에 형성된 정치적 행태와 그 유산 모두를 지칭하는 말을 뜻하는 것 같다.

그러나 페론주의를 페론 시대의 실천과 그 유산이라는 역사적 범주로 본다면 그것은 1946~55년에 있었던 두 번의 페론 집권기와 제3차 페론주의 정권이 들어섰던 1973~76년에 해당하는 시기와 관련을 가질 것이다. 물론 이 시기에 있었던 노동입법과 사회복지 제도가 지나치게 분배주의 규범에 따라 만들어졌기에 향후 아르헨티나 경제에 주름살이 되었다는 점은 인정하지만, 이 입법과 사회복지 제도가 부분적으로는 '국가재건과정'으로 불리는 군정 시절(1976~83)에, 그리고 상당한 부분은 메넴 시대(1989~99)에 대부분 형해화되므로 이번의 위기상황이 페론주의에 기인한다는 것은 참으로 어처구니없는 해석이라 아니할 수 없다. 우리 언론의 일부는 노동계의 지지를 받고 집권한 메넴 대통령이 노조의 반대를 무릅쓰고 대량 해고와 감원을 단행했다고 그 리더십을 얼마나 칭송했는가? 그런데도 페론주의가 문제가 된다니? 이런 논법이라면 우리의 IMF 위기도 자유당 시절에 형성된 부패 현상 때문에 일어났다고 이야기해야만 한다. 앞에서 내가 자폐증이란 과격한 표현을 쓴 것은 바로 이런 연유이다. 페론주의에 대한 시비는 나중에 좀더 상술하기로 하자.

『중앙일보』, 누가 에비타를 위해 우나?

2001년 12월 22일자 『중앙일보』 사설은 조선일보의 그것과 비슷한 분석을 담고 있지만 포퓰리즘을 매도하는 데는 좀더 직선적이다. "아르헨티나 문제는 시작도 끝도 재정적자와 국가부채에서 비롯됐고 그 뿌리는 1970년대 이래 소위 페론주의로 일컬어지는 인기영합주의(포퓰리즘)에 있다는 게 전문가들의 분석이다." 역시 페론주의가 문제이다. 그런데 이 문장은 전문가들의 분석에 기초하는 듯이 보이지만 도대체 어떤 전문가가 이런 처방을 했는지 궁금하다.

이번에 결정적인 문제가 된 외채는 페론 시대에 생긴 것들이 아니라 페론 시대 유산(수입대체산업화와 보호주의)을 대외개방으로 뒤집으려는 군정 시절(1976~83)에 시작된 것이고 또 메넴 시대 10년의 과격한 개방 정책에 의해 누적되었던 것들이다. 외채는 일차적으로 잘못된 대외개방 정책의 부산물이었다. 그러니 외채는 페론주의와 전혀 관계가 없다. 페론 정권 시절(제1, 2차 집권기)의 재정 지출은 2차 대전 시절에 전쟁 특수로 벌어들인 달러로 인해 큰 무리가 없었고 제3차 집권기에는 큰 후유증이 있었지만 비교적 짧은 시기의 에피소드로 끝났다(보론 참조).

그렇다면 그 이후에 고질화된 재정적자 문제는 페론주의와 관계없이 이후 아르헨티나 정치와 경제 전체를 관통하는 다른 그 무엇이 문제일 게다. 나는 그것을 국가에 기생하는 관성화된 지대추구 세력들의 재정 거덜내기에서 찾는다. 그것은 노동자들보다 국부를 민간의 손으로 옮기는 대기업들 때문에 생긴 것이고, 메넴의 민영화와 규제완화 정책 이후에는 정부의 공채에 투기하는 내외 금융자본들 때문에 생긴 것들이다. 부차적으로는 메넴 시절 지지부진했던 행정개혁에서도 부분적인 원인을 찾을 수 있다. 그렇지만 실업률이 16%가 되었던 메넴 시대에, 연금 생활자가 '신빈곤층'이라 불릴 정도로 생활이 힘든 이 시절에 노동자와 은퇴자의 복지 때문에 재정적자가 생겼다는 망언을 이렇게 자신감 있게 말할 수가 있을까?

"그때마다 과감한 개혁과 구조조정을 시도했지만 그것도 잠시, 곧 이어진 정권교체로 국민에 대한 고통분담 요구는 무위에 그치고 말았다." 이 말도 그럴듯하게 들리지만 진실과는 거리가 멀다. 지금의 위기는 (잘못된 방식의) 과감한 개혁과 구조조정의 결과일 뿐이다. 대부분의 경제학자들이 그렇게 이야기하고 있지 않는가? 국민에 대한 고통분담 요구는 무위에 그친 것이 아니라 중 · 하층에 집중적으로 너무 오래 지속되었기에 결국 슈퍼마켓을 터는 난동까지 벌어졌고 29명의 사망자가 생기는 결과를 빚은 것이다. 이 나라가 자랑하는 튼튼하고 문화적 교양 넘치는 중산층은 이제 속절없이 무너졌다고 말할 정도로 망가졌고 GDP 대비 국민의 임금소득 지분은 메넴 시절 내내 줄어들었는데 어떻게 고통분담이 없었다고 말할 수 있을까? 게다가 서민층이 주로 부담하는 부가가치세가 21%나 되는 수세 구조를 지니고 있는데……

따지고보면 이번 사태를 "포퓰리즘의 끝"으로 몰아간 이 사설은 드디어 두알데 대통령에 의해 포퓰리즘 정책이 시작되었다는 외신 보도와는 또 어떻게 주파수를 맞추려는지 의문이 가기도 한다. 앞의 포퓰리즘은 무엇이며 뒤의 포퓰리즘은 무엇인가?

12월 24일자 「중앙시평」 "누가 에비타를 위해 우나"에 실린 글에도 이와 비슷한 평론이 실려 있다. 경제학자가 쓴 가장 비경제학적인 에세이가 아닌가 한다. "왜 이러한 혼미가 아르헨티나에만 반복되는 것일까…… 그 대답은 오히려 매우 간단하다. 만성적인 재정적자와 정치적 불안정, 과다한 외채의존과 구조조정의 실패 등에서 기인하는 것이다." 너무나 정확한 답이지만 초점이 없다는 점에서 결코 후한 점수를 줄 수는 없는 답안지다. 비경제학적인 논평은 더 이어진다.

그러나 조금만 더 깊이 들여다보면 아르헨티나 비극의 배경에는 에비타의 환상에서 깨어나지 못한 국민들의 정서가 큰 몫을 차지하고 있다. 선진국보다 더

많은 휴가를 즐기고 일하지 않아도 수준 높은 연금과 복지, 교육의 혜택을 누릴 수 있는 제도로 전국민을 편안하게 만들려고 시도했기 때문이다…… 실제 아르헨티나에서는 의료비용과 대학교육비까지 무료이며 선진국보다 높은 실직수당을 지급하고 있다.

아르헨티나 사람들에게 이 구절을 번역해서 보여주면 어떤 표정을 지을까? 재정지출 부분에서 채무이자 지불액은 애써 무시하고 과도한 사회복지를 들먹이는 까닭이 무엇일까? IMF 통계로 1999년 한해만 원리금 상환액이 257억 달러나 되었다는 사실은 어떻게 모르고 있을까? 게다가 글쓴이는 아마도 1993년 메넴 대통령에 의해 사회보장제도가 대폭 개변되었다는 사실을 잘 모르는 모양이다. 이 구절을 본 아르헨티나인은 아마도 이렇게 대답할 것이리라. "당신 나라에서는 경제학 전공자들이 환상소설을 쓰기도 하는군요. 그렇다면 왜 연금생활자들이 매주 오월광장에서 정기적으로 시위를 벌이고, 심지어 '신빈곤층'이라고 불리기까지 할까요?"*

결국 이 논평은 "지나친 사회보장과 근로자 복지제도로 오히려 기업의 경쟁력은 날로 저하되고 있을 뿐"이니 에비타의 환상을 경계하자는 점잖은 충고로 끝낸다. "외채규모보다는 고금리 체제가 위기의 원흉이다", "태환법이란 간접적 달러화의 당연한 귀결이었다", "IMF의 정책적 실패의 표본이다" 등등의 논리를 펴는 구미 경제학자들과는 얼마나 다른 논법인가? 노조와 복지정책 때문에 이번 사태가 발생했다는 논법을 다른 나라 언론, 다른 나라 학자들 글에서 읽은 바가 없는 나로서는 참으로 인내하기 힘든

----

* 2000년 5월 1일자에 실린 일간지 『파히나 도세(Pagina 12)』에 의하면, 연금 소득자의 월정 급여는 월 20만 원 수준이다. 반면 20년 경력의 교사월급은 50만 원 정도이니 보통 겹치기 출연을 해야 겨우 먹고사는 형편이다. 어려운 가정사정으로 학업 포기율도 크게 늘었다. 1999년 기준으로 초등학생의 30%, 중학생의 49%, 대학생의 51%가 중도에 학교를 떠난다고 한다.

글이었다.

『동아일보』, 강 건너 불 아니다

『동아일보』도 아르헨티나 사태가 우리에게 시사하는 바가 많다는 논조로 2001년 12월 21일자 사설을 냈다. 그런데 이 사설은 앞뒤가 맞지 않는 부조화를 보인다. 서두에는 "경제난에 시달리던 아르헨티나 국민의 분노가 폭발해 대통령과 전 내각을 권좌에서 몰아냈다…… 허리띠를 졸라매며 몇 년을 버텨왔으나 '직업도 없고 배가 고파도 먹을 것을 살 돈이 없는' 빈곤층이 전체 국민의 40%를 넘어섰으니 어떻게 더 참겠는가"라고 정권 붕괴의 불가피성을 논하고 있다. 그러나 세 번째 단락에서는 "정부의 긴축정책에 따라 고통을 감내하려는 국민은 거의 없었다"며 국민들의 반발과 노조의 총파업을 나무란다. 논리적인 일관성을 결여한 부분이다.

왜 이 지경이 되었느냐에 대해서는 "한 정권의 경제정책 실패로는 설명할 수 없는 '원죄' 같은 이유가" 있다고 한다. 이 중에서도 페론(주의)의 책임이 가장 크단다. "특히 노조세력의 지지를 바탕삼아 집권한 후안 페론은 집권 내내 노조의 무리한 임금인상 요구를 수용하는 등 인기영합주의(포퓰리즘) 정책으로 일관해 후대에 고통을 물려준 대표적인 지도자로 꼽힌다." 여기서도 파국으로 이끈 구체적인 정치적, 경제적 메커니즘에 대한 분석이나 정책 실패에 대한 이야기는 빠져 있다. 오히려 페론주의 같은 '원죄'에 더 큰 비중을 두고 있는 듯하다. 좌우간에 페론주의가 문제인 모양이다.

반면 경제면의 기사 "경제전문가 아르헨 위기 진단"에서는 위의 연합통신 기사와 유사한 내용의 구미 경제학자들의 토론을 지상중계하고 있다. 이렇다면 당일자 신문에서도 기사와 사설이 손발을 맞추지 못한 셈이 된다.

12월 25일자 시론 "아르헨티나 사태에 교훈 있다"에서도 역시 대중주의, 즉 '페로니즘'의 폐해를 강조한다. 그 결과 "민주화와 자유주의 개혁을 기치로 내건 1980년대 카를로스 메넴 대통령도 경제문제에 관해서는 결단력 있는 정책을 오래 밀고 나가지 못했다"고 평가하고 "그 결과 누적된 재정적자, 만성적인 인플레이션, 그리고 우선순위에서 방향을 잃은 경제정책이었다"고 지적한다. '만성적인 인플레이션'이라 지적한 부분이 데스크의 오기가 아니라면 이 글을 쓴 이는 전문가이기는커녕 아르헨티나 경제의 ABC도 모르는 사람임에 틀림없다.*

메넴 정권의 태환법 체제가 유일하게 달성한 목표가 있다면 인플레이션을 확실하게 잡았다는 것인데…… '결단력 있는 정책을 오래 밀고 나가지 못했다'고 논평한 부분도 메넴의 개혁정책의 내용과 경과를 잘 모르면서 예단한 부분이기도 하다. 메넴 대통령 시절 잘못된 개혁개방 정책을 너무 결단력 있게 오래 밀고 갔기에 나라를 다시 한번 거덜낸 것이다. 아울러 후임 정권도 시급히 정책의 대전환을 추진했어야 했지만 그럴 역량이 없었기에 결국 무릎을 꿇고 말았던 것이다.

무엇을 배울 것인가?

앞에서도 말했듯이 결국 우리 언론은 아르헨티나 사태를 통해 무언가 배우고 교훈을 얻으려는 강박관념에 사로잡혀 있다. 아마도 현 정부의 부정부패 스캔들이 터져나오고 또 야당 중진의원이 포퓰리즘 논쟁을 지핀 영향도 있으리라. 우리나라의 정부 채무도 이제 우려할 만한 수준에 다다랐으니 우리도 이제 '남미화'가 되는 게 아닌가 은근히 우려되는 바도 없지 않을 것이다. 이런 경계 태세는 당연하지만 먼저 교훈을 얻기 이전에 아르헨티나 사정에 대한 면밀한 검토가 먼저 선행되었어야 하지 않았을

---

* 아르헨티나의 최근 물가지수는 디플레이션 현상마저 보이고 있다. 1996년 0.1%, 1997년 0.7%, 1998년 -1.8%, 1999년 -0.7%(Indec 통계).

까? 아르헨티나 위기가 적어도 1년 전부터 계속 국제 언론의 모니터링 아래 있었다는 사실을 감안한다면 우리 언론(과 함께 글쓴이들)의 무딘 감각과 실력이 어느 정도인지 잘 알 수 있지 않을까?

우리도 김영삼 정부 시절 IMF 위기를 겪은 바 있다. 도대체 무엇 때문에 그 난리를 겪었는지 대부분의 사람들은 다시 망각하고 있는 것 같다. 졸속적인 대외 금융개방 조치, 사전 경보 체제의 부재, 관료들의 무사안일 등등 많은 이야기가 오고 갔다. 아르헨티나 사태는 다시 한번 잘못된 대외개방 조치가 국민경제에 미치는 폐해를 생생하게 보여주었다. 대외개방 자체가 문제가 아니라 '어떤 방식의' 대외개방(또는 경제운용)이냐가 문제라는 점을 우리도 뼈저리게 느끼지 않았던가?

1990년대 내내 우리나라 언론이 성공사례, 모범사례로 칭송하던 아르헨티나였다. 이 나라의 민영화, 탈규제, 대외개방은 메넴 대통령의 강력한 의지에 의해 전광석화 같은 속도로 이루어졌다. 그러나 그 결과 이 나라의 산업구조는 탈산업화와 공동화의 길을 걸었고 아울러 실업자는 양산되었다. 가진 자들은 금융투기로 날을 지새우는 '금융천국'이 되어버렸고 빈익빈 부익부는 심화되었다. 전력, 전화, 석유, 항공, 도로 등과 같은 독점적 서비스 산업의 거의 대부분은 다국적 자본의 통제 아래 들어갔다. 온건한 성향의 정치학자 기예르모 오도넬(Guillermo O'Donnell)조차 아르헨티나 사례가 "지난 수십 년 동안 나온 종속이론서 가운데 가장 비판적인 것조차도 예견하지 못한 최악의 유형과 정도의 종속"(『파히나 도세』 2001. 3. 1)이라고 말했을 정도였다. 이런 아르헨티나의 경험을 보면서 현실과 맞지도 않은 과도한 복지 정책, 노조의 저항을 먼저 머리에 떠올린다면 그는 분명 정신감정을 한번 받아보아야만 할 중환자임에 틀림없다.

원한의 체계

"시체애호증(necrophilia)의 나라." 아르헨티나를 일컫는 여러 말 중의 하나이다. 노총 건물에 보관된 에비타의 방부처리 시신은 군정이 처리를 못해 전전긍긍하다가 결국 이탈리아로 보냈다가 오랜 시일이 경과한 뒤에야 환국하여 레콜레타 묘역에 묻힐 수 있었다. 미라 에비타는 죽어서도 제갈공명처럼 정치(또다른 형태의 전쟁)를 했던 것이다. 서민들은 아직도 에비타를 산타 에비타(Santa Evita)로 숭앙하고 기도한다. 마돈나가 에비타역으로 나오는 영화에 많은 아르헨티나인들이 분노하는 것은 당연하다. 자신들의 기억이 할리우드 자본에 의해 식민화되길 원치 않기 때문이다. 마돈나는 민족의 성녀 이미지와 얼마나 거리가 먼가? 반면 과두제 출신들은 파티장에서 이 "창녀(puta)"가 나라를 망쳤다고 수군댄다. 그것도 작은 목소리로, 귓속말로 수군댈 뿐이다. 이 나라의 중요한 심벌에 대해서 내부 인식의 격차는 극단적이며 그 원한어린 감정들은 계속 재생산되고 있다. 필자는 아르헨티나를 이해함에 있어서 이 "원한(ressentiments)의 체제", (융합될 수 없는) "두 개의 아르헨티나"를 이해하지 않으면 많은 것을 놓친다고 믿는다. 페론주의도 이런 틀 속에서 이해해야 오늘날까지 미친 영향을 가늠할 수 있다.

도대체 페론주의가 무엇일까? 페론 집권 시절 직접 피해를 입었던 호르헤 루이스 보르헤스는 이렇게 대답했다. "페론주의란 좋은 놈도 나쁜 놈도 아니야, 그저 구제불가능한 놈들이지." 독기가 잔뜩 오른 평가인 셈이다. 그는 과두제 국가 시절 유행한 국제주의에 깊이 물든 문인이었고, 1930년대부터 본격화되기 시작한 '민중적 민족주의' 정서의 지식인들에 대해서는 경멸감을 지녔던 사람이다. 좀더 중립적인 입장에서 페론 시대를 보는 로돌포 푸이그로스는 이렇게 대답한다. "아르헨티나에서 제일 좋은 것과 제일 나쁜 것이지." 아마도 제일 좋은 것은 아르헨티나의 경제적 문화적 독립을 주창한 '민중적 민족주의(nacionalismo popular)'의 실천을 지칭할 터이고 나쁜 것은 반민주주의적이고 권위주의적인 유산들을 지칭하리라.

가장 좋은 것과 나쁜 것

학계의 페론주의 논의를 조금 소개라도 할라치면 웬만한 원고 매수로는 끝이 나지 않을 터이다. 페론주의를 파시즘으로 보는 우파적 시각에서부터 민중적 민족주의의 이념과 실천으로 보는 중앙파적 시각을 거쳐 '보나파르티즘'으로 보는 마르크스주의적 시각에 이르기까지 10개 이상의 이론이 독자들의 정신을 혼미하게 만들 수 있기 때문이다. 여기서는 다만 우리에게 익숙한 해석에 대해서만 논평을 하고자 한다. 경제에 걸맞지 않은 지나친 노조 활동과 사회복지, 그리고 그것을 뒷받침하는 재정팽창의 실천. 우리 언론에서는 "경제적 포퓰리즘(economic populism)"을 페론주의의 핵심으로 보는 듯하다. 그렇지만 라틴아메리카의 민중주의, 그것의 아르헨티나 판인 페론주의는 '경제적 민중주의' 이상의 그 무엇이다. 필자는 위의 푸이그로스가 이야기한 '가장 좋은 것'과 '가장 나쁜 것'의 조합이라는 화두에서 이야기를 이어가고자 한다.

페론주의는 페론 개인의 발명품으로만 이해되어서는 안 된다. 그것은 페론주의의 역사적 뿌리와도 깊은 관련을 갖는다. 1930년대까지 아르헨티나를 지배한 것은 지주과두제 세력이었다. 이들은 영미 자본과의 협력 아래 대중들을 끊임없이 수탈하고 정치적으로 배제하면서 엘리트/과두제 민주주의 체제를 유지했다. 여기서 배태된 아르헨티나 민중들의 오랜 원한과 고아의식은 바로 페론주의가 발전하는 데 밑거름 토양이 되었다.

페론주의는 이 상처입은 민중들에게 제공된 사회적 시민권(social citizenship) 프로젝트였다. 페론은 가부장적 이미지로 이들에게 사회복지와 노조 조직을 제공했고 이들은 처음으로 '국민' 의식을 지닌 시민으로 통합된다. 이러한 사회통합의 정치는 1930년 대공황에 이르기까지 맹위를 떨쳤던 '제국주의–과두제 동맹'의 경제 시스템이 붕괴되면서 시작된 수입대체산업화에 기초한다. 페론은 이런 체제 전환의 상황 속에서 좌익 세력의 위협을 누르고 가진 자들을 보호할 수 있는 가능한 하나의 대안으로 받아들여졌다. 또 그 역시 기득권층의 이해관계를 결코 거스르지 않았다. 페론과 에비타의 담론이 때로는 격렬하긴 했지만 그것은 수사의 수준에 머물렀을 뿐 결코 실천에 이르는 프로그램은 되지 못했던 것이다.

아르헨티나 국민들에게 아직도 페론의 이미지가 나쁘지 않은 것은 그 시대에 많은 사람들이 목말라한 사회통합, 공업화 프로젝트, 사회복지와 민중문화의 창달자로서 그가 한 역할을 기억하기 때문이다. 외국문물만 숭앙하고 국민들을 천민 취급했던 과두제 시대가 낳은 상처에서 그는 반사적인 이익을 얻었던 것이다. 물론 수출세 염출을 통해 공업화 기금을 조성했기에 수출과두제 세력에게는 원한을 얻었을 것이고 노조의 등쌀에 시달리는 기업인들에게는 결코 좋은 점수를 얻지 못했을 것이다. 보르헤스 같은 국제주의자에게는 천박한 대중문화를 확산시킨, 심미적 감각이 결여된 허풍선으로 보였으리라.

페론주의의 나쁜 유산

페론주의의 나쁜 유산은 경제나 사회복지 쪽보다는 압도적으로 정치 분야이다. 페론은 정당이나 제도의 매개를 불신했고 항상 자신이 직접 대중에게 호소하는 '매개 부재의 정치'를 선호했다. 이런 정치 스타일은 이탈리아에서 장교 훈련을 받을 당시 무솔리니에게서 보고 배운 바일 것이다. 여하튼 이런 스타일은 '파당정치', '코포레이션(corporactiones)'의 정치가 고질적인 아르헨티나 정치를 더욱 기형적인 것으로 만들었던 것이다. 그는 계급협조 이데올로기에 기초한 코포라티즘 정치를 유럽에서 배워왔고 이를 아르헨티나 토양에 뿌리를 내렸다. 노조의 조직화를 통한 대중동원을 매개로 그는 아르헨티나 정치를 사인화(私人化)했고 제도의 안정성을 크게 훼손시켰다.

1955년 군정이 페론을 권좌에서 축출했을 때부터 아르헨티나 정치는 페론화(peronization)되었다. 페론주의를 금압했지만 대중들은 은밀하게 페론을 지지했고 결국 어떤 민정이나 군정도 페론주의자들을 배제하고는 정치를 할 수 없게 되었다. 페론은 망명지 마드리드에서 밀지를 보내면서 아르헨티나 정국을 요리할 수 있었던 것이다. 이런 '아르헨티나 정치의 페론화'는 앞서 말한 과두제와 민중의 원한 관계가 정치적으로 제도화된 것이라 할 수 있다. 결국 페론의 잘못은 아르헨티나 사회에 내장된 적대감을 축소시키기는커녕 민중의 원한을 자신의 신체에 육화한 하나의 정치적 상징으로 기능하게 하여 이를 세대를 넘겨 전승시킨 것에 있다 할 것이다.

그의 사인화된 권위주의 정치 스타일은 오늘날 페론당의 구세대 지도자들에게까지 전승되어 있다. 페론당은 여전히 이런 개인 지도자 중심의 파벌체제이고 뚜렷한 이념이나 일관된 정강 정책은 존재하지 않는다. 민주화 시대가 들어서면서 '페론주의의 민주화' 논의가 당내에서 활성화되기도 했지만 메넴 같은 낡은 스타일의 지도자들이 다시 당권을 장악하면서 그 유산에 대한 비판적인 논의도 봉쇄되어버렸다. 최근 권좌에 오른 두알데도 마찬가지 스타일의 정치인이다. 이들에게서 일관성 있게 볼 수 있는 요소는 임기응변, 시대가 바뀌어도 몸체를 변형시켜 살아남는 뛰어난 보존능력이다. 메넴은 페론 시대에 만들어진 대부분의 유산을 해체시켰다. 그는 멋진 언어를 쓰면서 개방경제의 선두주자로 국제언론의 각광을 받았지만 재산증식(부정부패)에 뛰어난 수완을 보였다. 두알데는 페론 시대 유행했던 언어들을 되살리려 노력한다. 국민들은 그에게도 큰 기대를 하지 않는다. 둘 다 어쩔 수 없는 페론주의자들이다. 보르헤스 말처럼 '구제불가능한' 사람들이리라.

오늘날 페론주의자란 말은 페론당(공식명칭은 '정의당 Partido Justicialista')에 소속된 자를 지칭하는 말이겠지만 아르헨티나 정국에서는 기회주의자, 무원칙한 정치꾼 같은 의미로 통용된다. 머리에 그 상이 잘 그려지지 않는다면, 영화 「대부」에서 돈 콜레오네 가문(family) 식구들이 모여 식사하는 자리를 한번 떠올려보라. 그들은 페론의 시대가 남긴 좋은 것은 모두 해체해버리고 나쁜 것만 머금고 있기에 아무도 그들을 진심으로 믿지 않는다. 어느 시인이 그랬다고 한다. 아르헨티나인들은 계모 아래서 생활하는 자들이라고.

보론

아르헨티나 외채 증가의 스파이럴이 페론주의와 별로 관계가 없음은 다음 표에서도 잘 나타난다. 제3차 집권기 말엽에 재정적자와 고인플레이션이 있었지만 1976년의 총외채는 83억 달러에 불과했다. 그러나 개방정책이 본격화된 군정 7년(1976~83) 간에 외채는 무려 368억 달러의 순증가를 기록한다. 이 시절의 외채 누증은 주로 외국 민간은행들이 군정 지도자들과 야합하여 공기업에 대한 대부를 반강제적으로 증가시키면서 이루어진 것이었다. 국영석유회사(YPF)는 재정의 어려움이 전혀 없었음에도 불구하고 군정 초기에 3억 7천만 달러 수준에 달한 대외채무가 60억 달러로 증가하였다.

IMF와 경제팀은 개방경제를 유지하는 데 필요한 외환보유고 확보 때문에 국가가 이 정도의 외채를 누증시키는 것은 정당하다고 주장했다. 1982년 외채위기가 발생하면서 민간기업의 대외채무가 지불불능 상태에 빠지고 이를 국가가 인수하면서 다시 한번 외채는 크게 증가한다. 당시 구제받은 기업 중 상당수는 다국적 기업의 아르헨티나 지사들이었다. 대표적인 회사로는 르노 프랑스, 메르세데스 벤츠, 시티 은행, 체이스 맨해튼 은행, 뱅크 오브 아메리카, 퍼스트 내셔널 뱅크 오브 보스턴, 크레디 리요네, 도이체 방크, 소시에테 제네랄 등이 포함되어 있다.

아르헨티나 외채의 증가추이: 1975~1999

연도		외채규모	증가율(%)	원리금상환
1975	3차페론정부	7,875		
1976		8,280	5.14	1,616
1977		9,679	16.89	1,849
1978	군정(국가재건과정)	12,496	29.10	3,310
1979		19,034	52.32	2,255
1980		27,072	42.23	4,182
1981		35,671	31.76	5,390
1982		43,634	22.32	4,875
1983		45,087	3.33	6,804
1984		46,903	4.02	6,281
1985		48,312	3.00	6,208
1986	민정 : 알폰신 정부	52,449	8.56	7,323
1987		58,428	11.39	6,244
1988		58,834	0.69	5,023
1989		65,256	10.91	4,357
1990		62,730	−3.88	6,158
1991	1차 메넴 정부	65,405	4.26	5,419
1992		68,937	5.40	4,882
1993		65,325	−5.24	5,860
1994		75,760	15.97	5,771
1995		99,364	31.15	8,889
1996	2차 메넴 정부	111,934	12.65	13,054
1997		130,828	16.87	18,308
1998		144,050	10.10	21,573
1999		147,881	2.65	25,723

자료: World Bank, GDF 2000. 단위: 백만 달러, %

외채 누증의 두 번째 사이클은 메넴 통치기이다. 집권 제1기 시절 (1989~94)에는 대대적인 공기업 민영화가 있었기에 130억 달러의 순증에 불과하지만 민영화로 인한 재정 수입액 291억 달러가 있었다는 사실을 고려해야만 한다. 집권 제2기(1995~99)에 이르면 외채는 급증하여 무려 485억 달러나 증가한다. 게다가 원리금 상환액이 총외채의 10% 미만을 유지하던 패턴이 1997년 14%, 1998년 15%, 1999년 17%를 상회하게 되면서 엄청난 재정적 부담을 낳게 된다. 결국 외채 누증과 고금리 체제로 인해 메넴 정권 말기에 경제의 부도 상태는 예고되었다고 할 것이다. 이것이 IMF가 추천했고 모니터링했던 "모범적 개방정책"의 성적표이다.*

우리나라도 IMF 환란을 겪었다. 그땐 온 나라가 자성과 통탄의 목소리를 높였지만 불과 몇 년이 지나지도 않았는데 무엇 때문에 이런 위기를 겪었는지 모두 망각하고 있다. 그러나 사회의 빛과 소금이 되어야 할 언론이 주요한 책무를 망각하고 사실을 날조하고 있으며 경제학을 전공하는 사람들조차 무엇 때문에 재정적자가 늘었고 외채가 누증되었는지 확인하지도 않고 마구 글을 써대고 있다. 문제는 개방과 개혁의 당위성이 아니라 개방과 개혁의 구체적인 형태와 경로이며 아르헨티나 사태는 이 점을 생각하는 데 대단히 중요한 사례임에도 불구하고! 특히 정책결정자 집단이나 여론 주도층은 이 점을 숙지해야만 한다. 필자의 눈에는 아직도 우리나라의 식자층과 언론이 아직도 "지적으로" IMF 위기와 공황 상태에서 벗어나지 못한 것으로 보인다.

----

* 외채 누증에 대한 상세한 분석으로는 Eric Toussaint, "Argentine: Maillon faible dans la chaine mondiale de la dette?"(2002. 1.), IMF 책임에 대한 상세한 분석으로는 David Felix, "Aprés la chute: la crise argentine et ses repercussions possibles"을 참조. http://users.skynet.be/cadtm

6

25주년을 맞이한 아르헨티나의 '오월광장 어머니회'

하느님께 간구합니다

하느님께 빌 뿐입니다. 내가 고통에 무심하지 않게 하소서. 충분히 일도 못한 채 생을 마감한, 텅 빈 채 홀로 누운 마른 주검이 되지 않도록 하소서.

하느님께 빌 뿐입니다. 내가 정의롭지 못함에 무심하지 않게 하소서. 맹수의 발톱이 내 운명을 할퀴고간 다음, 다른 뺨을 다시 얻어맞는 일이 없도록 하소서.

하느님께 빌 뿐입니다. 내가 전쟁에 무심하지 않게 하소서. 전쟁은 거대한 괴물이고 강력한 장벽입니다. 순진한 사람들만 애처로울 뿐입니다.

하느님께 빌 뿐입니다. 내가 정의롭지 못함에 무심하지 않게 하소서. 배신자가 여러 사람에게 마구 횡포부릴 때, 여러 사람들이 이를 쉽게 잊지 않게 하소서.

하느님께 빌 뿐입니다. 내가 미래에 무심하지 않게 하소서. 전진해야 하는 이가 피곤해 할 때 다른 기분으로 살 수 있게 하소서.

'록의 뉴스맨'이라 불리는 레온 히에코가 애타게 노래 불렀다. 이 기도문의 노래(Solo le pido a Dios)가 아르헨티나의 국민가요가 된 지도 20년이 되어가건만 아직도 냄비 데모는 끊이지 않는다. 어머니, 아니 할머니들의 분노도 식을 줄을 모르고. 이어서 마지막으로 육중한 체구의 메르세데스 소사가 의자에 앉은 채 조용히 불렀다. "내 영혼 그대에게 바치리(Yo vengo a ofrecer mi corazon)". 그 오랜 세월 동안 상한 가슴이 영혼을 달래는 듯한 '라 네그라(검은 여자)' 소사의 목소리에 조금이라도 편해졌을까? 2002년 5월 1일 산 마르틴 회관에서 열린 오월광장 어머니회 25주년 기념공연은 그렇게 끝났다.

25년이 지났지만 칠순 나이의 오월광장 어머니들의 슬픔은 여전히 끝나지 않았다. 그때는 학살자들이 버티고 있었지만 지금은 나라경제를 거덜낸 무능한 정치인들과 은행가들이 이 할머니들의 편안한 숙면을 방해하는 것이다. 아직도 시내 곳곳에서는 시민들이 은행의 저축 동결에 항의하여 냄비나 주방기기를 두드리며 행진한다. 어린이들은 배고파 울부짖고 멀쩡한 사람들이 구걸하며 여기저기 멈칫거린다. 젊은이들은 아예 나라를 등지고 이국땅에서 미래를 엿본다.

할머니들의 외침

어머니회의 온건파(창건노선 LF)에 속하는 라우라 보나파르트는 이렇게 말한다. "난 두 딸과 사위 둘 그리고 아들 하나와 며느리, 내 남편을 잃었지요. 총 일곱 발에 네 가족이 파괴되었으니." 72세에 정신분석가로 일하는 그녀는 덧붙인다. "죽을 날이 가까웠다우. 모두 70이 넘었지요. 구순도 있어요." 그녀는 1976년부터 1985년까지 9년 간 멕시코에서 망명생활을 했다. "우리 손주들이 이제 투쟁을 계속하겠지요." "젊은이들은 이제 상황을 이해하고 있어요. 아르헨티나나 다른 중남미 국가들에게 미래는 매우 어렵습니다. 알래스카에서 남단에 이르기까지 미국이 모두 장악하고 있으니까요."

아들 구스타보를 잃은 72세의 할머니 노라 코르티냐는 이렇게 말한다. "(광장의 어머니들은) 윤리가 뭔지 25년 내내 흐트러짐 없이 보여주었지요. 정치인들이나 가톨릭 교회가 이런 태도를 지녔더라면 오늘 우리가 살고 있는 끝없는 빈곤상황에 서 있지 않았을 거예요." 부패한 정치와 우유부단한 보수교회를 은근히 질타한다. "우리는 계속 싸울 겁니다. 이제는 전국 빈곤투쟁연합(Frenapo)에 참여하고 있어요." 이 조직은 지난 12월, 3백만 명이 참여한 투표를 통해 정부에 빈곤퇴치 정책을 내놓을 것을 요구했다. "이는 우리 아이들의 노선과 같지는 않지만 교육, 노동, 토지의 옹호 같은 구호들입니다. 우리는 모든 민중투쟁 운동과 연대해야 함을 잘 알고 있지요."

비타협파 보나피니의 목소리

비타협파 어머니회를 이끌고 있는 에베 데 보나피니는 이렇게 말한다. "모든 어머니가 다 죽게 되어 투쟁이 멈추어질 때 즈음 사람들은 우리가 최악의 독재와 맞서 싸운 대단히 일관성 있는 사람들이었다는 점을 알게 될 거예요. 우리들은 아이들의 피를 팔지 않았다구요." "미래는 마찬가지일 거예요. 광장은 여전히 정치적 사회적 투쟁 공간으로 남아 있어 필요한 사람들과 함께 할 것이고요, 타국의 어머니들을 돕기도 할 겁니다. 또 전진도 있을 것이고 전망도 나오겠지요……." 보상금 수락을 거부한 그녀도 후회가 없지는 않다. "좀더 강경했어야 했는데. 처음에는 뭐가 뭔지 몰랐지요. 어머니로서 비델라 장군에게 편지를 쓰기도 했으니. 참 엄청났어요." 그래도 그녀는 뿌듯하게 생각하는 것이 하나 있다. 부에노스아이레스에서 어머니 대학을 연 것이다.

그녀는 최근 여러 차례 구설수에 올랐다. 스페인의 바스크 분리주의를 내세우는 과격 테러단체 에타(ETA)를 옹호하여 호세 마리아 아스나르 수상으로부터 집중 공격을 당한 것이다. 게다가 9월 11일 미국의 무역센터 빌딩과 펜타곤 폭파를 "즐겁게" 보았다는 '망언'까지 곁들였다. "사람들은 내 말을 왜곡했어요. 난 살인을 기뻐하지 않아요. 미국에 대한 벽을 깬 것 같아 즐거워한 것뿐이에요. 에타에 관해서는 지지 발언을 한 바 없어요. 에타로 인해 감옥에 들어간 사람들의 어머니들과 동료라고 말한 것뿐이에요."

오월광장 어머니회의 탄생

서슬이 시퍼런 시절이었다. 1977년 4월 30일 정부청사가 정면에 보이는 광장에 어머니들이 모였다. 군정이 들어선 지 1년이 조금 지났다. 14명의 어머니들이 비델라 대통령에게 아이들의 행방을 묻는 서신을 전달하고자 광장에 모였다. 토요일이어서 광장은 비어 있었다. 데모할 생각은 아무도 없었다. 계엄령이 해제되지 않았고 또 한 장소에 모여 집회를 열 수 없었기 때문이었다. "빨리 나가세요. 나가세요." 광장의 중앙 피라미드 기념비를 돌아갈 즈음 경찰들이 소리쳤다. 아무도 물러날 생각이 없었다. 오래전부터 경찰서, 내무부, 사법부 모두 두드려보았지만 아무 말도 듣지 못했지 않았던가? 그래서 권력의 침묵에 우리도 한번 저항해보자. 생사여부조차 모르는 아이들과 남편의 눈망울이 어른거리는데…….

어머니들은 가끔 루한 성모 성당(아르헨티나 수호성모를 모신 곳으로 부에노스아이레스에서 60킬로미터 떨어진 곳에 있다)으로 행진을 하기도 했다. 눈물을 흘리며 기도했지만 아들과 남편의 소식을 들을 수가 없었다. 그래서 광장에 모여 서로 정보를 교환하며 안타까움을 달래기로 했다. 자연스레 지도자가 된 아수세나 비야플로르(초대 회장으로 1977년 12월 10일에 실종당했다)가 제안했다. 모두 머리에는 흰 손수건을 두르기로 했다. 목에는 실종

오월광장 어머니들의 절규

5월광장 어머니들이
정부의 시책에 항의하며
시위를 벌이고 있다

자 아이 사진을 담은 패를 걸고서. 실종자의 이름을 패에 담자는 아이디어
도 더해졌다. 비야플로르가 실종당한 다음, 알프레도 아스티스 대령이 어
머니회에 접근하여 순진한 어머니회를 농락했다. 그는 실종자의 형제라며
돕겠다고 조직 내로 들어왔고 이어 두 어머니가 또 실종당했다. "동료들이
실종당할 당시가 25년 투쟁 가운데 최악의 순간이었어요." 2대 회장이었
던 보나피니가 말한다.

"매번 모일 때마다 사람이 불었어요. 하루는 도라 씨가 금요일은 만우절
이니, 목요일에 광장에 가자고 해요. 그래서 날짜가 굳어졌어요." 노이아
씨의 기억이다. "광장에 도착했지만 아무도 없어요. 그러나 3시 30분이 되

니 사방에서 어머니들이 쏟아져나오는 거예요." 온건파 지도자 안토콜레츠의 증언이다. 그리고 매주 목요일 3시 30분 꼭 시간을 지켜 모였다.

군정은 축구로 국민들의 관심을 돌리려 했다. 그래서 온갖 방법을 동원하여 1978년 월드컵축구대회를 유치했고 광신적인 민족주의 열기를 부에노스아이레스에 쏟아부었다. 데 켐피스의 활약 덕분에 아르헨티나는 우승컵을 안았지만 어이없게도 국제무대에서 인권탄압으로 망신을 사게 되었다. 네덜란드의 스타 요한 크루이프는 인권탄압을 이유로 참가를 포기했다. 오월광장 어머니회 회원들에겐 월드컵 대회가 군정의 인권탄압을 폭로할 안성맞춤의 기회였다.

미주인권위원회의 조사가 시작되었고 카터 행정부는 아르헨티나에 제공하던 군사원조를 끊은 다음 수출입은행이 제공하기로 한 2억 7천만 달러의 차관을 동결시켰다. 허둥지둥 군정의 공세는 계속되었다. 이들은 어머니들을 "오월광장의 미친년들"이라 불렀고 이들의 행동을 "반애국적 캠페인"이라고 규정했다. 대신 "우리는 정직하고 인간적이다"라는 포스터를 전국의 차량이나 벽에 붙였다.

1983년 군정은 무리한 포클랜드(말비나스) 전쟁으로 떨어진 정당성을 회복하려 했지만 오히려 패전으로 민주화 이행을 앞당기는 결과를 낳았다. 알폰신 민선정부가 들어서자 어머니회는 민주화의 상징으로 우뚝 서게 되었다. 인권기구의 조사로 3만 명의 실종자가 집계되었다. 정부의 공식 통계로 1만 명 정도가 잡혔다.

어머니회의 분열

민주화가 되었지만 어머니회의 일거리는 줄지 않았다. 국가실종자위원회(Conadep) 조사로 강제수용소는 340개나 되었고 불법탄압에 참여한 군인 숫자도 15,000명에 달했던 것으로 밝혀졌다. 먼저 군정의 인권탄압에 책임이 있는 상당수의 지휘관에게 책임을 면해주는 '기소최종중지법(Punto Final)'과 정당복종면책법(Obediencia debida)에 대한 투쟁이 1986년과 1987년에 시작되었다. 알폰신 대통령이 1989년 하이퍼인플레이션으로 어이없이 무너지자 곧이어 등장한 페론당의 카를로스 메넴 대통령은 국민화합을 들먹이며 기소중이거나 복역중인 모든 군인들을 특사로 풀어주었다. 메넴은 어두운 과거는 덮어두자며 국민들에게 '망각'을 호소했다. 신자유주의 개혁을 통해 1세계에 진입하겠다는 황당한 슬로건으로 국민들을 호도하는 한편 슬쩍 비델라 장군까지 특사로 풀어주었다. 오월광장 어머니회는 분노했고 격렬한 항의 데모를 조직하여 저항했다.

이즈음 어머니회 내부에서 분열상이 노출되기 시작했다. "1986년에 구체적으로 최초의 대논쟁이 붙었어요. (공동우물에서 발견된) 시체들의 발굴을 둘러싼 것이었지요. 이와 동시에 실종자 가족에 대한 보상이나 사후 기념사업 같은 민감한 사안도 등장했지요." 살라스 씨가 증언한다. 여기서 어머니회는 안토콜레즈가 지도하는 온건파(창건노선)와 에베 데 보나피니가 주도하는 오월광장 어머니연합(AMPM)으로 쪼개지게 되었다.

온건파에 속하는 노라 코르티냐가 말한다. "민주화가 되었지만 보나피니의 태도는 반독재 시절과 바뀌지 않았어요. 그러나 좋지는 않지만 우리가 갖게 된 헌정 정부와 독재를 비교할 수는 없지요.""보나피니는 다른 사람과 똑같은 어머니일 뿐이지만 구체적인 쟁점에 있어서는 매우 의견이 달랐어요. 그녀는 (사체발굴을 통한) 실종자 자녀들의 신분확인 작업을 찬성하지 않았어요. 우리들은 사체가 있는 그대로 말해주길 바랐고요." 반면 보나피니파는 사체발굴을 거부하고, "산 채로 데려오라, 산 사람을 원한다"는 슬로건을 내걸었다. 아울러 실종자 가족에 대한 경제적 보상이나 사후 추모를 모두 거부했다. 그래서 어머니회는 두 조각이 나게 된 것이다.

아르헨티나 정부는 민주화 이후 경제적 보상을 원하는 사람에게 실종자

1인당 25만 페소(달러)를 지불했다. 보나피니는 분열의 책임이 정치꾼들에게 팔린 8명에 있다고 하고 이들 때문에 어머니회의 대의가 희생되었다고 말했다. 그녀의 태도는 강경하다. "우리 아이들에게 가격표를 붙이는 것을 용납할 수 없었어요. 그것은 일종의 계급투쟁이었지요. 경제력이 큰 사람들, 다른 생활방식을 가진 사람들은 가버렸고……."

어머니들이 남긴 것

어머니들은 25년 전 군정의 서슬이 퍼런 시절에 삶에 대한 권리 즉 윤리가 뭔지 보여주었다. 고립된 목소리였지만 처음 낸 소리였고 강력했다. 그래서 사적인 삶과 공적인 삶의 교호를 만들어냈다. 대부분 정치적 경험이 없는 여자들이었지만 사생활, 가정에서 벗어나서 공공의 광장을 회복시켰다. 군정이 무너졌을 때, 정당들이 대안을 만들지 못한 채 헤맬 때에도 어머니들은 광장을 지켰다. 그리하여 인권이란 주제를 민주적 이행의 쟁점으로 만들었다. 라틴아메리카 다른 나라에서는 볼 수 없었던 광경이었다. 오월광장 어머니회가 남긴 불굴의 유산은 범죄를 저지른 군인들이 면책 법률로 보호받지 못하고 결국 재판을 받게 만들었던 것이다. 삶에 대한 권리를 고집하는 것은 도덕적인 모범이며 계속 그럴 것이다. 자식 세대에 더욱 번성되고 있는 살아 있는 유산이다.

아르헨티나의 대표적 사회학자 오스카 란디의 목소리다. 아직도 오월광장에는 주방기기 두드리는 소리가 들린다. 군정이 끝난 지도 20년이 되어가지만 나라 경제를 거덜낸 정치인들과 경제인들에 대한 어머니들의 분노는 식을 줄을 모른다.

탱고를 통해 본 아르헨티나 사회

눈빛들의 대화

1997년 어느 날 밤, 산 텔모의 탱고 바에서 난 눈빛에서 흘러나온 에로티시즘을 처음 만났다. 그래 탱고도 '엿보기'야, 관음증 환자들이 만들어낸 또 하나의 게임이라고! 난 두 번째 찾은 부에노스아이레스에서 얻은 발견에 흥분했다. 가장 에로틱한 부분은 허리 아래나 몸놀림이 아니라 10대의 두 무용수가 서로 교환하는 교태스런 눈빛이었다. 그 눈빛에 홀렸을까? 그날 난 동료들과 포도주와 반도네온의 흐느낌에 빠져들었다. 동네 사람들이 찾는 로컬 바에 동양인들이 자리를 뭉개고 있는 것이 이상했던지 일행 중 누가 나와 노래를 한 곡 하라고 한다. 피아노, 반도네온, 바이올린 모든 게 다 갖춰져 있지만 탱고 곡을 하나 외우는 것이 있나? 창피스러웠지만 이 항구도시인들이 좋아하는 프랑스 시는 두어 개 외울 줄 아는지라 간단한 인사 뒤에 피아노 반주에 시낭송으로 대체했다. 아마도 보들레르의 '여행에의 초대'와 랭보의 '나의 방랑시절'이었으리라.

곳곳에서 박수갈채가 터져나오고 반주자와 탱고 여가수도 난리이다. 여행객이 향수와 방랑을 읊는 것이 그 무슨 대수겠는가? 그러나 주말의 술꾼으로 자리를 함께하는 이 아르헨티노들에겐 그렇지 않은 모양이다. 이국정취는 나 같은 여행객이 쉽게 빠져들 수 있는 특유의 센티멘털리즘이지만 프랑스 것이라면 사족을 못쓰는 아르헨티노들도 그것을 충분히 즐기는 모양이다. 그래, 춤도 노래가사도 유행한 곳도 모두 이국정취와 깊숙이 맞닿아 있는 것이 탱고라고. 탱고 바는 이 센티멘털리즘과 노스탤지어를 제도화한 자리이고.

탕게라와의 조우

탱고를 추는 여자 무희(탕게라) 나이가 15세가 넘었을까? 몸에 짝 붙는 검은색 무희복이 어울리지만 너무 말라서 툭 치면 쓰러질 듯 가냘프다. 나의 시낭송에 보답을 하겠다고 손을 내민다. 거듭 거절한다. 탱고의 탱 자도 모르는 목석 같은 남자라고 아무리 이야기해도 계속 나오라고 한다. 주변에서도 손뼉을 친다. 탕게라는 그냥 자신의 리드에 따르면 된다고 자꾸 나오란다. 반주자들도 부산을 떤다. 블루스 스텝도 잘 못 맞추는데 그 어려운 탱고를 어떻게 추노? 결국 뻣뻣한 몸을 5분 간 이리저리 굴리다가 내 실력을 간파한 젊은 무희는 점잖게 손을 내린다. 그라시아스, 그라시아스. 도망치듯 자리로 돌아왔다.

무대는 한 평 남짓으로 매우 좁다. 스펙터클 탱고가 아니라 좁은 공간을 절묘하게 휘두르는 춤사위가 볼 만하다. 위험한 거리를 유지하며 남자의 육체는 지배하기 위해 다가간다. 남자의 유혹에 여자는 수동적으로 굴복하지 않는다. 특유의 치고 빠지기로 위험한 거리는 유지된다. 그러는 동안 10대 남녀 무용수의 두 눈빛은 끊임없이 교태스런 신호를 주고받는다. 여기에 탐욕스런 관객들의 눈빛도 함께 참여한다. 탱고 무희들의 춤은 그런

프랑스 화가 에두아르 알루즈가 그린
파리의 탱고 열풍

점에서 관객들과도 호흡한다. 거의 모노드라마 연극을 보는 듯하다. 가사
가 그리는 장면 묘사가 있고, 눈부신 춤사위가 있다. 게다가 게걸스런 관
객도 있지 않는가? 보다 교태스럽게, 보다 센티멘털하게, 보다 매혹적으로
보여져야 하리라. 한 평 남짓 공간에 온갖 시선들이, 온갖 몸들이 권력을
휘두른다. 남자와 여자, 관객과 무희가 충돌한다. 이국정취를 즐기는 관광
객의 시선과 식민화된 몸이 던지는 시선들이 함께 뒹군다.

춤추는 슬픈 생각

산 텔모에서 얻은 탱고에 대한 내 느낌은 계속 강화되어갔다. 가르델의

전설적인 탱고 가수 카를로스 가르델

음반도 들었고 피아졸라의 '반도네온을 위한 콘체르토'도 여러 번 들었다. 멋들어지게 숙성된 요요마의 첼로 연주도, 북구의 정서로 피아졸라를 연주한 기돈크레머의 재기도 들어보았다. 가슴을 후비고 들어오는 그 쓸쓸하고 정감어린 기운에 가끔은 진한 감동도 느꼈다. 처절하게도 아름다운 음악이리라. 하지만 이게 아르헨티나, 아니 부에노스아이레스 음악이란 흔적은 어디 있지? 반복해서 물었다. 탱고 음악이랑 탱고 가사가 풍기는 정취는 보들레르의 『파리의 우울』에서 읽었던 도시민의 고독, 센티멘털리즘, 멜랑콜리, 그래 어디서나 볼 수 있는 모더니즘의 진수와 맞닿아 있는데……

그래, 탱고는 토착적인 국민음악도 팜파의 가우초(목동) 음악도 아니야. 오히려 국적불명 코스모폴리탄들의 음악이고 향수를 찾아 헤매는 여행객들의 음악이며 전세계의 이국정취를 재생산하는 파리지앵들의 음악이지. 기껏해야 잠 못 이루는 부에노스아이레스 시민들이 즐기는 처절한 몸짓일 뿐이야. 디세폴로가 말했듯이, "춤추는 슬픈 생각"일 뿐이라고. 춤도 슬픈 생각도 국적은 없잖아. 전설적인 탱고 가수 가르델도 파리, 뉴욕을 왔다갔다하다가 외국에서 죽었다고. '기모노 입은 탱고'도 있다던데 우리나라의 탱고 붐도 이해 못할 바 없잖아.

탱고, 뿌리뽑힘의 찬가

탱고의 전성기는 가르델의 시대였다. 아직도 직직거리는 음반에서 흘러나오는 바리톤 가르델의 목소리에는 전설 속의 한 남자가 뿜어내는 그 열정이 느껴지기도 한다. 플라시도 도밍고가 흉내내어 탱고 노래 음반을 만들었지만 그 결과는 기대 수준 이하였다. 1920년대 부에노스아이레스 이민사회가 풍겨낸 이국정취나 센티멘털리즘을 표현하는 데 이 테너 가수는 너무 서툴렀던 것이다. 그래, 목소리 좋다고 아무거나 부를 수 있는 것은 아니지.

떠나온 사람들은 돈을 벌어서 돌아간다는 꿈을 버리지 않았다. '아세르 아메리카(hacer america)'는 금의환향에 해당하는 스페인어이다. 고향 그 언저리 항구에서 아버지는 아들을 기다리고 있으리라. 파리와 뉴욕에서 히트작이 된 가르델의 '귀향(Volver)'이란 노래가 그랬듯이, '돌아간다'는 메시지는 탱고 노래에서 가장 자주 등장한다. 탱고 작곡자와 오케스트라 지휘자도 거의 대부분 이탈리아 이민 출신이었다. 우리 귀에도 익숙한 피아졸라, 디세폴로, 푸글리에세, 만치니(만치)란 가계 이름을 보면 알 수 있으리라.

돌아간다고 함은 뿌리를 내리지 않겠다는 의사표시이기도 했다. 이민자들, 남자 가장은 집에 들어가길 원치 않았다. 그런 점에서 탱고 노래는 유럽에서 추방된 아메리카인들이나 또 아메리카에 뿌리를 내리지 못한 유럽인들의 방랑가였다. 게다가 이 춤과 노래도 유랑의 역사가 화려하다. 원래 부에노스아이레스의 사창가에서 시작된 이 춤은 자국에서는 풍기문란으로 금지되었다. 그렇지만 파리지앵들이 이 춤을 즐긴 후 국제적 성가를 누리자 아르헨티나 부자들과 중간계급도 슬며시 자신들의 메뉴에 올려놓았다. 여러 가지 측면에서 탱고 이야기는 '머리 없는 민족' 이야기이고 '아비 없는 가족' 이야기로 귀착될 수밖에 없었다.

아비 없는 가족 이야기

탱고의 가사에는 병적인 구석이 있다. 어디에도 아버지가 보이지 않는다. 하느님 아버지는 어디에서나 계시지만 구체적인 현존은 아니므로 당연히 집에 거하지는 않는다. 반면 가톨릭 사회에서 성모는 육체적인 모습으로 현현하기도 하고 실제로 세상에 거하셨기에 구체적인 현존으로 집에 모신다. 이와 유사하게 탱고 속에서도 어머니가 집에서 유일하게 상처입은 영혼을 위로한다. 그녀의 말은 법이다. 어머니는 선악 규범을 지배하는 역할 모델이고 지혜로운 조언자이다.

아비 없는 아들은 그저 카페(탱고 노래에서 자주 등장하는 제목이기도 하다)에서 어슬렁거리며 친구와 시시콜콜한 농담이나 한다. 이 아비 없는 가족, 친구들과 함께하는 카페는 모방할 역할 연기자가 없는 사회이다. 한번도 자율적인 사고와 독립심을 배양할 기회를 갖지 못한다. 그런 아들이 노동하는 사람들의 집단의식이나 계급적 연대나 국민적 하나됨을 어떻게 학습할 수 있겠는가? 그런 점에서 탱고 가사는 대단히 비사회적(asocial)이다. 사회는 개선이 불가능한 '악' 그 자체로 등장할 뿐이다. 친구의 도움과 선의를 예찬하고 그것에 보답하는 것만이 향수 젖은 한 인간의 목표가 된다. 이런 사회의 자본주의가 '친구자본주의(crony capitalism)' 이상 어떻게 발전하겠는가?

가난한 것도 탱고 가사에서는 '선'으로 그려진다. 오, 가난한 것은 얼마나 아름다운 축복인가? 가난하므로 친구의 도움은 받지만 그렇다고 '악'인 사회를 정면에서 돌파하려 하진 않는다. 사회에 대한 거부와 비난은 있지만 개선과 개혁을 가능하게 할 집합적 행동으로 나갈 가능성을 탱고는 교묘하게 차단한다. 2001년 연말 그 난리통에도 부에노스아이레스 탱고 바에는 사람들이 넘쳐흘렀다고 한다. 탱고 가사에도 스며들어 있는 이런 반사회적 요인이 아르헨티나 정치와 경제의 반복된 실패와 무관하지 않다고 난 학생들에게 가르친다.

요부 아니면 마리아

좁은 공간 속에서 남녀는 밀고 당긴다. 여자 무희의 몸은 언제든지 남자의 공격을 되받아치고 방어하며 적당히 유혹하고 다시 도망간다. 그녀의 춤사위에는 남자의 리드를 협상할 수 있다는 여유마저 느껴지기도 한다. 이 젊은 처녀는 끊임없이 마초의 남성을 무시하며 상대방의 거세공포증을 증폭시킨다. 남자는 리드한다고 믿으면서도 두려움에 떤다. 오, 불쌍한 남자여! 비제의 카르멘, 생상스의 데릴라, 슈트라우스의 살로메가 나온 시절 탱고의 춤사위가 완성되었다. 그것도 파리에서. 그러니 여성은 모두 같은 시대에 풍미했던 요부(femme fatale) 내지 뱀파이어 형으로 복제되었던 것이다. 이미 낭만주의 시대에 유행했던 '부서지기 쉬운 여성(femme fragile)'은 사라진 지 오래였다.

이런 이미지와 반대로 남자들이 만든 정반대의 이미지가 있다. 탱고 가사에 줄기차게 등장하는 처녀 마리아의 이미지이다. 이 마리아는 항상 화사하게 웃으며 외롭고 처량한 한 남자, 귀향길에 올랐지만 반길 이 없는 낙오자를 구원하는 창가의 여인으로 등장한다. 요부나 마리아나 둘 다 동전의 양면이리라. 끊임없이 당하는 남자들의 거울 이미지이리라. 그래, 인생은 가끔 탱고 같을 터이지. 춤으로는 제격이지만 말이야, 아르헨티노들에겐 달콤한 수면제일 수도 악몽일 수도 있겠어.

제2부

멕시코
페허에 비치는 서광

'영원한 구조조정' 18년의 공과 **8**

한국에서의 '멕시코' 소비

1980년대부터 세기말에 이르기까지 세계언론에서 멕시코만큼 각광을 받은 개발도상국도 드물다. 1982년 무더운 여름에 시작된 외채위기의 진원지도 멕시코였다. 이후 16년 간 끊이지 않는 구조조정 속에서 멕시코 사회의 일거수 일투족은 충분히 외신의 관심을 끌 만했다. 1985년 멕시코시티의 대지진, 1988년 컴퓨터 시스템을 끌 수밖에 없었던 대통령 선거개표 부정사건, 이후 등장한 살리나스 행정부의 과감한 개혁과 개방, 그리고 1993년 북미자유무역협정(NAFTA)의 체결, 1994년 치아파스 농민반란, 그해 연말의 페소화 붕괴 등 멕시코는 잊을 만하면 외신에 톱뉴스로 등장하곤 했다.

특히 1988년 말에 집권한 살리나스(Carlos Salinas Gortari) 대통령은 6년의 임기 동안 과감한 개혁과 개방정책을 추진하여 국제금융계와 미국 정부가 주도하던 '워싱턴 컨센서스(Washington Consensus)'*의 성공사례로 널리 칭송을 받았고 세계언론의 찬사를 한몸에 받았다. 이 덕분에 살리나스는 임기말에 세계무역기구(WTO)의 사무총장 물망에까지 올랐다. 우리나라 언론의 살리나스 칭송도 여기서 예외는 아니었다. 심지어 한 연구소는 살리나스의 리더십을 본받자는 취지에서 학술대회까지 개최하기도 했다. 세디요 행정부가 1994년 말 페소위기를 당하자 한동안 언론에서는 단기 외채의 위험성을 경고하던 논조가 한동안 지배하더니, 1997년 우리가 IMF 체제에 들어가자 1년 만에 위기를 극복한 멕시코의 성공 사례를 배워야 한다고 이번에는 정부 관계자들과 국회의원들까지 멕시코를 방문하는 등 수선을 떨었다. 멕시코로부터 배울 수 있는 것은 과연 무엇일까?

"파티는 끝났다!"

국제금융권이 예찬하던 살리나스 개혁 프로그램의 뇌관은 임기 말에 터졌다. 1993년 11월에 북미자유무역협정이 미국 의회에서 우여곡절 끝에 비준 통과하여 멕시코는 마치 제1세계의 문턱에 서 있는 것처럼 보였다. 그해 연말 오아하카 주의 비치 리조트에서 대통령 후보 콜로시오(Donaldo Luis Colosio) 가족과 함께 살리나스 가족은 신년 파티를 즐기고 있었다. 가족들은 마냥 들뜬 표정으로 새로운 한 해를 맞이하고 있었다. 살리나스와 콜로시오에게 이 순간은 힘들었던 지난 5년을 회상하며 앞으로 열릴 장밋빛 미래를 회상하는 기분좋은 시간이었을 것이다. 그러나 치아파스 주에서 게릴라 반군이 산크리스토발 데 라스 카사스(San Cristobal de las Casas) 시를 접수했다는 국방장관의 긴급통화가 대통령에게 전달되자 파티는 순

---

* 워싱턴 금융가, 미 재무부, 다국적 금융기관(IMF, World Bank 등)이 공유하는 1982년도 중남미 외채위기에 대한 처방전으로 그 핵심은 시장지향적 개방, 국가간섭 철폐, 국내시장 개방, 민영화, 재정긴축 등으로 요약된다.

쓸쓸한 망명객 살리나스

식간 종결되었다. "파티는 끝났다!"

치아파스 농민반란 사건은 1990년대 개혁의 기수 살리나스의 명성에 먹칠을 하였다. 연이어 외신은 이 '배제된 사람들의 멕시코'에 관심을 가지기 시작했다. '잊혀진 멕시코(México olvidado)', '거친 멕시코(México bronco)'는 살리나스 정부에 무기를 들고 저항하기 시작했던 것이다. 이들은 북미자유무역협정이 자신들에게는 '사망신고서'일 뿐이라고 선언했다. 1994년 봄에는 콜로시오 대통령후보가 유세 도중에 암살되었고 제도혁명당의 제2인자 루이스 마시에우(Francisco Luis Massieu)도 쓰러졌다. 멕시코 집권당은 이제 총알이 난무하는 활극의 장소로 바뀌었고 내분이 심화되었다. 이어 들어선 세디요(Ernesto Zedillo) 행정부는 12월에 엄청난 평가절하를 동반한 '페소 위기'를 맞게 되면서 멕시코의 경제개혁 모델은 다시 한번 언론의 심판대에 오르게 된다. 도대체 무엇이 문제였던가?

'영원한 구조조정'의 성적표

지난 16년 간의 구조조정과 안정화가 남긴 유산은 무엇인가? 이제 그 멕시코의 성적표를 찬찬히 살펴보기로 하자. IMF가 주도하는 구조조정 프로그램(SAPs)의 목적은 대체로 1) 중·단기간에 거시경제적 균형(안정)을 달성하고, 2) 중·장기적 성장을 위한 조건을 구축하며, 3) 외채상환 능력과 상환의무를 보장하는 것이다. 1982년 이후 오늘날까지 사실상 IMF의 관리 아래 있는 멕시코 경제는 그 동안 세 차례의 단기적 비상정책(안정화)을 포함하여 중단기 정책(구조개혁)을 추진해왔다.

4번에 걸친 IMF와의 협정, 580억 달러에 달하는 협조융자, 그리고 부채 구성을 6번이나 재편하면서 멕시코는 국제금융권에 약속한 이자율로 그 동안 1,682억 6천8백만 달러의 이자를 지불했다. 그간 외채이자에 대한 지불금액이 1998년까지 누적된 외채 1,600억 달러를 상회하고 있는 셈이다. 세 번째 목적은 확실히 달성했고 이 부분에서 멕시코의 학점은 A이다. 그렇지만 거시경제의 실적은 어떠할까?

성장과 인플레이션

1965년부터 외채위기가 터지기 전인 1982년까지 멕시코 경제는 연평균 6.4%의 성장률을 달성했다. 반면 지난 16년 간의 성장률은 연평균 1.6%에 불과해 동기간 인구증가율 연평균 2%에도 미치지 못하는 형편없는 실적을 보여왔다. 1996~98년에 이르는 기간의 연평균 5.5%의 상대적 고성장 역시 페소화 위기 직후의 GDP 하락분을 보전한 수준에 그치며, 그나마 1998년은 유가하락과 아시아 위기의 효과로 다시 성장이 둔화되는 국면으로 이행하고 있다. 익나시오 로만의 계산에 따르면 1998년도의 일인당 GDP는 1980년 대비로 21.3% 감소한 데 불과하다. 일단 성장률의 차원에서 성적은 D 수준에 가깝다.

그렇다면 인플레이션은 얼마나 잡혔던가? 1965년부터 1981년까지의 인플레이션은 연평균 12.6%였다. 멕시코는 이 시기 동안 구조적인 문제점에도 불구하고 낮은 인플레이션과 6% 이상의 성장률을 동반한 안정적인 성장 패턴을 유지해왔다. 반면 1982년부터 1996년 사이에는 연평균 52.5%

의 인플레이션을 겪었다. 1982년 이후 인플레이션을 잡는 것을 제1의 목표로 삼고 1987년부터 경제협약을 통해 가격-임금을 동시에 통제하는 정책을 강력하게 추진해왔지만 1993년, 1994년, 1997년을 제외하고는 계속 두 자리 숫자의 인플레이션을 경험했다. 1998년에도 16% 수준의 물가상승을 기록할 것으로 예상된다. 멕시코 경제는 안정화의 측면에서도 '인플레이션 없는 장기간의 성장' 체제에서 '성장 없는 장기간의 인플레이션' 체제로 이행해왔던 것이다.

재정수지의 개선과 한계

그렇다고 아무런 성과가 없었던 것은 아니다. IMF가 경제의 안정화를 판단하는 주요한 잣대 중 하나는 재정수지의 적자를 제거하는 것이다. 물론 인플레이션의 앙진을 방지하고 외채를 줄이며 동시에 '작은 정부' 의 이념을 실현하기 위해 건실한 재정구조를 구축할 필요가 있다. 1970년대 공공부문의 연평균 수지는 GDP 대비 -5.3%였고 1980년대는 공채이자 지급이 불어나면서 -10.4%까지 뛰어올랐다가 1990년대에 들어와서는 외채 재협상과 국내채무에 대한 이자 감소 덕분에 -0.2% 수준으로 떨어졌다. 멕시코 안정화 노력에서 가장 큰 점수를 줄 수 있는 부분은 바로 이 부분이다. 물론 여기에는 1,100개가 넘는 공기업의 매각이 있었음을 잊어서는 안된다.

그러나 재정구조의 건실성은 여전히 문제점을 안고 있다. 재정수입의 가장 큰 부분을 차지하는 것이 석유 판매 수입이므로 불안정한 국제석유시장의 가격변동에 크게 영향을 받기 때문이다. 이 때문에 1998년 올해만 하더라도 석유수입이 폭락하여 정부는 세 차례에 걸쳐 총 35억 달러의 공공지출을 삭감할 수밖에 없었다. 결과적으로 경제성장률은 그만큼 떨어지고, 공공 서비스 특히 사회적 약자에게 제공되는 서비스는 대폭 삭감될 수밖에 없었다.

구조조정과 대외개방의 효과

살리나스 행정부가 취한 구조조정 정책의 가장 중요한 특징은 대외개방과 시장 지향성 두 가지로 요약할 수 있다. 그 결과 빠른 시간 내에 물가를 잡을 수 있었고, 1989~94년 6년 간에 977억 달러의 외자를 유치할 수 있었다. 그리고 공산품 수출의 비중도 늘어 경제체질도 일정하게 개선되었다고 말할 수 있다. 그렇지만 이러한 정책의 후유증도 이에 못지않게 컸다.

첫째, 지나치게 빠른 대외개방으로 국내의 내수산업이 붕괴하고 엄청난 수입물량은 무역적자를 크게 증가시켰다. 늘어난 무역적자를 메우기 위해 외국자본을 유치해야 했지만 유입된 자본의 72%가 단기금리에 유동적으로 움직이는 금융자산 투자여서 거시경제의 불안정성을 가중시켰다. 말하자면 국내 생산활동과 관계없는 단기자금의 유입으로 개방경제를 유지했던 것이다. 페소화 위기가 터질 수 있는 구조적 조건은 여기서 충분히 마련된 것이다.

둘째, 내수산업 부문이 개방에 적응하여 살아남을 시간적 여유를 주지 않았기 때문에 대기업의 수출산업화 과정과 완전히 단절된 채 붕괴되고 말았다. 결국 멕시코 경제는 수출산업으로 발전한 대기업 부문과 내수산업 부문 사이의 생산적 연계가 끊어진 채 기형적인 산업구조를 지니게 되었다. 결국 붕괴된 내수산업이 공급하던 물량은 아시아와 여타 지역으로부터 들어온 수입물량이 메우게 되었다. 엔리케 두셀은 이를 비꼬아 멕시코 경제가 지향하는 것이 수출지향 산업화가 아니라 '수입에 의해 유지되는 산업화' 모델이라고 말했다.

페소화 위기로 이르는 길

살리나스 행정부가 취한 대외개방 정책의 딜레마는 일단 개방이 이루어지고나면 페소화의 환율과 태환을 안정적으로 유지하는 것이 가장 우선적인 목표가 된다는 점이다. 이 체제에서는 시장의 실질금리 움직임이 모든 것을 결정한다. 이미 금리가 자유화되었고 신용에 대한 양적 통제가 제거되었기 때문에 중앙은행이 할 수 있는 일은 환율 유지와 외환보유고의 방어로 제한된다. 이런 와중에 페소화 위기로 나아가는 결정적인 매개항으로 멕시코 금융개혁의 후유증을 삽입할 수 있다.

1982년 국유화되었던 18개 은행들은 살리나스 집권 이후 3년 사이에 모두 민영화되었다. 그 사이에 점진적으로 금리의 자유화가 이루어졌고, 북미자유무역협정이 발효되면서 중앙은행의 '최종 대부자'로서의 기능이 삭제되었다. '금융 그룹'으로 변신한 민간은행들은 주식시장의 붐과 금융자산 투기열풍에 힘입어 1988~94년 사이에 금융저축을 국내총생산의 30%에서 50%로 증가시켰다. 은행으로 모인 이 돈은 다시 대기업이나 서비스 부문 그리고 소비자 신용 부문에 대출되었고, 한때 자동차 같은 내구소비재, 부동산 그리고 여타 소비 부문은 반짝 경기를 맞이하였던 것이다. 그러나 이러한 거품은 오래가지 않았다.

만약 이러한 채무 사이클이 유지되려면 고평가된 페소화를 중앙은행이 계속 방어해야 한다. 그러나 지속적으로 고평가된 페소화로는 국내 생산자들이 생산을 합리화할 수 없다. 달러에 대비된 페소화의 가격 차이가 커지면 국내 생산자들에 대한 압력도 그만큼 커진다. 이런 맥락에서 생산성 향상과 국제경쟁력 강화는 거의 불가능한 게임이 된다. 1994년도 12월에 있었던 페소화의 평가절하 조치는 외국투자자들의 신뢰도를 붕괴시켜 내외 자본의 투자심리를 극도로 위축시켰고 그 결과 페소화 폭락으로 귀결되었다.

위기 이후

페소화 위기는 북미자유무역협정의 체결로 장밋빛 꿈에 부풀어 있던 멕시코의 미래가 사상누각이라는 점을 다시 한번 각인시켜주었다. 달러 대비 3.1 페소였던 환율은 급기야 8페소까지 올라갔다. 100%가 넘는 평가절하를 경험한 세디요 행정부는 다시 한번 미국 재무성과 IMF가 강요하는 긴축 안정화 정책 프로그램을 실행해야 했다. 그 결과 1995년도 국내총생산은 6.2%나 감소하였고 인플레이션은 전년도 7%에 대비하여 35%나 되었다. 대부분의 금융기관이 부실화되었고 개인과 기업의 파산도 크게 증가했다. 다시 한번 임금의 구매력은 크게 떨어졌고 실업과 반실업도 크게 늘었다. NAFTA 경기가 멕시코에 고용 창출과 임금 상승을 부추길 것이라는 꿈은 그저 백일몽에 불과했다. 페소 위기가 미국과 세계경제에 미칠 효과(테킬라 효과)를 두려워하여 신속히 대처한 미국의 지원에 힘입어 멕시코 경제당국은 새로운 안정화와 구조조정 프로그램을 실행할 수 있었다.

1996년 크게 평가절하된 페소화 덕분에 대미 무역수지는 163억불 흑자로 반전하였고, 이러한 수출경기에 힘입어 1996년도 국내총생산도 5.1%나 상승하였다. 인플레이션도 조금씩 진정될 기미를 보였고 전년도에 비해 고용도 조금 늘어났다. 임금하락 폭도 전년도에 대비하여 큰 폭으로 감소되었다. 정부의 재정수지도 거의 균형을 찾았고 대외채무의 관리능력도 다소 회복되었다. 그러나 이것도 잠깐이었다. 이어 들이닥친 아시아 금융위기와 석유가격의 하락으로 다시 수출부문의 정체가 이어졌고, 또다시 무역적자 기조로 이행하고 있기 때문이다.

'멕시코의 실패'가 주는 교훈

IMF와 국제금융권이 칭송해 마지않던 멕시코의 개혁과 개방 경험이 우리에게 주는 교훈은 무엇일까? 인플레이션 퇴치에는 어느 정도 효과가 있었는지 모르지만 여전히 안정적인 성장의 기반을 확보하는 데는 실패한 멕시코의 개혁 경험은 무엇보다 1982년 외채위기 이후 IMF와 국제금융권이 유포한 '워싱턴 컨센서스'의 실패작이고, 나아가 과격한 시장경제론의 교리를 신봉하던 기술관료들의 무모함이 빚어낸 실패작이다. 실제로 시장경제 개혁의 모델 케이스로 지목되는 칠레의 경제모델은 1982년 위기 이후 의외로 실용주의적 처방을 많이 원용하고 있어 워싱턴 컨센서스를 충실히 따른 멕시코와 동아시아 발전모델의 중간형에 속한다. 동아시아 모델은 "아시아의 금융위기에도 불구하고 그것이 지닌 약점을 보완한다면 여전히 쓸 만할 뿐 아니라 발전도상국으로서는 유일한 길"이라고 비판적인 중남미 경제학자들은 말한다. 왜냐하면 워싱턴 컨센서스는 외채관리에는 성공했는지 모르지만 해당 사회에 고용창출 없는 저성장, 엄청난 규모의 실업 및 반실업, 바닥을 모르는 저임금 그리고 사회의 해체를 유발하고 있기 때문이다.

'워싱턴 컨센서스'의 모순

애초에 '워싱턴 컨센서스'는 외채위기가 가져올 국제금융권의 불안을 막기 위해 해당 개도국들에게 브래디 플랜(Brady plan)이란 외채탕감안을 미끼로 시장개방과 개혁을 강요하여 외채 지불 불능 상황을 회피하려는 의도를 지니고 있었다. 이 계획은 한편으로는 외채-주식 스왑 거래(debt-equity swap)나 공기업의 민영화를 통해 외채를 재구조화하고, 아울러 수출지향 산업화를 유도하여 수출소득으로 외채이자와 원리금을 지속적으로 상환하게끔 하였다. 그러나 실제로 시장개혁과 개방을 성공적으로 수행해 구조조정에 성공한다고 하더라도 1980년대 이후의 국면에서 선진국 시장의 문턱이 높았기에 수출산업화의 성과는 제한적일 수밖에 없었다. 1970년대 동아시아 신흥공업국 현상이 1980~90년대에 라틴아메리카 제국에도 반복되리라는 기대는 사실상 어불성설이었다. 더구나 브래디 플랜은 거시경제 개혁이 가장 성공적이었다고 평가받는 멕시코에게도 기대한 만큼의 외채탕감을 허용하지 않았다. 멕시코는 여전히 막중한 외채 부담 속에서 구조조정을 해야만 했던 것이다.

1980년대 국제금리는 계속 높았고 동구 개혁 이후로 엄청난 자금 수요가 있었기에, 이미 많은 외채를 안고 있던 멕시코를 위시한 중남미 국가들이 구조조정과 안정화 정책을 수행하기에 좋은 조건은 되지 못했다. 나아가 레이거노믹스(Reaganomics)가 가져온 고금리 상황은 선진국의 구조조정에 요구되는 비용의 일부분을 외채 국가들에게 떠넘기는 기능까지 담당했다. 브래디 플랜이 채무국 카르텔을 효과적으로 분쇄하고 외채위기로 혼란에 빠진 국제금융권을 안정화시킨 것은 당시 선진국 입장에서 볼 때 다행스러울지 모른다. 그러나 선진국 금융권의 피해를 최소화했을지는 모르되 결국 중남미 개도국의 성장 잠재력을 회복시키지 못함으로써 1990년대 말에 다시 불안정한 상황을 재현시키는 결과를 낳았다는 점에서 그 한계를 노정시켰던 것이다. 이제 다시 한번 글로벌 뉴딜과 새로운 외채탕감안이 나오지 않는다면 멕시코를 포함한 신흥시장은 지속적으로 불안정한 국제금융의 흐름에 따라 사회경제적 위기를 재현하는 결과를 맞게 될 것이다.

고용창출 없는 성장(Jobless Growth)

워싱턴 컨센서스나 기술관료 세력이 계산에 넣지 않은 것은 과격한 시장개방과 개혁이 남긴 사회적 비용이다. 그것은 무엇보다 노동의 세계에 가장 큰 피해를 준다. ILO에 따르면 멕시코 노동시장에서 고용의 60%는 비공식부문이 담당하고 나머지 40%는 공식부문이 차지하고 있는데 그 중 민간대기업이 18%, 국가 부문이 22%를 흡수하고 있다. 여기서 볼 수 있듯이 지난 16년 간의 구조조정 노력이 고용구조에 미친 효과는 한마디로 '비공식부문화'로 요약할 수 있다. 로페스 포르티요 행정부에서 재무장관을 지낸 다빗 이바라는 "1992~96년 사이에 공식부문의 고용 창출은 26,000개 증가에 그쳤지만 비공식부문은 260만 명을 흡수했다"고 지적한다.

요약해 말하자면 1996년 8월 현재 3,600만 명의 경제활동인구 중에서 안정된 일자리를 가지고 있는 인구는 937만 명에 지나지 않고, 제조업과 수출산업의 일시적 호황에도 불구하고 나머지 2,500만 명은 불안정한 취업 내지 실업 상태에 있다. 낮은 성장률로 인해 매년 신규진입하는 100만 명의 젊은 노동인력에게 일자리를 줄 수 없는 '고용 창출 없는 성장' 때문에 매년 100만 명의 노동자들은 취업의 기회를 찾아 미국을 향해 월경하고 있다.

저임금 체제

지난 15년 간 임금의 추이 변화를 살펴보면 노동자들 삶의 질이 얼마나 악화되었는지 더욱 적나라하게 드러난다. 멕시코 통계청에 따르면 1996년 현재 총고용인구 3,520만 명 중에서 11.55%는 임금을 전혀 받지 못했고, 19.37%는 최저임금(일당 26.45 페소) 이하를 받았으며, 29.50%는 최저임금 1~2배 사이, 25.18%는 2~5배 사이, 9.55%는 5배 이상을 받았다고 한다. 이에 따르면 생계유지에 필요한 최소한의 식료품 구입에 해당하는 최저임금 2배 이하를 받은 임금소득층이 60.42%인 2,226만 8천 명이나 되는 셈이다. 고용된 자들의 과반수 이상이 한 가계의 식사를 책임지지 못하는 무능력자가 된다. 그러므로 오로지 먹기 위해서라도 전가족 성원이 뛰어야만 한다. 이러한 고용된 자들의 빈곤은 그간 진행된 긴축기조의 안정화와 노동자들에게 불리한 경제협약의 결과라 아니할 수 없다.

정부 통계를 바탕으로 보면 1982~93년 사이에 임금의 실질가치는 67%

나 감소되었다. NAFTA, 페소화 위기, 긴축정책으로 점철되었던 1994년 1월부터 1997년 4월까지 실질임금은 또 19%나 줄었다. 중앙은행에 따르면 실질최저임금(1994년도 페소가격)이 1982년에 40.81페소였다면 1997년도 4월에는 11.36페소밖에 되지 않는다. 지난 15년 남짓한 기간에 무려 실질최저임금은 72%나 줄었던 것이다.

경제개혁이 해체한 사회

임금 하락이나 실업자와 반실업자 양산 같은 것이나 빈부격차의 가속화같이 통계로 확인할 수 있는 것을 제외한 사회적 비용도 만만치 않다. 이미 농민 게릴라가 출몰하고 공안체제가 붕괴하고 있으며 마약카르텔의 돈이 정치권에 광범하게 유입되고 있다. 나아가 관광객과 시민의 안전조차 심각하게 위협받고 있는 상황에서 유괴산업이 날로 번성일로에 있는 점을 고려해볼 때 과격한 경제개혁이 가져온 후유증은 단지 경제적 차원에서 그치지 않는다.

무엇보다 치아파스 농민반란에서 보듯이 신자유주의 개혁은 열악한 남부의 주곡 생산 농민층에게 총을 들고 무장저항할 수밖에 없는 상황까지 몰아갔다. 공유지 에히도의 민영화를 골자로 한 살리나스의 농업정책을 옥수수 생산농가는 '사망신고서'로 받아들였다. 생존이 위협받고 있고 불만이 제도 내에서 해소될 수 없다면 남아 있는 유일한 선택지는 무장반란일 것이다. 게릴라는 게레로, 오아하카, 미초아칸, 타바스코 등에도 출몰하고 있고 이 지역의 치안은 이미 군에 의해 장악되어 있다. 이러한 상황은 군의 정치적 입김을 강화시키고 멕시코군에 대한 민간 통제 원칙을 점차 훼손시키고 있다.

아울러 시민과 관광객의 안전도 과거와 같지 않다. 이미 해가 진 이후의 해변가나 멕시코시티 거리는 안전하지 않다. 심지어 대낮 전철에서도 버젓이 강도나 절도 사건이 일어나고 성희롱 사태는 다반사이다. 강도, 절도, 성범죄의 발생률은 지난 몇 년 간 수배로 증가했고 멕시코 언론은 연일 이 문제를 심각하게 다루고 있다. 기업인이나 중간계층을 노리는 '유괴산업'도 극성이다. 살리나스의 시장개혁이 만들어낸 이 신종산업은 날이 갈수록 번창한다. 1992~97년 5년 동안 멕시코에서는 2,000명이나 유괴되었다. 연평균 400명에다 일인당 평균 몸값이 4,000달러라고 하니 우리 돈으로 22억 원 정도 규모의 시장밖에 되지 않는다. 그러나 전현직 경관이 가담한 경우도 많고 유괴범죄의 검거율이 2% 정도밖에 되지 않는다니 시민들이 느끼는 불안은 매우 심각할 것이다. 이렇듯 신자유주의 경제개혁은 사회와 국가, 시민의 안전과 공공질서를 효과적으로 해체하고 있다.

민주화와 통치 불가능성 사이에서

경제개혁의 후유증이 남긴 유일한 긍정적인 효과가 있다면 제도혁명당 장기집권에 염증을 느낀 시민들을 양산한 것이고, 그 효과로 1997년 선거에서 멕시코 정치가 여소야대 국면으로 이행했다는 점이다. 여소야대 국면에서 이제 멕시코 정치의 부패상은 연일 언론과 의회 그리고 시민단체에서 폭로되고 있다. 2000년에 있을 멕시코 대통령 선거는 사상 최초로 당선자가 어느 쪽이 될지 모르는 불확실한 게임이 될 것이라고 한다. 물론 제도혁명당이 선거패배시 권력을 곱게 내줄지는 모르지만 멕시코 정치의 민주화 가능성은 그 어느 때보다 높다. 시민운동의 활성화도 그러한 가능성을 더욱 높이고 있다. 그렇지만 이와 병행하여 '군부의 정치개입' 역시 하나의 가능한 길로 남겨져 있다. 멕시코는 그런 점에서 '통치불가능성'과 '민주화' 사이에서 표류하고 있다고 할 수 있다.

사라진 공룡 :
제도혁명당 최후의 날

공룡의 행방

"잠에서 깨어보니 공룡은 여전히 그곳에 있었다." 이 문장은 중남미 단편소설에서 가장 짧은 것으로, 우화 작가로 유명한 아우구스토 몬테로소가 남긴 것이다. 멕시코 사람들은 제도혁명당이 71년 간 누린 권력에 대한 지겨움을 이 문장에 빗대어 풍자하곤 했다. 성미가 급한 사람들은 7월 3일 잠에서 깨어보니 공룡이 사라졌다고 외쳤다. 그렇지만 12월 1일까지 공룡은 무대에서 사라지지 않을 것이다. 다만 꼬리를 감춘 채 뒷걸음질치고 있을 뿐이다.

2000년 7월 2일 저녁시간. 멕시코시티의 명동에 해당하는 소나 로사에서 저녁식사를 하고 있는 중이었다. 8시가 좀 지났는가 싶더니 갑자기 차량 경적 소리가 여기저기 나기 시작했다. 어이쿠, 벌써 결과가 나왔나? 새벽 2시가 되어도 50% 정도밖에 개표가 되지 않을 터인데. 이번처럼 박빙의 선거에서 확실한 결과를 알려면 새벽 5시 정도는 되어야 한다고 언론에서 떠들었는데……. 서둘러 식사를 마치고 거리로 나와서 흥분해서 지나가는 젊은이들에게 물었다. 어떻게 되었나요? 출구조사에 따르면 폭스가 이겼대요. 우린 앙헬탑으로 가요. 그러고보니 앙헬 독립기념탑으로 삼삼오오 몰려가는 행렬이 보였다. 경찰들도 이미 중심부로 진입하는 차량을 통제하고 있었다. 자칫하다간 길이 막혀 집에도 못 가겠구먼. 텔레비전을 보려고 서둘러 택시를 타고 집으로 향했다.

텔레비사의 선수

집에 도착하니 9시 30분. 텔레비사의 3번 채널을 보니 이미 폭스와 패널리스트 5명 간의 장시간 토론 프로그램이 진행중이었다. 너무 시시하게 끝났군. 그리고 역시 텔레비사야. 암. 개표가 2%도 진행되기 전에 텔레비사가 탄생시킨 신임 대통령 당선자 비센테 폭스에게 앵커맨 호아킨은 열심히 아부했다. 사실 텔레비사나 호아킨은 여당인 제도혁명당 후보 라바스티다 쪽에 줄을 대었다. 호아킨은 전임자가 폭스에게 유리한 모의투표 결과를 뉴스시간에 흘렸다가 사주에 의해 잘리고난 다음 10시 30분 뉴스(황금시간대) 앵커맨이 된 행운아이기도 했다.

텔레비사는 멕시코뿐만 아니라 스페인어권 전역에 무소불위의 권능을 자랑하는 언론권력이다. 방송사주 아스카르가는 세계에서도 손꼽는 거부로 소문나 있고 살리나스와도 친분이 깊은 사람이다. 이 방송사는 대대로 정부여당과의 밀월 관계 속에서 고속성장을 거듭해왔고 이번에도 당연히 제도혁명당 쪽을 지지했다. 그런데 투표 직전까지도 라바스티다와 국민행동당 후보 폭스 사이의 접전이 계속되었다. 텔레비사는 속이 탔다. 그래서 거금을 주고 출구조사 전문가인 워렌 미토프스키를 샀다. 마지막 줄이라도 잘 잡아야 할 것 아닌가? 다른 방송사보다 선수를 쳐야지. 그리고 미토프스키는 큰소리쳤다. 연방선거관리위원회(IFE, 이페)보다 훨씬 빨리, 정확히 결과를 낼 것이라고. 그리고 약속을 지켰다. 그의 출구조사는 최종 결과 발표와 거의 차이가 없었다. 암, 역시 텔레비사야.

10시 30분쯤 이페 위원장 월덴베르그가 나와서 여러 조사기관의 결과와 선관위의 개표 경향을 보니 폭스의 당선이 확실시된다고 말했다. 텔레비사의 선수에 선관위도 미적거릴 수만은 없었던 것이다. 11시쯤 되니 대통령궁에서 노심초사하던 세디요 대통령도 덩달아 폭스의 당선을 축하한다는 항복선언문을 발표했다. 곧이어서 라바스티다도 국민의 선택을 겸허하게 따르겠다고 인터뷰했고 중도좌파의 기수 카르데나스 후보도

제도혁명당 체제의 마지막 대통령 세디요. 당내 강경파들의 비난을 무릅쓰고 민주선거를 이끌어 평화적 이행을 마감했으나 자신은 '배신자'라는 오명을 덮어써야 했다.

패배를 시인했다. 이미 앙헬탑 근처는 폭스의 승리를 지지하는 인파로, 도로에는 경적을 울리며 새 시대의 개막을 축하하는 차량들로 인산인해를 이루었다.

역사적 선거

사실 이번 선거는 어느 모로 보나 역사적인 사건이었다. 제도혁명당(1929년 창당)이 이기면 72년 간의 집권 기록을 남긴 러시아 공산당의 기록을 깰 예정이었다. 권력교체가 이루어져 공룡이 사라진다면 그것 역시 역사적인 사건이 될 예정이었다. 그래서 세계 주요 언론은 다투어 취재에 열을 올렸고 권력교체를 "베를린 장벽 이후 최대의 사건"이라고 과장하기도 했다.

멕시코 사람들에게도 난생 처음으로 대통령 당선자가 누가 될지 모르는 불확실한 선거전이었다. 그런 의미에서 진정한 민주적 대선이기도 했다. 그리고 누가 보더라도 너무 조용하게 넘어간 선거였다. 물론 정부예산의 0.7%나 쓰는 선거관리위원회의 세련된 선거관리도 있었다. 그러나 오랜 제

도혁명당의 부패와 실정에 염증을 느낀 시민, 젊은 세대, 도시민들이 조용히 권력을 교체하는 데 암묵적으로 합의했던 것이다. 그러나 선거 당일까지 결과가 어떻게 나올지는 아무도 자신하지 못했다. 심지어 폭스조차도!

1994년 대선에서는 여당후보 암살과 치아파스 농민반란 같은 어수선한 분위기 때문에 여당에게 표를 몰아주는 (혼란에 대한) '두려움의 투표'(voto de miedo) 덕분에 현 세디요 대통령이 쉽게 당선되었다. 많은 사람들은 이번에도 의아해 했다. 분명히 선거 기간 직전이나 아니면 선거 도중에 무슨 일이 생길지도 몰라. 그냥 조용히 넘어갈 리가 없어. 그래, 달러를 사두어야 해. 그렇지만 선거 직전 10페소까지 올라갔던 달러 가격은 선거 직후 9.3페소로 떨어졌다. 평론가이자 역사학자인 엔리케 크라우세는 멕시코에 '성숙한 민주주의'가 도래했다고 자축했다.

빗나간 여론조사들

폭스는 유효투표의 43.43%라는 비교적 높은 지지도로 당선되었다. 접전을 벌였던 여당 후보 라바스티다는 36.88%라는 지지도에 그쳤다. 1, 2위의 격차는 6.6%. 중도좌파의 기수로 대통령 선거전에 3수를 했던 카르데나스 후보는 17%라는 실망스런 결과를 안고 낙마해야 했다. 4월부터 6월까지 언론에 발표되었던 37회의 앙케이트 조사에서 폭스 후보가 이긴다고 나온 결과는 11회, 라바스티다 후보가 승리할 것이라는 발표는 24회나 되었다. 또 대부분의 발표가 상위 1, 2위의 격차가 5% 미만인 박빙의 승부가 될 것이라고 말했다. 이번 대선에서 여론조사 기관들의 평균 점수는 거의 낙제점 수준이었다. 하긴 부동표가 많았기 때문에 생긴 어쩔 수 없는 현상이라고 우길 수는 있을 것이다.

왜 이런 결과가 나왔을까? 무엇이 무소불위의 제도혁명당을 뒤로 밀어내고 폭스와 국민행동당을 권좌로 안내했던가? 그 하나의 요인은 1980년대 이래 제도혁명당 정부가 밀어붙인 신자유주의 경제정책에 대한 대중들의 불만이었고, 다른 하나는 이러한 국민들의 불만을 "변화"라는 슬로건으로 바꾸어 선거전을 승리로 이끈 폭스라는 인물에게서 찾을 수 있다.

제도혁명당의 실정

페루의 소설가로 한때 대선에 출마하여 후지모리에게 고배를 마신 바 있는 바르가스 요사가 1980년대 언젠가 멕시코를 방문하여 당시 정권을 "완벽한 독재체제"라 불렀다가 추방당한 적이 있었다. 사실 제도혁명당의 장기집권이 오늘날에는 온갖 비난과 원성을 사고 있지만 1970년대까지만 해도 중남미에서는 정치안정의 심벌로 미국마저 칭송을 아끼지 않았다. 과테말라에서 저 멀리 남미 끝까지 군사독재 체제가 창궐하던 시절, 멕시코는 문민정부 아래 정치안정을 누리는 몇 되지 않는 나라였고, 게다가 제3세계를 떠나는 졸업장이자 제1세계로 들어가는 첫 관문인 올림픽 경기도 1968년에 치른 나라였다.

적어도 1960년대까지 성장이나 정치안정의 측면에서 멕시코는 제3세계 국가 중에서 모범을 보인 나라였다. 이 나라의 장기집권은 '일당 헤게모니 체제'라 부를 수는 있지만 '완벽한 독재체제'라고 부르는 것은 좀 억지였다. 그저 소설가다운 상상력에서 나온 과장된 언어일 뿐이었다. 그런데

1970년대에 들어오면서 민중주의 정치가들에 의해 경제가 거덜나기 시작하여 1982년에 '외채위기'를 맞이하게 되었다.

외채위기는 성장과 분배를 어느 정도 균형감 있게 추구하던 기존의 발전 패턴을 유지할 수 없게 만들었다. 무엇보다 국가는 외채원리금 상환을 위해 내수시장 중심의 발전전략을 수출중심으로 전환하여야 했고, 외국투자를 유치하기 위해 개방과 긴축기조의 경제정책을 펼쳐나가야만 했다. 1982년부터 이후 18년 간 이어진 미겔 델 라 마드리드(1982~88), 카를로스 살리나스(1988~94), 그리고 에르네스토 세디요 정부(1994~2000)는 소위 신자유주의 기조의 경제개혁을 꾸준히 추진해왔다.

기술관료 출신 대통령들이 추진한 경제개혁과 개방의 속도는 아찔하다고 느낄 정도로 과속이었다. 특히 살리나스는 이 점에서 과욕을 부렸다. 그는 국제금융권과 미국에서 자신의 인기를 유지하기 위해 국내 부문의 희생조차 마다하지 않았다. 세디요도 국내 유권자들의 시선보다는 워싱턴 당국자들이 요구하는 경제운용 패턴에 더욱 신경을 썼다. 그 결과는 배고픈 국민들, 영양실조 걸린 어린이들, 거리의 실직자들이었다. 이들은 선거철만 되면 나도는 제도혁명당과 정부가 나누어주는 배급표에도 불구하고 "변화"를 택했다.

숫자로 본 멕시코 정부의 실정

기술관료 대통령들이 남긴 유산을 복잡한 설명보다 숫자로 한번 표현해보자. 문맹률은 11%. 경제활동인구 중에서 자영업자가 차지하는 비율은 26%. 여성 가장 가계의 비율은 18%. 경제활동과 가내 노동을 겸하고 있는 여성의 비중은 93%. 하루에 1달러로 사는 멕시코인의 비율은 15%. 심각한 영양실조에 걸린 멕시코 인은 720만 명. 체중미달 아동은 19%. 인구 백명당 컴퓨터를 조작할 아는 사람은 5명(이상 『프로세소』 2000. 7. 16). 이런 멕시코를 살리나스는 북미자유무역협정을 체결하고는 드디어 제1세계의 문턱에 들어섰다고 자랑했다.

2000년 6월에 UNDP가 발표한 인간개발지수(HDI)를 보면 멕시코는 55위. 174개 국가의 상위권에서도 멀어져 중위권 수준으로 떨어졌다. 이 기구의 보고서에 따르면 작년의 일인당 GDP는 7,704달러. 1997년의 8,370달러에 비해 2년 동안 600달러나 떨어졌다. 국민들의 생활수준이 그런대로 괜찮을 것 같다고 생각하면 큰 오산이다. 극심한 빈부의 격차가 존재하기 때문이다.

롤란도 코르데라에 따르면 1996년의 극빈층 숫자는 2,260만 명, 빈곤층은 2,620만 명, 합하면 4,880만 명. 절반의 국민이 빈곤에 허덕이고 있는 셈이다. 이 빈곤층을 어떻게 줄일 것인가 하는 것이 향후 폭스 정부에게 남겨진 큰 고민거리다.

치아파스 사태의 교착

숫자로도 감이 잡히지 않으면 올해 들어서 줄기차게 텔레비전 화면에 오른 몇 가지 뉴스를 파노라마 식으로 일별해보자. 먼저 남쪽에서 시작해보자. 남부 치아파스 주에는 인디오 농민반란(1994. 1)이 일어난 지 벌써 7년이나 되었지만 정부와 반군 사이의 평화는 교착상태에 빠져 있고 심심찮게 우익 자경단에 의한 폭력 살인 사태가 일어나고 있다. 1997년 12월 22일에 일어났던 악테알 학살 사건은 치아파스 지역이 인권의 사각지대임을 생생하게 보여주었다. 1996년에 정부와 반군이 산 안드레스 협정을 맺었지만 정부는 여러 가지 빌미를 걸어서 이를 유예시켰고, 반군도 이에 따라 더이상 대화를 거부하고 있는 실정이다. 그런 점에서 치아파스 사태는 멕시코 정치권의 무능함을 보여주는 부끄러운 얼굴이다.

남쪽에서 시티로 올라오면 사태가 심각해진다. 우선 TV 화면에 매일 등장하는 것이 살인, 강도, 총격전, 마약 사범에 관한 뉴스이다. 작년에 길가에서 마약갱들로부터 총격을 받고 죽은 연예계의 기예 파코 스탄리 사건도 아직 종결되지 않았다. 스탄리는 자신이 차린 프로그램 제작사를 통해 돈세탁을 해주거나 연예인들에게 코카인을 공급해주면서 엄청난 돈을 챙겼는데, 갱들과의 거래관계를 명확히 하지 않아서 죽었다는 것이 정설이지만 사건의 전말은 아직도 명확하지 않다. 이 사건은 마피아들과 마약 자금이 멕시코 사회 내부에 이미 깊숙이 침투해 있음을 잘 보여주었다.

여행객의 안전도 해가 지면 보장이 되지 않는다. 밤택시를 탈 때에는 반드시 모범택시를 타야만 한다. 폭스바겐 택시는 멕시코인들이나 털려도 상관없다는 강심장의 여행객만이 탄다. 하기야 장기체류한 한국 유학생 중에서도 한 번쯤 강도를 당하지 않은 사람이 드문 정도니까.

우남대 파업

이것보다 더욱 기가 막힌 뉴스는 국립멕시코자치대학(UNAM)의 학생들이 이끈 14개월 간의 파업이었다. 파업은 선거 직전까지 계속되었다. 학생 숫자가 30만 명이나 되는 거대 대학교가 그것도 14개월이라는 장기간 문을 닫았다는 것은 이 사회가 겪고 있는 위기상의 한 단면을 적나라하게 보여준다. 그것은 갈등을 합리적인 장치나 방식으로 해결할 수 없는 사회의 위기기도 했고 이에 아무런 개입도 할 수 없었던 정치권의 위기기도 했다. 파업은 애초에 학생들에게 등록금을 일부 징수하겠다는 대학당국의 개혁안에 의해 촉발되었다. '무상 교육' 원칙을 포기할 수 없다는 학생운동권이 반발하는 것은 당연했다.

학생운동권은 곧 울트라(untra)세력들에 의해 장악되었다. 외채위기의 된맛을 톡톡히 보고 자란 이들에게 대화는 곧 변절로 통했다. 거의 발악하는 수준의 과격일변도로 달린 이들은 1968년 세대와 전혀 달랐다. 배고픈 세대로 미래에 대한 아무런 비전을 가질 수 없고 그야말로 시장에서 '착취당할 기회'마저 봉쇄된 이들 "위기 시대의 아이들"은 대학당국이나 정치권의 어떤 타협안도 거부했다. 이들이 대학 내부에 세운 '파업 공화국'은 파리코뮌처럼 버텼다. 총장실 옆에 천막촌을 세우고 대형 앰프로 "칭가 수 마드레(Fuck your mom!)"만 외치는 노래로 절규하면서 몸을 흔들어대는 이들 모습을 보고 통째로 무너진 이 사회의 한 단면을 보았다면 과장일까?

'토르티야 장막'의 비극

이제 북쪽으로 올라가보자. 선거가 있기 두달 전쯤 아리조나 주 방면의 국경을 넘던 멕시코 불법이민자 1명이 미국 목장주의 총에 맞아 숨진 사건이 있었다. 보수적인 미국인들은 이를 '자구행위'라며 변호했지만 아무래도 민간인이 사법당국을 대신하여 살인을 한 것은 심한 일이었다. 국경부근의 미국인 시민단체들도 이 처사를 강경한 어조로 비난했다. 그런데 이상하게도 세디요 정부는 별다른 대꾸도 하지 않았다. 마치 이 문제는 양국 모두 입다물고 지나가기로 약속한 듯 더이상 쟁점화되지 않았다.

자국민을 보호하지도 못하는 제도혁명당 정부. 여기에 대한 치카노(미국에 거주하는 멕시코인들 또는 제2세 인구)들의 분노는 극에 달했다. 정부의 경제실정 때문에 생긴 불법이민이었다. 이 불법이민 노동자들은 미국의 한계산업을 지탱해주는 효자이기도 했다. 또 이들이 송금해주는 적지 않은 돈으로 멕시코 정부는 그럭저럭 부족한 수지를 맞추기도 했다. 그런데 자국민이 미국인의 총알받이가 되어도 보호를 해주기는커녕 한마디 대응조차도 하지 않다니. 치카노들도 이번에는 꼭 굴욕적인 제도혁명당 정권이 바뀌어야 한다고 이를 악물었던 것이다.

신자유주의 정책의 정치적 효과

사실 18년 간 지탱된 기술관료들의 개혁 정치는 부패한 민중주의적 유산 속에서 유지되어왔다. 멕시코의 신자유주의 개혁 정치는 신자유주의와 민중주의가 만난 최악의 조합물이다. 부패한 제도혁명당의 권력망 속에서 이루어진 경제개혁은 경제그룹들과 권력 엘리트들 사이의 추한 거래만 남겼을 뿐이었다. 경제학 교과서에 따르면 민영화와 개방의 결과는 복지효과가 증대되는 것으로 나온다. 그런데 멕시코에서는 민영화는 경쟁으로 나가지 않기 때문에 독점적 서비스 비용의 증대로 끝나고 만다. 5천 원짜리 전화카드는 시외통화 두세 통화를 길게 하면 족하다. 다른 사람의 휴대폰에 전화를 하려면 약간 강심장이 필요하다. 2~3천 원은 금방 날라가기 때문이다. 그래서 텔멕스는 엄청난 수익을 남기고 있고 월스트리트에서도 항상 높은 주가를 유지한다.

개방도 마찬가지이다. 과거 높은 문턱으로 유지되는 내수산업의 경쟁력도 일정한 기간 지나면 향상되어야 하지만 적용할 시간과 능력이 부족하기 때문에 그냥 문을 닫고 끝나는 경우가 허다하다. 경쟁력이 있는 극소수의 기업을 제외한다면 대부분 변화된 환경에 적응할 수 있는 기술력이나 우수한 노동력을 가지고 있지 않다. 그래서 지난 근 20년 간 노동자들은 지속적인 실업과 반실업, 임금 하락을 경험했다. 여성 노동인구의 증대도 가장 혼자서 먹여살리기 힘든 현실을 반영한다. 멕시코시티에 배회하는 '거리의 아동' 4만 명도 모두 이러한 현실의 산물이다.

이에 따라 제도혁명당에 대한 지지도도 1980년대 후반부터 지속적으로 감소해왔다. 1991년 61.5%에 달했던 지지도는 1994년 50.2%로, 1997년 39.1%로 하락해왔다. 3년마다 11%씩 감소해왔던 것이다. 이에 따라 제1 야당인 국민행동당은 주로 중부와 북부에서 제도혁명당의 지지표를 잠식해왔고 중도좌익인 민주혁명당은 주로 시티와 남부에서 자신의 지지기반을 넓혀왔던 것이다. 사실 '국가당'으로 제도혁명당의 운명을 끝낸 이번 선거 이야기는 어떤 면에서 적어도 10년 전부터 조금씩 '예고된 죽음의 기록'일 뿐이다.

폭스, 개인의 승리

이번 선거에서 이긴 것은 제1야당인 국민행동당과 그 당의 후보인 폭스이지만 사실상 승리의 견인차를 만들어낸 것은 폭스 개인이었다. 국민행동당은 한 축에는 가톨릭 보수주의자들이, 다른 한 축에서는 제도혁명당 정부의 무책임한 경제정책 특히 은행 국유화 정책(1982년)에 반발감을 느낀 북부출신 기업인들이 수혈되어 성장한 정당이다. 문제는 이 당이 가톨릭교 전통이 강한 몇몇 주에서는 강하지만 반교권주의 정서가 여전히 뿌리깊은 지식인층이나 멕시코시티의 시민들로부터 다수 의석을 확보할 가능성은 크지 않다는 점이다. 또 기업인의 정서가 강한 이 정당은 하층민들로부터 지지를 얻기도 힘들었다. 이 모든 딜레마를 극복하고 자신과 당을 승리로 이끈 주역은 비센테 폭스 후보 자신이었다. 그런 점에서 이번 선거는 국민행동당의 승리가 아니라 "폭스의 승리"였다.

말보로 룩(Marlboro Look), 또는 멕시코 정치의 존 웨인

193센티미터의 거구, 청색 와이셔츠와 부츠를 신은 카우보이 복장. 쌍권총만 차면 서부활극에 나오는 존 웨인의 이미지를 빼다박았다. 선거 당일에도 긴장감을 풀려고 측근들과 4시간 동안이나 말을 몰았다는 비센테 폭스. 그는 멕시코 정치에서 제도혁명당이란 히드라를 처치한 헤라클레스로 기억될 것이다. 코카콜라 멕시코의 사장을 역임했고 폭스 그룹을 이끌었던 기업인. 1982년 로페스 포르티요 정부가 희극적으로 연출했던 은행 국유화 조치에 반발을 느끼고 자신의 정치선배 마누엘 클로티에르의 권유로 정치에 입문했다. 하원의원을 거쳐 1991년에 과나후아토 주지사 선거에서 고배를 마시고 잠시 정계를 떠났다가 다시 활동을 재개하여 1994년에는 동 주지사직을 거머쥐었던 행운아.

그가 한때 정계를 은퇴한 것은 야당 참여로 엉망이 된 자신의 사업을 돌보기 위해서였지만 이 시점에도 부패한 정부와 관료들에 대한 적개심은 잊을 수 없다고 했다. 또 이 시절 내내 국민행동당의 지도자였던 디에고 데 세바요스가 펼친 살리나스—국민행동당 협조체제를 강도높게 비판한 비타협적인 정치가였다. 주지사 시절 그는 그침없는 정부와 여당 비판으로 심심찮게 언론의 도마에 올랐다.

정치 마케팅의 명수

이번 선거전에 등장한 3인 가운데 선거전 초입에서 경력이나 지명도 면에서 제일 낮은 것이 폭스였다. 중도좌익 야당 후보 카르데나스는 1988년 살리나스와 붙은 대선전에서 '사실상의 승자'로 기록되는 거물 정치인이었고, 또 1997년 멕시코시티 시장직을 거머쥔 유망주였다. 사실 1997년 시점에서 폭스는 카르데나스에 비교하면 애송이에 지나지 않았다. 민주혁명당은 이 선거에서 각개약진하였고 카르데나스는 사실상 차기 대통령이라는 언론의 성급한 추측도 난무했다. 라바스티다도 이미 관록을 굳힌 관료로서 여러 부처의 장관과 주지사를 역임한 제도혁명당의 거물 정치인이었다.

멕시코 민주화 이행의 기폭제가 되었던 쿠아테목 카르데나스 후보. 대통령직 도전에는 실패했지만 제도혁명당 체제에 최초의 균열을 낸 민주화 영웅으로 기록될 것이다.

과나후아토란 멕시코 중부의 자그만 주에서 지사로 본격적인 정치수업을 한 폭스가 중앙무대에서 그렇게 급성장할 줄 안 사람은 당시에 아무도 없었다. 쿠아에테목 카르데나스의 인기가 정점에 달했던 1997년 7월 당시 폭스는 자신이 2000년 대선에 후보로 나갈 것이라고 발표했다. 1997년에서 2000년 사이에는 3년이란 길고긴 기간이 남아 있었다. 정치인에게 3년이란 온갖 모든 일이 일어날 수 있는 억겁의 시간이다. 주변에서는 모두 그를 "미친 놈" 또는 "터미네이터" 스타일이라고 비꼬았다. 국민행동당 내부조차 냉소적이었다.

폭스는 자신의 후보 출마를 이런 식으로 설명했다. 나는 지명도나 조직 모두에서 열세를 안고 있다. 후보출마 선언은 그런 점에서 '전략적'이다. 우선 나를 모르는 사람에게 승리를 확신시키기 위한 시간을 벌 것이다. 또 상대방 후보의 시간과 리듬을 깨어버리는 효과가 있다. 한창 떠 있는 카르데나스의 선점에 김을 빼고, 또 같이 경쟁하며 나를 키울 수도 있다. 그리고 시스템의 바깥에 있는 내가 대통령직에 오르는 일은 달나라에 우주인을 착륙시킨 케네디가 한 일보다 어려운 일이다. 케네디는 10년을 계획했지 않는가. 나는 3년 전에 준비할 뿐이다. 이때에 그는 자신의 고유 로고인 승리의 브이 자를 만들어냈고, 사진이나 텔레비전 카메라가 비치는 데면 항상 승리의 브이 자를 흔들어댔다.

'변화'란 언어의 선점

폭스는 항상 주변에다 이렇게 말했다. 자신은 가족을 사랑한다. 정치에서 잠시 떠나 있었던 것도 아이들(모두 입양아들이다)과 함께할 시간을 만들기 위해서였다. 자신이 정치를 하는 것도 아이들에게 보다 나은 멕시코를 남기고 싶기 때문이다. 이번 대선전에 출마하면서는 이렇게 말했다. 캠페인에 신명을 바치겠다. 내 아이들을 위해서는 생명보험을 들어놓았다. 내

생명이 위험하거나 피습을 당해도 두려워하지 않겠다.

폭스는 결국 국민행동당에서 당 지도자 디에고와 불편한 관계에 있었음에도 불구하고 당 후보가 되는 데 성공했다. 그리고 주말인 금요일이면 버스를 타고 이웃 주로 나들이가서 선거운동에 열을 올렸다. 국민행동당의 후보가 된 그는 '폭스의 친구들(Amigos de Fox)'이란 외곽조직을 강화했다. 500일 캠페인 전이 시작되는 시점에 폭스의 전국 인지도는 3년 전 15%에서 70%로 상승했다. 조기 작전이 주효했던 것이다.

당의 대선 후보가 되자 집요하게 카르데나스에게 야당후보 단일화를 요청했다. 야당후보가 2명 경쟁하면 결국 제도혁명당에게 도움만 주니 전략적으로 제휴하자는 것이었다. 국민행동당은 "변화를 위한 동맹"이란 선거연합을 만들었다. '변화(Cambio)'란 말을 선점한 폭스는 제도혁명당의 실정에 염증을 느낀 다중을 자연스럽게 자신의 편으로 이끌 수 있는 가장 큰 무기를 확보했다. 민주혁명당은 "멕시코를 위한 동맹"이란 다소 무미건조한 이름의 선거연합을 결성했다. 이름붙이기에서도 폭스는 과연 앞섰다.

좌우를 넘나드는 기업인 기질

폭스는 중도우익적이고 가톨릭적인 당 분위기와도 별로 맞지 않았다. 엄숙하고 계서적이며 종교적인 분위기가 코카콜라 사장을 역임한 기업인의 자유분방한 기질과 맞을 턱이 없었다. 폭스의 행보는 자연히 당을 넘나들었다. 당의 원로인 마누엘 클로우티에르가 자신의 편이 되어주었지만 마누엘 데 세바요스를 비롯한 당 간부들은 그를 못마땅한 눈치로 바라보았다.

1994년 선거 당시 그는 '산 앙헬 그룹'이란 중도 좌우파 지식인들이 결성한 모임에 자주 나갔다. 이 그룹은 당시 여당후보 살인과 농민반란으로 어수선한 분위기의 정국에서 충돌과 대결을 지양하여 스페인식 협약을 통한 민주화 이행을 바라는 지식인들과 중도파 정치인들이 만든 모임이었다. 그리고 여기서 그는 멕시코의 민주화를 바라는 세력이 국민행동당 외에도 많이 있다는 점을 확인했다. 여기서 멕시코의 내로라하는 중도좌파 지식인인 호르헤 카스타녜다(정치학자 출신으로 차기 외무장관으로 내정되어 있다), 아길라르 신세르(카르데나스의 측근이었지만 이번 선거에서 폭스 진영의 핵심참모 역할을 했고 역시 장관 물망에 오르고 있다), 소설가 카를로스 푸엔테스 등과도 교분을 텄다.

그는 산티아고 크레엘, 엔리케 크라우세, 로렌소 마이에르, 데니스 드레서 같은 정상급 지식인들 이외에도 교원노총 위원장 출신의 상원의원으로 제도혁명당의 거물 정치가인 엘바 에스테르 고르디요나 카르데나스와 함께 제도혁명당을 탈당하여 민주혁명당을 결성하여 돌풍을 일으킨 바 있는 포르피리오 뮤노스 레도와도 교분을 쌓았다.

또 카스타녜다와 브라질 출신 하버드대 법철학자 망가베이라 웅거가 주축이 되어 만든 신자유주의에 반대하는 라틴아메리카판 '제3의 길' 모임(이 선언문은 필자의 저서 『신자유주의의 빛과 그림자』(한길사, 1999)의 말미에 번역되어 있는데, 폭스 정부의 이념적 기초를 읽을 수 있다)을 통해 중남미 거물 지식인들, 정치가들과도 만남의 폭을 넓혔다. 여기서 그는 과도한 신자유주의 경제정책의 폐해를 인식하게 되었고 관료체제의 부패와 시장일변도 정책을 넘어선 중도파 정책이 필요함을 깨닫게 된다. 이런 역정에서 보듯이 그에겐 이념적 도그마나 경직된 사고가 존재하지 않는다. 기업인 출신인 그는 주어진 조건에서 일정한 목표를 열정적으로 추구하는 가능의 예술로 정치를 바라본다. 이념적 도그마보다는 문제해결 능력이란 실용주의 차원에서 정치를 사고하는 것이다.

타고난 화법과 임기응변

그는 선거 슬로건도 "이제 우리가 이기고 있다!(Ya ganamos!)"로 정했다.

'변화를 위한 동맹'이란 언어와 이 슬로건은 국민행동당에 적대적이거나 무관심한 대중들에게도 일종의 최면을 걸었다. 아니 변화를 원하고 더구나 이기고 있다는데⋯⋯ 여당 후보인 라바스티다는 핵심 슬로건을 "민중에게 봉사하는 권력(?Que el poder sirva a la gente!)"으로 정했다. 그러나 배곯은 국민들에게 '권력'이란 단어는 추상적일 뿐 아니라 혐오감마저 자아낼 뿐이었다. 카르데나스 후보는 라바스티다나 폭스 모두 싸잡아서 멕시코 민중들을 도탄에 빠트린 원흉이라고 비판했지만 대중들에게 어필하는 데 실패했다. 카르데나스는 1988년과 1997년의 신화에 사로잡혀 낡은 민족주의적인 구호만 외쳐댔고, 이번에 대중들은 외면했다. 폭스라는 더욱 인기있는 인물이 있었기 때문이다.

폭스는 두 차례에 있었던 대선후보 토론전에서도 라바스티다와 카르데나스를 압도했다. 폭스는 카르데나스에게 후보단일화 주장을 집요하게 펼쳐 자신이 진정으로 제도혁명당 권력을 끝장내고자 하는 후보라는 이미지를 심었다. 막판에는 후보단일화에 저항하는 카르데나스를 보고 제도혁명당의 앞잡이라는 격한 표현까지 쓰면서 몰아붙였다. 사실 박빙의 선거전에서 카르데나스에게 갈 법한 20% 남짓의 지지표는 매우 귀중할 수밖에 없었다. 이러한 노력 끝에 그는 카르데나스 지지표 일부를 자신에게 돌리는 데 성공했던 것이다.

라바스티다 진영에 대해서는 부패, 치안불안, 경제실정 같은 쟁점을 물고 늘어졌다. 자신이 집권하면 중산층이 가장 불안감을 느끼는 치안부재 상태를 종식시키겠다고 했다. 그리고 청렴한 정부를 구성하여 부패와의 싸움도 끝장내겠다고 장담했다. 질질 끌고 있는 치아파스 농민 게릴라와의 대치 상태도 바로 끝내겠다고 했다. 게다가 7%의 경제성장률을 약속했다. 시원시원하고 거침없는 목소리에 카우보이 스타일의 남성다움은 곧 여성 유권자들과 도시의 중산층에게 깊숙이 파고들어갔다. 결국 그는 여당후보 라바스티다를 6.6%나 따돌린 43%의 지지도로 승리를 거머쥐었다. 도시인구, 여성, 고학력층, 젊은 세대, 중산층, 북부와 중부 그리고 멕시코시티, 심지어 치아파스 주까지 폭스에게 집중적인 지지표를 몰아주었다.

멕시코의 토니 블레어

당선된 직후 폭스는 이렇게 말했다. "통치는 내가 하지 국민행동당이 하는 것은 아니다." 국민행동당의 브라보 메나 총재도 새 정부의 각료 인선에 당은 전혀 간섭하지 않을 것이라고 밝혔다. 그는 당과 행정부가 제도혁명당 시절과는 달리 "건전한 관계"를 유지할 것이라고 말했다. 폭스는 곧바로 정권이 출범한 12월 1일까지 자신을 도울 예비내각을 구성했다. 경제팀장으로 데르베스와 소호를 임명하여 2001년도 예산안을 현 재무부 장관과 함께 짜도록 했다. 두 사람 모두 멕시코의 MIT라 불리는 몬테레이 공대 교수 출신이다. 대내 정치는 멕시코시티 시장 선거에 나왔다가 선전을 했지만 석패를 한 산티아고 크렐과 민주혁명당을 뛰쳐나와 홀로서기를 시도했다가 막판에 폭스 진영에 합류한 무뇨스 레도에게 맡겼다. 외교관계는 저명한 중도좌파 성향의 정치학자이자 논객인 호르헤 카스타녜다와 민주혁명당 출신 정치인인 아길라르 신세르에게 맡겼다.

선거 직후 외신들이나 몇몇 미국 지식인들이 폭스 정권을 "멕시코판 레이건 정부" 또는 "신자유주의 정권"으로 묘사했지만 그것은 상황을 잘못 읽은 것이었다. 세계체제론으로 유명한 월러스틴은 새 정부의 경제정책은 "신자유주의화를 지속할 뿐 아니라 확장할 것"이라고 분석했다. 그렇기에 다수의 생활조건을 개선하는 데 실패할 것이고 다음번 선거에서는 중도좌파에게 기회가 주어질 것이라는 그럴듯한 시나리오까지 제시했다. 이 저명한 사회학자도 멕시코 정치를 읽는 데는 무지와 한계를 보이는 것 같다.

데르베스와 소호는 한 TV 토론에서 새 정부의 경제지침을 "시장과의 경쟁을 주축으로 하되 시장의 실패를 교정하는 선택적 개입도 병행하겠다"
고 밝혔다. 이들은 오히려 살리나스와 세디요 정부가 맹목적으로 추구해
온 신자유주의 정책에 일단 제동을 걸고 시장주의에 대한 이념적 완고함
을 버리고 유연하게 대처하겠다고 말했다. 아울러 부자들에게는 증세를
하고 빈곤층에게는 감세를 하는 새로운 조세 개혁도 병행하겠다고 했다.
소호는 이를 "멕시코식 제3의 길"이라고까지 불렀다. 폭스가 꿈꾸는 것은
"멕시코의 레이건"이 아니라 "멕시코의 토니 블레어"인 것이다.

　대외관계의 수장이 될 카스타녜다도 멕시코의 국가이익을 우선적으로
생각하는 민족주의적 정서가 강한 중도좌파 지식인이다. 그는 노리에가가
집권할 당시 파나마에 대한 미국의 무력 침공을 열렬히 비난한 바도 있을
뿐 아니라 북미자유무역협정을 협상할 당시에 살리나스 정부가 취한 굴욕
적인 협상 태도에 대해서 비판적인 필봉을 휘두른 바 있다. 그래서 미국의
제시 헬름스의 보좌관인 노리에가는 그에게 "반미주의자"라는 딱지를 붙
이고 만약 폭스가 그를 외무장관에 임명한다면 미국과의 관계가 편하지만
은 않을 것이라고 으름장을 놓고 있다.

　대내 정치에서 가장 시급히 해결해야 할 치아파스 반군과의 협상 문제
도 산티아고 크렐의 주도로 빠른 속도로 진행되고 있다. 폭스 자신이 이미
노벨평화상 수상자인 과테말라 인디오 운동의 지도자 리고베르타 멘추를
만나 반군과의 협상이 시작되면 도와달라고 요청한 바 있고 멘추도 기꺼
이 이를 수락한 바 있다. 사실 폭스는 치아파스 사태를 조기에 종식시키겠
다고 이곳 주민들에게 약속했고 이들은 폭스에게 표를 몰아주었다.

폭스의 길, 제3의 길?

　폭스 행정부가 달릴 도로가 멕시코판 제3의 길이 될지 아니면 기존 정부
들의 신자유주의 정책을 답습하는 데 그치는 길이 될지 현재로선 좀더 두

고 볼 수밖에 없다. 그는 기업가 출신 정치가이다. 그는 완고한 경제적 독트린보다 거리의 사람들이 느끼는 체감온도에 민감하게 반응한다. 현재까지 폭스의 예비내각에서 나온 목소리를 종합하면 그것은 신자유주의자들보다는 "신자유주의를 넘어서려는 라틴아메리카의 대안"에 가깝다. 굳이 이념적으로 분류하자면, 그것은 중도좌파에 가까운 것이다. 폭스의 당선은 아르헨티나의 페르난도 델 라 루아 라디칼당 정부(1999), 칠레의 리카르도 라고스 사회당 정부(1999)와 같이 과격한 신자유주의 정권의 퇴조와 함께 등장한 중도파 정부 내지 중도좌파 정부 붐 현상의 일환이기도 하다. 국제금융권이 밀어주었던 살리나스, 세디요 행정부, 그리고 아르헨티나의 메넴 행정부는 결국 국민들의 이반으로 정권을 재창출하는 데 실패했다. 델 라 루아, 라고스, 폭스 이 세 사람은 모두 친분이 두터운 정치가들로 대륙 차원에서 세계화에 적극적으로 대응하는 중도파 내지 중도좌파의 대안을 실행에 옮기고자 한다. 이들은 세계화란 피할 수 없는 맥락에서 중남미 국가들이 신자유주의의 덫을 피해 국가를 개혁할 방안을 고민하고 이를 실천에 옮기고자 한다. 물론 선택의 폭은 좁다. 그렇지만 전혀 길이 없는 것은 아닌 것이다.

폭스 정부의 난제

당연히 폭스 정부에게도 난관은 많다. 물론 국민들이 보여준 43.3%의 지지도가 있다. 그리고 하원에서 제1당이 된 국민행동당의 지원도 있을 것이다. 그러나 상원은 제도혁명당이 다수당이고 하원에서도 과반수 의석을 확보하지 못하고 있기 때문에 행정부와 의회와의 관계가 매끄럽게 풀리지 않을 가능성이 많다.

이런 와중에 미국 정부와 다국적기업들은 자신의 이익을 극대화시키고자 노력할 것이다. 미국은 폭스정부가 석유산업을 민영화할 것을 은근히 기대하고 있다. 폭스도 석유산업의 발전을 위해 민간부문에 일정한 부분을 떠넘기려 하고 있지만, 미국에 대한 국민 감정을 자극하지 않으면서 이를 매끄럽게 넘길 수 있을지는 미지수이다. 하여튼 앞으로 밀어닥칠 미국의 압력을 저지하기 위해서는 분열된 정치세력들을 묶어내어 연합전선을 구축하는 길밖에 없다.

차기 정부에게 맡겨진 개혁과제도 만만치 않다. 무엇보다 71년 간의 권력을 누려왔던 제도혁명당 체제를 해체하자면 인적 청산도 해야 할 것이고 코포라티즘 제도 같은 유산도 정리해야 할 것이다. 이번 선거로 멕시코의 엘리트 충원과정은 대폭 바뀔 것이다. 이제까지 유지된 '정치관료제'와 밧줄 타기 문화('카마리야')는 청산될 전망이다. 폭스 당선자는 역시 기업인 출신답게 헤드 헌팅 회사에 수주를 주어서 다양한 영역의 인재들을 정부 쪽으로 수혈하고자 한다. 그래서 멕시코의 주요 헤드 헌터들은 즐거운 비명 소리를 내뱉고 있다.

비센테 폭스 카툰. 멕시코 언론은 취임 이후 1년 간 선거공약을 제대로 이행하지 못한 무능을 꼬집어 '거짓말쟁이' 피노키오로 그리고 있다.

엉망진창이 된 치안 상태도 빠른 시일 내에 개선해야 한다. 1994년 콜로시오 후보의 암살사건도 미궁에 빠져 있고 그 이후 있었던 포사다 추기경 암살사건도 아직 제대로 밝혀지지 않고 있다. 이 나라 사법부는 뭘 제대로 밝혀내는 것이 없다. 검찰과 재판행정도 대대적으로 개혁해야만 한다. 만약 이 부분의 속도가 느리다면 3년 뒤 의회 선거에서 국민행동당은 중산층들의 지지표를 잃을 것이기 때문이다.

또 국민들에게 약속한 7%의 경제성장률을 유지하는 것도 쉬운 과제는 아닐 것이다. 국제금융권은 현 세디요 정부가 유지해온 보수적인 거시경제 정책을 유지해줄 것을 요구하고 있지만 이런 정책기조를 유지하는 바탕에서 성장률을 높인다는 것은 어려운 일일 것이다. 현재 데르베스나 소호가 내세우고 있는 전략은 중소기업 진흥책을 대대적으로 펴나가겠다는 것이다. 그 성과가 어떨지는 역시 좀더 두고 볼 일이다.

기업인 스타일의 개혁정치

최근 들어서 멕시코 정치에 새로운 개념들이 주입되고 있다. 폭스에 따르면 시민은 '고객'이다. 정부의 임무는 고객에게 양질의 서비스를 제공하는 것이다. 그러니 TQC가 정부기관에도 도입되어야 한다는 것이다. 과연 기업인다운 발상이다. 그는 제도혁명당의 부패한 관료정치에 혐오증을 가지고 있는 사람이다. TQC가 부패, 정실주의, 무능으로 찌든 관료제도를 얼마나 어떻게 개혁할지 주목해보는 것도 흥미로운 일일 것이다.

또 그는 과나후아토 주지사 시절에 주행정에 도입한 '벤치마킹' 제도를 중앙정부에도 도입하려고 한다. 이제 모든 행정과 개혁조치들도 '벤치마킹' 해서 목표와 수단에 대한 구체적인 계획을 세우고 실행해야만 한다. 미국 오레곤 주에서 시작된 이 프로그램이 멕시코 연합정부에서 어떻게 진행될지도 역시 두고 볼 일이다.

향후 전망

멕시코 정치는 이제 새로운 격변기에 들어갔다. 20세기 세계 최초의 사회혁명을 일으킨 바 있는 멕시코 국민들은 21세기 초두에도 선거를 통한 평화적 정권교체로 세계를 놀라게 했다. 의외로 조용했고 평화로웠던 선거정국. 그러나 선거가 끝나고나면서 후유증이 시작되고 있다. 새로운 질서는 항상 산고를 겪고나서 탄생하기 때문이다. 제도혁명당은 선거 실패의 책임을 둘러싸고 사분오열된 상태에서 암투를 거듭하고 있다. 이미 세디요 대통령은 당에 대한 통제능력을 완전히 상실했고 당내에서 "변절자"라는 비판까지 듣고 있다. 당내에는 기술관료들의 경제실정 때문에 선거에서 이길 수 없었다는 보수파들의 주장이 힘을 얻고 있다. 이 보수파들은 제도혁명당의 정체성을 민중주의 내지 중도좌파로 재확립하고자 하지만 국가의 탯줄로 유지된 '국가당' 체질이 그렇게 쉽게 바뀔지는 의문이다. 그렇지만 상원이나 하원에서 제1당과 제1야당의 지위를 확보하고 있기 때문에 쉽게 해체되거나 무너지지는 않을 것이다.

민주혁명당도 역시 선거 패배를 둘러싸고 내분에 싸여 있다. 당의 최고 지도자 카르데나스의 퇴장은 이미 기정사실화되어 있다. 한 평론가는 그의 스타일을 "갈보리 산상으로 향하는 예언자" 같다고 평한 바 있다. 부패한 멕시코 정치의 세계에서 그는 도덕적 권위로 우뚝 섰지만 삼수를 하여 도전했던 대통령 자리와는 별 인연이 없는 것 같다. 그의 퇴장으로 민주혁명당을 이끌 지도자는 로사리오 로블레스(현 시티 여시장)나 시티 시장에 당선된 마누엘 로페스 오브라도르가 될 전망이다. 그렇지만 이 당도 중도좌파적 입지를 노리고 있는 제도혁명당과 경쟁해야 하며 다양한 분파로 쪼개진 당을 재건해야 하는 힘든 과제가 남아 있다.

멕시코 정치는 1980년대에 들어와서 지금에 이르기까지 제도혁명당의 헤게모니 정당체제에서 완만한 다당제로 이행해왔다. 아직 '성숙한 민주주의' 라고 부를 만큼 정치와 갈등이 제도화되거나 고양된 시민의식이 존재하는 것은 아니다. 그렇지만 7월 2일에 투표함에서 일어난 평화적인 정변, 하원의석의 상당수를 장악한 여성 정치인들의 부상, 그리고 새로운 세력을 수혈하여 참신한 정책을 펼쳐나갈 신임 정부는 더디지만 착실하게 민주화를 이루어나갈 수 있는 멕시코의 능력을 세계만방에 보여주고 있다.

치아파스 통신(1) : 침묵을 깬 마르코스

마르코스의 재등장

스키 마스크를 쓴 마르코스가 금세기 벽두에 들어와서 조건이 충족되면 복면을 벗겠다고 말했다. 지난 4년(1996~2000) 동안 침묵으로 일관하던 마르코스가 2001년에 들어와서 다시 언론에 등장하여 평화협상의 조건을 제시하고, 멕시코의 신임 대통령 비센테 폭스와 치아파스의 신임 주지사 파블로 살라사르(제도혁명당의 권력 독점을 깬 최초의 야당연합 지사)가 화답하고 나서면서 사실상 '저강도 전쟁'의 형태를 띠고 있던 치아파스 사태는 해결국면으로 급진전하고 있다. 지난 3월에는 사파티스타 민족해방군 (EZLN)이 치아파스에서 멕시코시티까지 평화적 대장정을 끝내고 의회에서 역사적인 연설을 하기도 했고 이후 의회와 행정부의 협상이 가속화하고 있다.

사파티스타 해방군의 행군. 멕시코시티를 향하는 도중에 들른 쿠아우틀라 마을에서의 환영식. 중앙의 그림 한가운데 있는 솜브레로 모자를 쓴 사람이 멕시코 남부 혁명영웅인 사파타이다.

마르코스와 사파티스타 민족해방군은 1994년 봉기 이래 줄곧 대화를 통한 평화적 사태 해결을 원했지만, 전임 세디요 대통령 정부(1994~2000)는 6년 동안 겉으로만 대화를 하는 척했지 사실상은 군사적 해결책을 추구함으로써 무장 대치 상황은 종식되지 못했다. 그런 점에서 세디요는 반군과의 전쟁에서 승패와 관계없이 사태를 악화시킨 책임을 져야 하는 역사적 죄인으로 기록될 것이다. 마르코스는 제도혁명당의 71년 독재가 종식된 2000년 12월에 들어와서 대선 이후의 현단계 국면을 이렇게 표현했다.

이제 창문이 하나 열렸다. 몇몇은 창문을 다시 닫으려 하고, 다른 사람들은 그저 생각만 하고 순응하길 바란다. 그러나 또다른 많은 사람들은 문을 열고 나갈 방법을 찾고 있다. 출입구가 없는 집은 현실이 항상 전도된 형태로 보이며, 이곳에서 살고 있는 사람들에게 전도된 세계와 부조리한 세계가 가능한 유일한 세계라고 믿게 만드는 블랙박스에 다름아니기 때문이다. 그런데 이젠 더이상 그렇지 않다. 진정 그렇지 않다!(『라 호르나다』, 2000. 12. 4)

사파티스타 농민반란

치아파스 사태는 반군의 전쟁 선언문(1994)에서 밝혔듯이 500년 간 지속된 인디오 민중에 대한 수탈과 차별의 역사와, 가깝게는 살리나스 정부가 추구한 신자유주의 농업정책의 폐해로 일어난 것이다. 생계농업으로 겨우 생명을 부지하는 인디오 농민들에게 살리나스 정부는 에히도(공유토지) 민영화를 통해서 적자생존의 농정을 강요했다. 물론 살리나스의 농정개혁은 바로 북미자유무역협정(NAFTA)을 겨냥한 것이었다. 이래저래 살기가 힘든 인디오 농민들은 차라리 죽을 바엔 무기를 들고 저항하자는 심정으로 봉기를 일으켰다. 이 봉기는 일어난 것이지 누군가 일으킨 것이 아니다.

멕시코 남부의 라칸돈 우림지대에서 시작된 이 반란은 멕시코 정부가 추구한 신자유주의적 근대화 정책의 빈곤을 적나라하게 폭로한 세기말의 반란이자 동시에 신세기를 여는 포스트공산주의 혁명이기도 하다. 이 농민반란은 또 정치권력을 획득하기보다는 무장반란이란 수단을 매개로 새로운 헌정질서를 추구하는 '무장한 개혁주의(Castañeda)'라고 일컬어지기도 한다. 그것은 또 멕시코 민족 내에서 정당한 지위를 부여받지 못한 소수자 세력인 인디오(10%)가 다원주의 질서 속에서 자신의 존엄성을 지키고 자결권을 누리기 위해 일으킨 신공화주의 혁명이기도 하다.

인디오의 요구조건

그들이 내거는 요구조건은 간단하다. 인디오 민중도 멕시코 민족의 당당한 일원이니 그들 고유의 문화, 언어, 관습, 사회조직을 인정해달라는 것이다. 인디오 민중들은 더이상 인류학 박물관에나 모셔지고 대통령궁의 혁명벽화에 그려진 "죽은 인디오"로 대접받기를 원하지 않는다. 그들은 선조들과 그 문명을 박제화시킨 박물관에서, 관광 상품 전시장에서 당당히 걸어나와 그야말로 '살아 있는 인디오'로, 공화국의 당당한 시민으로 정치적, 사회적, 문화적 시민권을 획득하고자 한다. 여기에 더하여 그들이 그동안 당한 경제적 수탈을 보상받고자 한다.

치아파스 주는 석유가 많이 나고 수자원과 삼림도 풍부하여 멕시코의 전력과 에너지 공급은 물론 외화 획득에도 큰 역할을 하는 '부유한 땅'이다. 옥수수, 콩, 담배, 카카오, 바나나 생산에서도 전국에서 3위권 내에 들고, 또 마야 문명의 유서 깊은 유적지들이 즐비한 관광산업의 보고이기도 하다. 그러나 치아파스의 인디오 공동체 주민들은 역사학자 토마스 벤자민의 말대로 "부유한 땅에 사는 가난한 주민들"일 뿐이다. 기름진 땅은 몇몇 호족 세력들이 차지하고 있고 인디오들은 겨우 헐벗은 박토에서 옥수수 농사를 지어 생계를 유지하니 어찌 분통이 터지지 않을 수 있을까? 그들이 토지와 경제적 생존이 가능한 고용기회를 요구하는 것은 지극히 정당한 일이다.

세디요의 저강도 전쟁

1994년 정월 초하루에 일어난 이 반란에 대해 애초 살리나스 전임 대통령(1988~94)은 무력진압을 시도했다. 막 발효된 북미자유무역협정의 장밋빛 미래를 망치고 싶지 않았기 때문이다. 그러나 반란 사태 자체가 미국과 세계 여론에 집중적으로 노출되자 무력진압은 불가능해지고, 대화를 통한 사태 해결로 방향을 잡는 듯했다. 그리하여 뒤이은 세디요 정부는 1996년 2월에 산 안드레스 평화협정을 맺고 반군세력에게 인디오의 자치권 및 자결권을 허용하기에 이른다. 그렇지만 이 협정은 세디요 정부하에서 결코 실천에 옮겨지지 않는다. 페소 위기 이후의 경제적 침체에 부담을 느껴서 그런지 세디요는 곧 입장을 바꾸고 정부 내 강경파와 군부의 손을 들어주면서, 사실상 치아파스 전역에 게릴라 세력과 대중적 기반을 분리시키려는 집요한 저강도 전쟁을 실행한다.

이에 따라 반군 세력에 위협을 느끼던 지주 호족 세력들은 연방 및 주정부의 비호 아래 민간 자위대를 만들고 반군에 동조적인 공동체를 공격하는 무장행위를 도발하게 된다. 1997년 12월 22일 크리스마스 직전에 악테알 마을에서 45명의 초칠족 민간인의 생명을 앗아간 민간 자위대의 백색 테러는 나중에 밝혀졌듯이 제도혁명당 정부 세력이 암묵적으로 지원한 것이었다. 이 사건을 전후로 치아파스 주는 세디요 정부 내내 인권의 사각지대로 유엔과 유럽연합을 비롯하여 전세계 인권단체들의 항의 표적이 되었다.

마르코스, 대안적 전쟁의 사도

마르코스와 반군은 치아파스 반란이 멕시코 한 주의 문제가 아니라 전세계를 휘몰아치는 신자유주의란 소용돌이에 저항하는 하나의 대표단수라고 주장한다. 이들은 1996년 여름에 치아파스에서 "인류를 위한 신자유주의에 반대하는 삼대륙 회합"을 개최하여 국제연대 운동을 펼쳤다. 43개국에서 1천 명 정도가 참석한 이 모임 이래 치아파스는 인류의 대안적 미래를 생각하는 삼대륙 연대운동의 상징이 되기도 했다.

마르코스가 내세운 또다른 하나의 혁신은 '인터넷 전쟁(net war)' 개념이다. 사실 치아파스 반군이 가진 무장력이라고 해보아야 소총 정도의 경화기 수준에 불과하다. 그것도 지휘관들이나 정예 부대원이나 제대로 무장하고 있는 정도이고, 게릴라 세력의 대부분은 목총과 대검 정도를 지니고 있는 것으로 알려져 있다. 그럼에도 불구하고 인터넷을 이용하여 전세계 시민을 상대로 행한 선전과 폭로의 정보전에서 마르코스는 멕시코 정부를 압도했다. 그의 인터넷 전쟁은 전세계의 다수 지식인들과 진보진영을 치아파스 반군의 연대세력으로 만들었고, 잠자고 있던 멕시코 시민사회를 깨웠다. 사실 무소불위의 국가권력에 짓눌려서 허약하기 짝이 없던 멕시코의 시민사회 단체들은 마르코스의 외침에 용기를 얻어 소칼로 광장으로 달려가 정부와 강경세력의 발호를 제어했고, 아울러 멕시코 사회를 아래로부터 민주화하는 한 흐름을 만들어냈다. 그런 점에서 마르코스는 인터넷이 빌 게이츠의 돈벌이에만 이용되는 것이 아니라는 점을 우리 모두에게 확인시켜준 것이다.

폭스 대통령의 화답

마르코스는 세디요 정권 말기에 이르면서 일체 언론과도 접촉을 끊었다. 그래서 그가 재등장하기 불과 두 달 전인 2000년 11월, 멕시코 언론에는 그가 반군 내부 권력투쟁에서 실각하여 반대세력들에 의해 억류되어 있다는 미확인 기사가 대서특필되기도 했다. 모두 허무맹랑한 소문에 불과했음이 드러났다. 그는 신임 대통령이 취임할 때까지 참을성 있게 기다렸던 것이다. 기업가 출신 대통령인 폭스는 자신에게 과도한 기대감을 지니고 있는 국민들에게 우선 손쉽게 마련할 수 있는 선물로 치아파스 사태의 해결을 꼽고 있다. 사실 선거공약에서 7%의 경제성장을 약속했지만 미국 경제의 호황이 바래져가고 있는 마당에 성장이나 고용 약속은 사실상 부도가 난 셈이다. 대신 치아파스는 뭔가 보여주어야 할 정권 초기에 가장 안성맞춤인 무대가 된 것이다.

마르코스 역시 시기를 잘 골랐다. 산 안드레스 협정에서 약속한 모든 것을 대통령이 실행에 옮기겠다고 말했고, 경제부 장관은 치아파스 발전계획을 2001년 초에 마련하고 공적 자금을 투입하겠다고 역설했다. 이제 치아파스에도 조립가공형의 마킬라도라 공단이 들어설 모양이다. 평화중재를 주도했던 '일치와 평화위원회(Cocopa)'도 신임 평화중재 대표인 루이스 알바레스의 지도 아래 다시 본격적인 활동에 들어갔다. 이에 마르코스도 2~3월에는 멕시코시티에 올라와서 헌법 개정과 관련입법의 통과를 의회 의원들에게 역설하겠다고 말했다. 복면을 벗는 것은 이 법이 통과하고 관련 헌법 조항들이 바뀌고난 뒤가 될 것이다.

치아파스 통신 2 : 마르코스의 멕시코 입성

대지의 빛깔

　멕시코여, 우리는 겸손과 존경의 염을 가지고 부탁드리러 왔습니다. 우리는 대지의 빛깔입니다. 제발 우리의 깃발이 이곳에 자리를 잡은 채 내일의 태양이 뜨는 것을 볼 수 있도록 해주세요.

　평화적 대장정 끝에 멕시코시티의 소칼로 광장에 입성한 마르코스가 읽은 도착성명서의 일부이다. 사파티스타들은 16일 간 장장 3천 킬로미터가 넘는 길을 12개 주를 거치면서 행군했고 드디어 3월 11일 시티에 당도했다. 소칼로 광장에는 15만 명의 인파가 모여 이들의 대장정을 축하했다. 노벨문학상 수상자 조제 사마라구, 영화감독 올리버 스톤, 영화배우 로버트 레드포드, 유럽의회 의원 사미 나이르, 다니엘 미테랑 여사, 저명한 사회학자 알랭 투렌도 이 자리에 같이했고, 멕시코의 내로라하는 지식인들도 대거 사파티스타의 비무장 행렬을 두손들어 환영했다.

　마르코스가 이번에 만들어낸 조어는 "대지의 빛깔"이다. "돈의 빛깔"과 "권력의 빛깔"에 항상 짓눌리고 쓰러져야만 했던 인디오를 상징하는 말이다. "우리는 여기에 섰습니다. 우리는 반항하는 존엄성이자 조국의 잊혀진 심장입니다." 이제 이 잊혀진 민중들은 공화국의 시민으로서, 진정한 민족의 일원으로서 인정받고자 하는 것이다. 이 행진은 그런 점에서 소수자의 권리를 인정받기 위한 인정투쟁인 셈이다.

비무장 행진의 의미

　마르코스가 치밀한 마케팅 전략을 동원하여 조직한 대장정은 여러 가지 의미를 띠고 있다. 첫째, 무장저항의 실효성이 이제 떨어진다고 판단한 그는 과감하게 전략을 수정하였다. 사실 오래전부터 반군은 대화와 협상을 요구해왔다. 폭스 대통령이 당선된 이후, 평화는 권력의 핵심부도 진심으로 바라는 프로젝트가 되었다. 그래서 부사령관과 반군은 시민사회와의 폭넓은 대화를 통하여 여론을 사파티스타들에게 유리하게 조성하고, 이를 바탕으로 인디오의 권리와 문화를 보장받을 헌법 및 관련 법 개정과 구체적인 정책을 얻어내고자 한다.

둘째, 반군은 무장을 해제한 채로 멕시코시티에 입성하면서, "무기 없는 사파티스타"라는 비폭력 저항의 이미지를 남겼다. 체 게바라나 산디노 같은 죽음과 순교의 이미지로 가득찬 중남미 게릴라의 역사에 간디나 마틴 루터 킹의 이미지에 버금가는 새 모습을 멕시코인들의 뇌리에 강렬하게 새겼다. "남부의 아틸라"라는 이미지를 남겼던 사파타와는 얼마나 다른 모습인가? 비록 스키 복장에 입담배 파이프를 문 마초 스타일로 대중 앞에 섰지만 마르코스는 대화를 통한 게임에 능수능란한 협상가란 이미지를 남겼던 것이다.

소수자의 인정 투쟁에서 다수자의 권리 투쟁으로

셋째, 이들은 비단 치아파스의 마야 인디오들의 요구사항만이 아니라 멕시코 전체 1천만 인디오의 대의를 내걸어 정부와 협상하고자 한다. 행렬은 멕시코시티 북서부에 있는 미초아칸 주의 누리오에서 전국인디오의회를 개최하여 단합을 과시하기도 했다. 이 지역은 아즈텍 족도 혀를 내둘렀던, 자존심 강하기로 유명한 타라스코 인디오의 땅이다. 소수의 치아파스 인디오들이 무장으로 저항했지만 그 투쟁의 수혜층은 전체 인디오로 늘어난 것이다. 마르코스는 이 소수자의 권리를 다른 소수자들에게도 확장하고자 한다. 차별받는 여성이나 도시의 민중과 같이 "돈과 권력의 빛깔"에 바래져버린 모든 계층에게 자신들의 깃발이 유용하다고 설득한다. 이 전

사파티스타 입성을 지지하는 소칼로 광장의 군중들. 혁명영웅 사파타의 상이 좌측편에 서 있다.

치아파스에서 멕시코시티에 이르는 사파투어(Zapatour)에 오른 마르코스 부사령관

략은 소수자의 권리승인 투쟁을 다수자 민중의 권리 투쟁으로 자연스럽게 확장시킨다. 그래서 멕시코 국민에게 익숙하던 "국민", "공화국", "자유", "민주주의"에 대한 관념을 재검토할 것을 촉구하고 있다. 요즘 유행하는 언어로 이야기하자면 "민주주의를 민주화하는(democratizing democracy)" 프로젝트가 될 것이다. 이들이 주장하는 민주화와 자치는 비단 정치적 민주주의에 그치지 않고 경제적 권리, 문화적 향유까지 포괄하는 광범한 내용을 담고 있다. 마르코스는 소수자의 특권적 권리 인정에 머물지 않고 이를 피압박 집단 전체로 확장시킨 점에서, 유태인이기를 끝까지 고집한 사도 베드로보다는 개방된 세계주의자가 된 사도 바울에 비교될 수 있을 것이다.

두 개의 노선

그렇지만 협상이 순조롭게 항진할 것이라고 낙관하면 큰 오산이다. 무엇보다 폭스 대통령의 복안이 마르코스의 그것과 크게 다르기 때문이다. 신임 대통령이 평화협상에 성심껏 임하고 있다는 것은 틀림없다. 문제는 "평화"를 생각하는 방식이다. 폭스에게 평화는 무엇보다 "무기의 침묵 (pacification)"이다. 그는 형용사가 없는 평화를 주장한다. 이는 "존엄성과 정의가 있는" 평화, 즉 형용사가 있는 평화를 주장하는 마르코스와 다른 점이다. 멕시코의 주요 방송사인 텔레비사나 TV 아스테카는 이번 행렬로 평화가 정착되었고, 더이상 게릴라 문제는 나라의 큰 쟁점이 되지 못할 것이라고 얼버무린다. 그러나 반군과 마르코스에게 이번 멕시코시티 행진은 겨우 평화로의 첫걸음을 디딘 것으로 이해될 뿐이다.

폭스 행정부가 치아파스 인디오들에게 경제적 권리를 보장해주는 방식도 향후 문제가 될 것이다. 정부와 재계가 추진하고 있는 개발 프로젝트는 푸에블라 주에서 멀리 파나마에 이르기까지 새로운 발전의 축을 건설하는 것이다. 소위 "푸에블라–파나마 프로젝트"라 불리는 것이다. 당연히 이 계획이 성사되면 마야 인디오들 삶의 터전이 파괴되고 이들이 자연을 이용할 권리가 제한될 가능성이 높다. 인디오들은 겨우 재벌 기업이나 마킬라도라 공장이 고용하는 노동력으로 충원될 것이다. 생태계 파괴와 저임금 노동력으로의 편입, 이 제안은 신자유주의에 반대하는 마르코스나 반군이 쉽게 받아들일 수 있는 사항은 아닐 것이다.

마르코스의 도박

정부의 화해 제스처를 받아들인 반군과 마르코스의 앞길에는 장애물들이 많다. 제도혁명당(PRI) 독재가 붕괴되긴 했지만 뒤이어 집권한 국민행동당(PAN)은 중도우익의 보수세력이다. 코카콜라 사장 출신의 대통령이 솔직한 대화를 원하고 있지만 그는 신자유주의 모델을 폐기하면서까지 사파티스타들의 비위를 맞출 것 같지 않다. 인디오 권리와 문화를 보장하는 데는 동의하겠지만 "자유, 정의, 민주주의"를 확장할 국가개혁 프로그램까지 제공하진 않을 것이다. 인디오의 권리 투쟁과 더불어 신자유주의에 반대하는 투쟁을 강력하게 수행해온 반군으로서는 여기서 약간의 딜레마를 느낄 것이다.

마르코스로서는 일종의 도박에 들어갔다. 일단 수순은 일치와 평화위원회가 내놓은 입법안을 의회에서 통과시키고 관련 헌법 조항들을 개정하는 것이 첫번째 과제일 것이다. 반군 지도부는 관련 위원회에 참여하여 이를 설득할 예정이다. 제2단계에서는 교육, 커뮤니케이션, 형법 등과 같은 관련 법령을 손질하는 것이 될 터이고, 제3단계에서는 인디오들에게 실질적인 혜택을 줄 수 있는 공공정책과 예산을 얻어내는 일이 추진될 것이다. 여기까지는 반군과 정부 사이에 사소한 갈등은 생기겠지만 큰 문제가 없으리라 보여진다.

문제는 사파티스타들이 인디오들의 권리투쟁을 넘어 내세웠던 신자유주의 반대투쟁이다. 이를 위해서 반군은 정당 같은 정치세력으로 전화하든지 아니면 시민사회 단체로 재결집하여 시스템에 참여하는 수밖에 없

오아하카 후치탄 광장에서 열린
사파티스타 환영식

다. 문제는 이런 "피부색 바꾸기"가 조직의 소멸로 귀결될 가능성이 높다는 데 그의 고민이 있을 것이다. 마르코스와 반군이 던질 최대의 승부수는 바로 여기에서 이루어진다.

중미의 게릴라 세력의 예를 보면 게릴라 조직의 정당 세력화는 평화조약이 서명된 이후 대부분 주변화로 귀결되었다. 한때 나라를 뒤흔들었던 엘 살바도르의 FMLN도, 과테말라 혁명군도, 니카라과 산디니스타들도 민주화와 화전 이후에는 자신들이 애초에 내세웠던 경제적 정의나 제도개혁 같은 것이 휴지조각으로 사라져버리는 일을 목도했다. 권력을 장악했던 산디니스타민족해방전선(FSLN)도 선거 패배 이후 수많은 개혁조치들이 원상복구되는 것을 보아야만 했다. 많은 인디오 연구자들은 이런 전례를 들어서 사파티스타들의 미래가 불투명하다고 우려하고 있다.

음울한 예언

멕시코의 저명한 인류학자 로헤르 바르트라(Roger Bartra)는 이번 행진을 혹평하면서 음울한 예언을 하는 데까지 이른다. 평화행진을 조직한 마르코스의 스펙터클은 "과잉반응적 주변성(hyperactive marginality)"의 표현일 뿐이라고. 반군의 행진은 멕시코 정치를 근본적으로 비판하는 듯하지만, 결국은 이를 동시에 정당화하는 주변화된 그룹의 과장된 몸짓이라는 것이다. 소칼로 광장을 뒤덮은 관객들은 행사가 끝나면 썰물 빠지듯이 사라져버릴 것이라고 이 노학자는 우려 섞인 비평을 더한다. '사파투어(Zapatour: 사파티스타 여행)'에 참여한 많은 외국인 지식인들에게도 그는 따끔한 일침을 놓는다. 그대들이 열대 우림의 인디오들에게서 맡으려 하는 냄새는 '고귀한 야만(bon sauvage, noble sabage)'일 뿐이라고! 우리는 바르트라의 분석과 비꼬는 듯한 발언이 현실에서 빗나가길 빌지만 그의 예언이 실현될 가능성이 너무 높다는 것을 안타깝게 여길 뿐이다.

좋은 징조를 가지고 시작한 많은 일들이 이 나라에서는 항상 괴물이 등장하면서 막내린 경험을 너무나 많이 보았기 때문이다. 독립 이후 나라를 바로잡겠다는 봉기들은 결국 독재자 산타 아나 장군으로 귀결되었고, 대개혁(la Reforma) 시대의 열정은 30년 넘게 권좌를 움켜진 포르피리오 디아스 장군을 낳았으며, 백만 명 이상의 피를 흘린 멕시코 혁명도 제도혁명당이란 괴물의 71년 지배로 귀결되었던 것이다.

그렇지만 평화정착은 모든 국민의 염원이고 반군은 싸울 능력을 이미 상실했으니 대화와 평화는 가능한 최선책일 따름이다. 마르코스와 반군이 협상에서 얼마나 얻고 향후 얼마나 영향력을 행사할 수 있는지는 결국 전적으로 시민사회와 정치세력들의 지지에 달려 있다. 협상의 귀추가 어떻게 결론내려질지 계속 주시해볼 수밖에 없을 것이다.

치아파스 통신 3 : 마르코스, 인물과 사상

좌파사상의 퇴조

체 게바라가 맥주 이름으로, 제임스 딘의 이미지로 소비되는 이 시대. 우리는 자본주의 소비기제가 뿜어내는 그 굉음에 어쩔 줄 모르고 당황한다. 외국의 금융자본이 들어와서 전화, 전력, 항공, 금융 산업 같은 전략 부문에서부터 도로와 항만에 이르기까지 마구 사들이고 있지만 그 누구도 종속이론을 들먹이지 않는다. 멕시코 국경의 리오그란데 강에서 저 멀리 칠레의 최남단 티에라 델 푸에고까지 신자유주의가 넘쳐흐른다. 워싱턴 컨센서스에 길들여진 기술관료들, 정치가들, 기업인들뿐만 아니라 옥타비오 파스나 마리오 바르가스 요사 같은 중량급 문인들도 이러한 신자유주의 담론에 맞장구친다. "이 길밖에 다른 길은 없다." 금융적 종속보다 더욱 강력한 담론 제국주의(discourse imperialism)가 이 시대를 지배하고 있는 것이다.

쿠바혁명의 충격으로 라틴아메리카의 저발전과 빈곤을 비판적으로 극복하려 했던 종속이론, 해방신학 그리고 다양한 문화운동의 흐름은 1982년 외채위기를 계기로 약화되었고 그나마 학원가에서 버티고 있던 비판적 흐름들도 1989년 베를린 장벽의 붕괴로 거의 사라져버렸다. 정치적 좌익은 선거정치에 뛰어들었고 좌익 지성인들은 카푸치노 커피의 크림 빛깔로 변신을 거듭했다.

"이제 그만들 하시오!"

종속이론가 카르도주는 브라질 대통령이 되었고 자신의 직책이 강요하는 이념, 즉 신자유주의적 개혁과 개방에 충실해야만 했다. 『무장해제된 유토피아』를 써서 좌익의 조직적 퇴각과 민주화를 주장했던 호르헤 카스타녜다는 멕시코 새 정부 아래 외무부장관이 되었다. 그는 브라질 출신 하버드 법대 교수인 로베르투 망가베이라 웅거와 함께 '시장의 민주화'를 주창하며, 극단적인 신자유주의정책이 만들어내고 있는 무질서를 교정하는 데 좌우가 힘을 합쳐야 한다는 중남미판 제3의 길을 제시했다. 모두들 신자유주의란 소용돌이에 힘없이 끌려들어가고 있을 때 멕시코 남쪽 치아파스의 라칸돈 정글에서 인디오들이 이들에게 외쳤다. 북미자유무역협정이 발효된 1994년 1월 1일 새벽 벽두에. "이제 그만들 하시오!(Basta ya!)"라고.

사이버시대의 혁명가

"우리들은 지난 500년 간의 산물이다." 사파티스타 민족해방군은 전쟁선언문에서 이렇게 밝혔다. 그렇다. 유럽의 모더니티가 탄생하던 그 시점(16세기)에 노예화의 길을 걸어야만 했고 공화국이 되어서도 200년 간 2등

시민으로 갖은 수모를 견뎌야 했던 인디오 농민들은 "정의, 자유, 민주주의"를 외치며 궐기했다. 이 게릴라군 가운데 이들의 입장을 대변하면서 세계 지성계에 충격을 주고 있는 마르코스 부사령관이 도사리고 있다.

인터넷 전쟁의 전도사, 담론 정치의 명수, 이 시대의 유행인 '차이의 정치'를 강조하는 지식인, 권력의지 없는 혁명가, 공화주의 틀 속에서 다원주의를 실현하려는 반항아. '혁명가'가 아니라 '반항아(rebel)'로 자기를 규정하는 그는 비판적 지성의 흐름이 파편화된 이 시대를 향해 열심히 외친다. 인터넷이란 사이버 스페이스와 TV를 포함한 온갖 대중매체에서!

마르코스란 인물

본명은 라파엘 세바스티안 비센테. 1957년생으로 가구상이었던 돈 알폰소의 8남매 중 넷째로 유전도시로 유명한 탐피코의 중산층 가정에서 태어났다. 부친이 가구와 전자제품을 파는 상인이었기에 경제적인 어려움은 없었던 것 같다. 양친 모두 결혼 전에는 시골학교 교사를 지냈다고 한다. 중고등학교 과정은 예수회가 운영하는 탐피코 문화센터에서 마쳤고 이 시절부터 빈민가에서 사회봉사 활동을 한 것으로 알려져 있다. 한 인터뷰에서 그는 부친의 권유로 가르시아 마르케스의 『백년 간의 고독』, 푸엔테스의 『아르테미오 크루스의 최후』, 몬시바이스의 『보호해야 할 나날들』, 바르가스 요사의 『도시와 개들』 등을 탐독했다고 한다. 예비과정을 마친 뒤 그는 수도에 있는 국립멕시코자치대학교(UNAM)의 철문학부에서 철학을 공부했다.

그가 대학을 다니던 1970년대 말과 1980년대 초 멕시코는 제도혁명당의 부패와 외채위기로 젊은 대학생에겐 탈출구가 없는 환멸의 나날들이었다. 당시 마르크스주의와 비판 이론들이 판을 치던 철문학부 분위기에 영향을 받았는지 그는 구조주의, 마르크스주의 틀로 「철학과 교육 : 담론적 실천과 이데올로기적 실천」이라는 제목의 학위논문을 썼다. 당시 유행하던 알튀세르, 풀란차스 그리고 푸코에 약간 심취한 적이 있었던 그는 멕시코 시립자치대(UAM)에서 강의를 하다가 고민 끝에 1983년 치아파스의 라칸돈에 있는 인디오 공동체 운동에 뛰어들었다. 제도권 내에서는 자신이 설 자리를 찾지 못했던 것이다. 일종의 무장한 공동체 속에서 그는 새로운 좌익정치에 헌신하기로 맘을 먹었다.

전위로 자처했던 그는 곧 체 게바라도 버렸고 레닌도 마오도 모두 버렸다. 전위와 대중의 결합이라는 허구를 공동체 생활 속에서 깨달았던 것이다. 그 뒤 그는 오로지 마야 인디오 공동체의 전통 속에서 새로운 시대가 요구하는 실천을 만들어내는 것, 이것을 목표로 삼았다. 그런 점에서 개인 "마르코스는 존재하지 않는다." 그에게 사파티스타 운동이란 특정한 맥락 속에서 살아 숨쉬는 실천이며 사상일 뿐이다. 그의 원래 이름이 라파엘 세바스티안 기옌 비센테라는 것도 중요하지 않다. 개인 마르코스는 반란이 발생한 날 "죽은 채로 태어났던 것"이다. 그는 외친다. "우리 모두가 마르코스"라고.

탁월한 담론정치가

그는 반군의 선언문에서부터 서한에 이르기까지 끊임없이 쓴다. 세계 언론과 인터넷에 올려진 그의 글들은 시적 운치와 철학도의 고뇌가 배어 있는 명문일 뿐 아니라 신자유주의와 화석화된 대의제 민주주의에 대한 준열한 비판이 담겨 있다. 그의 담론 투쟁 방식은 마르크스주의보다는 차라리 푸코에 가깝다. 또 이론적이고 분석적이라기보다는 문학적이고 시적이다. 거짓이 판을 치는 사회에 아이러니나 패러독스만큼 뛰어난 무기가 없다는 것을 일찌감치 깨달았던 것이다. "『돈키호테』는 가장 좋은 정치이론서이다. 그 다음 『햄릿』과 『맥베드』가 뒤따른다. 한편으로는 비극적이면서 다른 한편으로는 희극적인 멕시코 정치체계를 이해하는 데 이것보다 나은 게 어디 있나!"(가브리엘 가르시아 마르케스와의 인터뷰, 2001. 3. 25)

해방신학자로서 봉기 초기에 치아파스 교구의 주교였던 사무엘 루이스는 그와 사파티스타 혁명군의 등장을 "이 나라에서 새로운 말하기 방식이 시작한 것"으로 평가했다. 그는 "사물들이 이름으로 불려지기 시작했으니 이는 분명히 새로운 단계"라고 말하며 멕시코인들의 거짓된 언어를 정화한 사파티스타들의 노력을 극찬했던 것이다.

그는 이러한 언어 게임에 인터넷과 매스 미디어를 자유자재로 이용하기도 한다. 그런 점에서 빌 게이츠를 닮기도 했다. 검은색 스키 마스크를 당신네들(신자유주의자들)의 일그러진 모습을 비춰보는 거울이라고 이야기하는 마르코스. "우리는 거울입니다. 우리는 여기에 보고, 보여주기 위해 왔습니다. 그대들이 우리를 보도록, 그대들이 스스로 자기를 바라보도록, 우리의 시선에서 다른 사람들도 보도록 하기 위해 왔습니다. 우리는 거울로서 여기 왔답니다."(2000. 3. 12 도착성명)

그의 성명서를 보면 베네통이 탐낼 만한 카피라이터의 문구를 읽는 듯한 착각을 받는다. 인디오의 생존권 투쟁 현장에서 멕시코의 일그러진 근대화 경험과 세계의 신자유주의 열풍이 만들어낸 흉칙한 모습을 고발하는 그는 이 시대에 무슨 메시지를 던지고 있는가?

융합적 민족주의에 대한 꿈

첫째, 그는 통합을 통해 하나됨을 강조하는 메스티조 민족주의가 지닌 억압성을 비판한다. 멕시코의 관변 민족주의 이념(mexicanidad)을 주조했던 지식인 옥타비오 파스를 그는 통렬히 비판한다. 멕시코의 공화제는 메스티조 통합의 이데올로기로 1천만 인디오들을 사실상 시민에서 배제시켜 버렸다. 사파티스타들은 허구적인 통합이 가져온 사실상의 배제를 온몸으로 거부한다. 이들은 인디오 공동체를 "존엄성을 지닌" 살아 있는 문명으로 인정해줄 것을 요구한다. 이들은 자신들의 언어와 문화 그리고 공동체 토지소유 같은 생활방식의 차이를 인정해주고 그 위에 다원주의적 질서로 묶어내는 융합적 민족주의를 갈망한다.

'차이'와 인정투쟁

둘째, '차이'에 기초한 '다원주의'를 요구하는 인정투쟁은 오랫동안 인디오 해방신학과 해방철학이 강조해온 바였다. 그런 점에서 마르코스는 이러한 전통의 승계자로 "모더니티의 희생자인 인디오"의 역사적 위상을 복원하려 한다. 나아가 이러한 인디오 공동체의 인정투쟁 논리는 여성 같은 가부장제의 피해자들에게도, 실업자와 빈민 같은 신자유주의 피해자 모두에게도 함께 권리 투쟁에 나설 것을 촉구한다. 소수자들의 인정투쟁은 자연스레 신자유주의 질서 아래 배제된 다수자들의 투쟁으로 전화하게 된다.

레닌에서 카뮈로

셋째, 마르코스와 사파타주의자들은 국가를 장악하는 것을 일차적 목표로 하는 마르크스–레닌주의적 실천과 결별하고, 거점을 만들어서 권력을 공격하는 체 게바라 류의 포코주의도 버렸다. 그들은 권력을 요구하지 않는다. 마르코스에 따르면, 권력을 요구하는 정치적 좌파는 위로부터의 동원에 익숙하고 결국은 제도화되고 화석화될 따름이다. 마르코스는 아래로부터 대중을 동원하는 반국가주의적 실천을, 영원한 반란을 꿈꾸는 사회적 좌파로 남을 방법을 모색한다. 그런 점에서 그는 결단코 정치인이 되길 거부하고 카뮈적인 반항인으로 남고자 한다.

주술의 세계로 회귀하는 세계

마르코스와 사파티스타 운동은 신자유주의의 강풍이 휩쓸고 있는 중남미 대륙에서 반세계화 운동의 아이콘이 되어버렸다. 가브리엘 가르시아 마르케스, 조제 사마라구(이상 노벨문학상 수상작가), 카를로스 몬시바이스(멕시코 문단의 거장) 같은 문필가는 마르코스가 쏟아내는 언어와 담론의 황홀함과 그 힘에 감탄한다. 사미 나이르, 알랭 투렌 같은 비판적 프랑스 지성들은 그에게서 잃어버린 1968년 세대의 향수를 느끼고 그를 '반세계화'의 상징으로 격상시키고자 한다. 올리버 스톤과 로버트 레드포드는 그를 할리우드 영화로 만들고 이에 빗대어 소비사회(미국)의 야만성을 고발하려 할 것이다. 빌리 더 킷, 알 카포네 같은 깡패 외에는 인물이 드문 미국 문명은 항상 국경 너머 멕시코에서 자기 얼굴을 비춰보는 의적들을 찾았다. 1930년대 '비바 사파타'를 만든 엘리아 카잔이 그랬고, 1910년대에 "멕시코의 로빈 훗" 판초 비야를 현지촬영했던 할리우드의 뮤추얼 영화사가 그랬다.

마르코스와 사파티스타들은 시장의 논리라는 차가운 합리성이 지배하는 이 탈주술화의 시대에 우리들에게 사라진 열정을 불러일으켜 다시금 주술의 세계로 안내하는(reenchant) 마술사인 셈이다. 중남미의 지식인들은 그들로부터 모더니티 500년 역사를 반성하는 계기를 찾게 되었고, 세계화와 신자유주의에 저항하는 사회운동 단체와 실천가들은 파편화된 운동을 재결집하는 상징을 얻게 되었다. 정부와 협상하기 위해 무장해제한 채로 멕시코시티에 상경한 바 있는 그들은 현재 인디오 보호입법과 관련헌법 개정을 기다리며 협상에 임하고 있다. 해방신학이 죽고 종속이론이 사라지고 체가 관광상품으로 팔리는 이 시대에 그들은 실천으로 말을 앞서간다. 지식인들은 그들이 앞서간 족적을 계속 명명하며 뒤따라갈 뿐이다.

다시 시작된 줄다리기

4월에 멕시코 의회는 논란 끝에 원주민법을 통과시켰지만 이 과정에서 상당한 내용을 수정했고, 사파티스타 반군과 마르코스는 분노를 표시하고 정부와의 모든 협상을 동결한다고 발표했다. 향후 밀고 당기는 협상과정과 말싸움은 시간을 질질 끌 것 같다. 애초에 반군과 행정부가 합의한 '일치와 평화위원회'의 입법안(1996)과 헌법수정안에는 원주민공동체의 자유로운 결정권과 자치권이 포괄적으로 규정되어 있었지만, 의회는 57개 종족(언어에 기초한 분류)이 산재해 있는 31개의 주의회가 필요와 상황에 따라 그 권한의 범위를 정하도록 제한시켰다. 주의회가 자치권을 해석할 권리를 가진다면 또 이 법안은 지방유력자의 입김에 좌우될 여지가 클 것이다. 중도좌파 야당인 민주혁명당(PRD) 지도자 마르티 바트레스는 하원에서 통과된 새 법안을 이렇게 비판했다. "자치를 이야기하지만, 그 특징을 이야기하지 않는다면 누가 이를 해석하고, 또 누가 이를 실행할 것인가? 제도혁명당(보수야당)과 국민행동당(여당)은 이제 손을 털었다."

멕시코의 원주민 문제는 사실 간단하지 않다. 150만에 가까운 인구가 사는 주도 있지만, 천 명 미만이 사는 지역도 산재해 있기 때문이다. 게다가 각 종족공동체에 속한 토지의 범위를 획정하는 것도 쉬운 일이 아니며, 대부분의 땅이 다른 사람들 손에 이용되고 있기에 향후 토지분쟁도 빈발할 것으로 보인다. 자치권과 문화적 권리의 향유를 둘러싸고도 적지 않은 갈등이 예견된다. 폭스 행정부는 반군이 일단 이 법안을 거부했기에 강제로 시행할 수는 없을 것이다. 일치와 평화위원회가 다시 중재에 나서 반군이 납득할 정도로 의회에서 재수정을 가한다면, 시일이 걸리겠지만 새로운 타결국면으로 이행할 것이다. 현 단계에서 행정부나 반군 모두 협상을 무위로 돌리기에는 너무 많은 것을 걸어놓았기 때문이다.

제3부

후지모리의 페루

영광과 좌절

11

페루 정치의 '보르다베리화(化)'

1990년 선거에서 2,300만 페루인들이 선택한 민선대통령 후지모리가 군부와 손을 잡고 '스스로 쿠데타(autogolpe, self-coup)'를 감행해서 큰 파문을 일으키고 있다. 이 조치가 후지모리 대통령이 주장하는 바와 같이 페루의 위기를 극복할 '역사적인 해결책'이 될지, 군부의 성공적인 정치 복귀로 끝날지는 아직 판단하기 힘들다.

후지모리 대통령 자신은 이것이 페루 사회를 뒤덮고 있는 부패, 테러, 비능률을 척결하기 위하여 감행한 비상수단일 뿐이지 민주질서를 파괴한 것은 아니라고 주장하고 있다. 놀랍게도 많은 여론조사 결과는 대통령의 조치에 대한 지지도가 높다는 점을 보여주고 있고 이 조치에 대한 대규모의 대중적 저항은 보이지 않는다. 그러나 이 조치가 보다 나은 미래에 대한 보증수표는 아니다. 어쩌면 페루의 정치적, 경제적, 사회적 위기는 미궁 속에서 혼미를 거듭할지도 모른다.

흔히 많은 사람들은 페루의 현 사태를 보면서 1973년 우루과이 보르다베리 대통령이 군부와 결탁하여 보수우익 정권을 수립하였다가 종국에는 군사평의회에 의해 권력을 잃고 축출당했던 '우루과이형 쿠데타'를 기억해낸다. 군부의 정치개입이 이 나라의 헌정사에 다양한 굴곡을 만들었던 과거를 기억하는 사람들은 또다시 군부의 전횡이 재현되지 않을까 우려한다. 더구나 마약생산자들을 보호하는 센데로 루미노소와의 전쟁을 미끼로 군부의 입김이 강해지고 종국에는 정치의 군사화 경향까지 몰고올 사태를 예견하는 사람들이 후지모리의 모험에 대해 곱지 않은 시선을 보내는 것은 너무나도 당연하다.

페루 사회의 위기

1985년 『또다른 길』이란 책을 출간해서 페루에 신자유주의 바람을 일으켰던 에르난도 데 소토(후지모리의 가까운 측근이기도 하다)는 이렇게 말한 바 있다.

> 페루 사회는 붕괴하고 있다. 사람들은 국가나 의회, 법률, 사법체계, 심지어 교통신호까지도 무시한다. 여기서는 아무것도 움직이지 않는다.

위기의 징후는 대중들 사이에 광범하게 확산된 정치불신 속에서, 무장 게릴라 운동집단인 센데로 루미노소(Sendero Luminoso)의 성장 속에서 가장 확실하게 느낄 수 있다. 일본이민 2세인데다가 정가에서는 이름이 전혀 알려져 있지 않은 신인이라 할 수 있는 농업기사 출신 후지모리가 많은 정치분석가의 분석을 비웃기라도 하듯 1990년도 선거에서 당선된 것도 바로 이러한 위기의 소산이다. 그렇다면 페루 사회가 안고 있는 위기의 갈래들을 하나씩 살펴보자.

분열된 사회

　적어도 주민 대다수에게는 페루가 전설과 가공(架空)의 나라였던 적은 없었다. 오히려 페루는 서로 다른 언어, 관습, 전통을 지닌 사람들의 허구적인 집합물일 뿐이다. 페루인들이 지닌 유일한 공통분모는 상호간의 애정이나 이해도 없는 채 함께 살도록 저주받은 것뿐이다.

　페루가 낳은 세계적인 작가이자 1990년 대통령 선거에서 민주전선당(FREDEMO)의 대통령 후보로 후지모리와 결선에서 붙었던 바르가스 요사가 한 말이다. 그는 페루 사회에 존재하는 근대적인 서구문화와 토착적인 전통문화의 이중구조가 후진성을 강화하는 데 일조한다고 믿는다. 그는 당연히 '서구주의자'의 반열에 서길 원하며 '자유주의'만이 페루 사회의 위기를 극복할 수 있는 유일한 해결책이라고 믿고 있다.

　페루의 인종구성을 보면 대부분이 케추아 족에 속하는 인디오가 54%, 혼혈 메스티조가 32%, 유럽에서 이민온 백인이 12%를 차지하고 있다. 여기에 '치노'('중국인'이라는 말이지만 일본계 이민도 포함된다)도 독립된 인종집단을 형성하고 있다. 인종구성에 따른 언어군도 복잡하다. 백인들은 스페인어를 말하고 다수 인디오들은 케추아어를 말한다. 일부 인디오들은 아이마라어를 사용하기도 한다. 그외에도 군소어가 수없이 많다.

　인디오들은 대체로 경제발전이 더딘 후진적인 산간지방에 사는 사람들(세라노)이 대부분이고 스페인어 문화권으로 표현되는 '공식적 페루'와는 아무런 연관을 가지고 있지 않다. 반면 해안가 지방 사람들(코스테뇨)인 백인들과 메스티조는 발전의 중심축인 리마 주위에 밀집해 있다.

　1968년도에 쿠데타로 집권한 벨라스코 군사정권은 민족주의를 고양한다는 기치 아래 케추아어를 공용어로 선포했고 잉카제국의 신화를 상징조작에 동원하기도 했다. 백인들의 문화를 대변하는 바르가스 요사에 필적하는 인디오 문학의 대변자 호세 마리아 아르게다스는 케추아의 전통과

문화를 발굴하고 확산시키는 일에 평생을 보냈다. 페루에서 가장 잘 조직화되어 있는 중도좌파정당인 아프라(APRA) 당도— 창건자 아야 델 라 토레는 백인이었지만—기본적으로 인디오주의를 표방하고 있다. 인종, 언어, 문화가 서로 다른 두 개의 집단이 상호교류도 없이 페루란 한 지붕 밑에서 살고 있는 것이다.

정치화되어 있는 역사해석

이 양자는 페루 사회의 역사를 해석하는 데 있어서도 정반대의 의견을 내놓는다. 바르가스 요사는 잉카제국의 수직적이고 전체주의적 위계질서가 결국 180명에 불과한 백인 정복자들에게 당했던 근본적인 원인이라고 주장한다. 위로부터의 명령만 기다리던 인디오 병사들은 백인들의 습격에 변변찮게 저항도 해보지 못하고 당했다는 것이다. 따라서 잉카의 전설, 투팍 아마루(식민지 시대에 인디오들의 반란을 지도한 전설적인 영웅)의 반란, 인디오 민족주의를 국민통합의 이데올로기로 사용하려는 벨라스코 군정이나 아프라 당의 노선은 페루의 정체(停滯)를 강화시키고 있을 뿐이라고 믿는다.

반면 반제 민족주의 노선을 지향하는 중도좌파 내지 좌파 세력들은 인디오주의 입장에서 백인 우월주의적, 서구주의적 역사해석을 비판한다. 이들이 반제국주의 상징으로 투팍 아마루 같은 역사적 인물을 내세우는 것은 너무나 당연하다. 이들은 자유주의자들이 현단계 위기의 근원으로 몰아붙이는 군정시대 12년(1968~80)도 반제 반과두제 투쟁에서 상당한 성과를 올렸고, 또한 페루 사회의 민주화와 국민통합에 제한적이나마 진전을 보였던 시기라고 보고 있다. 특히 진보적인 군부 집단에 의해 주도된 군부민중주의 체제의 '페루의 실험'이 실패한 이유도 이들의 해석에 따르면 '위로부터의 개혁'이 가지고 있는 한계 때문이다. 즉 위로부터의 동원과 대중의 자발적 참여가 군부민중주의 체제에 모순적으로 공존하고 있었기 때문에 종국에는 양자가 충돌할 수밖에 없었고 개혁조치가 후퇴하게 되었다는 논리이다.

사실 과거 소수 44개 가문들이 요리하던 경제와 백인의 전유물인 정치에 대중참여가 허용되기 시작한 것도 벨라스코 군정시대였고, 이 시기에 대중적 정치조직이 대거 나타났음을 부인할 수 없다. 페루의 대표적인 정치학자 훌리오 코틀레르는 이 시대를 '제한적 민주화'의 시대로 규정하는 데 주저하지 않는다. 오늘날 많은 사람들이 민중주의가 지닌 한계점들을 지적하고 있지만, 어쩌면 이것은 반제 반과두제 투쟁단계 속에서 불가피하게 지나야 했던 단계로서 재규정될 수도 있을 것이다.

종족, 언어, 전통, 역사해석에 이르기까지 모든 것이 정치화되어 있고 분열되어 있는 페루 사회는 다원적 융합과는 거리가 먼 원심적 분열로 치닫고 있다. 거의 모든 학자들은 지난 반세기 동안 추진되어온 근대화가 빈부격차, 지역격차(리마/지방, 해안지대/산악지대), 종족 간 격차를 해소시키기는커녕 오히려 강화시켜왔다고 말한다. 무장게릴라 집단 센데로 루미노소가 페루 영토의 상당한 부분에 대해 사실상 주권을 행사하는 이유도 바로 이러한 원심적 분열성과 불균등 발전에 기인하는 바가 많다.

'후지모리 현상', 또는 정치적 위기의 표현

1990년 선거에서 무명의 신인 후지모리가 대통령에 당선되자 전세계는 물론 페루 사람들조차도 상당히 놀랐다. 대부분의 여론조사 기관들은 민주전선당의 바르가스 요사 후보의 압도적인 우세를 점쳤다. 적어도 리마시를 중심으로 한 '공식적인 페루(Peru oficial)'에서 바르가스 요사 후보의 인기는 대단했기 때문이다. 후지모리의 승리는 페루 사회에서 대의제가 얼마나 허약하고 정치적 매개기능을 수행하는 제도가 얼마나 미발달되어

후지모리 대통령

있는지 잘 보여준다.

1988년 8월에 여론조사 기관 다툼(Datum)이 행한 지지도 조사에 따르면, 리마시장을 두 번씩이나 지낸 바 있는 좌파 정치가 알폰소 바란테스가 59.3%로 1위, 아프라 당의 루이스 알바 카스트로가 41.5%로 2위, 그 뒤에 벨라운데 전 대통령이 40%, 정치에 막 입문한 바르가스 요사가 31.5%로 뒤를 이었다. 그러나 알란 가르시아 정부의 말기에 경제위기가 심각해지고 인플레이션이 앙진하자 중도좌파의 입지는 축소되었다. 게다가 소련 사회주의 몰락에도 불구하고 레닌주의적 담화를 완강하게 고집한 좌파세력 때문에 '혁신' 의 기회를 놓친 좌파정치세력들도 분열과 이합집산 속에서 점차 대중의 지지와는 멀어진다. 중도좌파의 퇴조와 좌파의 분열 속에서 바르가스 요사의 인기는 금방 정상에 도달했다.

알란 가르시아 정부 시절 시중은행과 금융보험사들을 국유화하려는 정책에 반발하여 반국유화 대중시위에 나섬으로써 '우익 자코뱅' 을 자처한 바르가스 요사는 일약 유명한 정치인으로 부상하였다. 군정이나 좌파정당들의 노선과 유산을 격렬하게 비난하는 그는 자유주의적 시장경제론이나 국가축소론, 선성장 후분배 정책, 충격요법을 통한 안정화 정책, 과감한 대외개방과 외채원리금 상환을 통한 대외공신력 회복, 외국투자의 과감한 유입 등의 신자유주의 노선이야말로 페루를 정체에서 구원할 수 있다고 믿는다.

오랫동안 지속된 경제적 정체 속에서 알란 가르시아 정부의 무능과 좌파의 끝없는 분열, 대안부재에 염증을 느끼던 대중들은 무언가 커다란 변화를 바라고 있었다. 대안부재 속에서 자신감 있게 자신의 청사진을 내놓는 이 신참 정치가에게 국민 일부는 열렬한 호응을 보냈다. 전문직종 종사자, 화이트칼라, 기업가, 자가운전자, 지방유지들 모두가 그를 지지했고 심지어 일본을 포함한 초국적기업들도 물심양면 지원을 아끼지 않았다. 그러나 결선투표까지 간 선거 결과는 그보다 훨씬 뒤에 정치에 뛰어든 후지모리의 승리였다. 후지모리는 어떻게 승리했을까?

'비공식 페루'의 승리

1985년 선거 당시 중도좌파인 아프라 당이 48%, 좌파정당이 26%를 획득할 정도로 페루정국은 좌경화되어 있었다. 그러나 1990년 선거에서 아프라 당의 인기는 급락하여 19%로, 좌파정당들은 도합 10%로 하락한다. 한때 강력한 대통령 후보로 점쳤던 바란테스는 기껏 3% 얻는 데 그쳤다. 가르시아 정부의 경제적 무능이 중도좌파적 대안의 실효성을 의심하게 만들었고, 소련사회의 위기와 페루 좌파 내부의 이전투구(泥田鬪拘)가 좌파정당의 감표에 상당한 영향을 주었다. 이 속에서 우익정당인 민주전선당(FREDEMO)이 각개약진하였고, 또 후지모리가 만든 '변혁 90(Cambio 90)' 당이 비좁은 공간에 머리를 내밀었다.

'변혁 90' 당은 전통적 정당과 정치인들에게 염증을 느낀 중소기업인들이 페루 정치와 경제의 혁신을 기치로 내세우면서 나온 정당이다. 사회학자 오스카르 카스티요는 이 당의 성격을 안데스 출신의 메스티조 기업가들, 마이애미에 예금계좌를 가지고 있지 않는 내수지향적 기업가들, 경제위기에도 불구하고 경영에 성공할 수 있는 창의력과 관리력이 있는 "부상중에 있는 민족부르주아지"를 대변하는 정당으로 파악한다.

후지모리가 내건 슬로건은 거창한 정책프로그램이 아니라 "노동, 정직, 기술"이란 세 단어였다. 그는 "당신 같은 대통령"이 되길 원한다는 포퓰리즘적 담화를 통해 '비공식 페루'에 속하는 사람들의 정서 밑바닥에 깔려 있는 반(反)정치주의를 지지표로 탈바꿈시키는 데 성공하였다. 바르가스 요사의 충격요법 안정화 정책을 비판하면서 후지모리는 대중의 생활안정을 우선적으로 고려한다는 인상을 주었다. 또 가르시아의 인기가 하락하면서 떠돌게 된 중도좌파의 부동표를 중도파적 담화를 통해 흡수하고자 노력하였다.

특히 1990년 선거민의 구성에서 비중이 크게 늘어난 청년층들은 전통적 정당에 대한 지지를 거부하면서 후지모리 당에 표를 던졌다. 바르가스 요사의 '큼직한 약속'보다는 고용기회를 확대시켜주겠다는 후지모리의 '작은 약속'을 더 신뢰했던 것이다.

선거 결과 후지모리는 안데스 지방의 농민층, 리마 시의 비공식부문 노동자 세력, 못사는 중간층의 압도적 지지를 받아서 대통령에 당선되었다. 빈곤층을 구성하는 인디오들이 '블랑코' 바르가스 요사 대신에 '치노' 후지모리를 지지하는 것은 너무나 당연했다. 다시 한번 피부색의 경계가 투표를 통해서 표현되었다.

적어도 중앙정계에서는 아웃사이더였던 그가 매우 짧은 시간 안에 급부상하는 데는 페루 대중이 직업정치인들에 대해 지니고 있는 불신감도 크게 작용하였다. 1989년 리마 시장선거에서 역시 정치 문외한인 텔레비전 앵커맨 리카르도 벨몬트가 당선되었던 사실은 이미 '후지모리 현상'을 부분적으로 예고했었다고도 볼 수 있다.

중도파에서 신자유주의로 변신

사울 메넴 대통령이 시리아계 이민으로 아르헨티나 대통령에 당선되어 새로운 바람을 일으킨 것과 마찬가지로 일본이민 2세인 후지모리의 당선은 국제적으로 큰 시선을 모았다. 그러나 이런 현상은 페루사회의 종족적 분열상을 이해한다면 그리 큰 충격은 아니다.

7월 28일 대통령에 취임하자마자 후지모리는 전격적으로 해군과 공군의 수뇌부를 경질하였고 곧 이어 2백 명이 넘는 장군들과 대령급 장교들을 퇴역시켰다. 이어 군 장성을 내무부 장관에 임명하여 경찰을 통제하게 만들었다. 이러한 과정을 통해 후지모리는 군부와의 튼튼한 동맹관계 마련에 성공했는데, 이는 1년 6개월 뒤 궁정쿠데타를 주도하는 데 큰 밑천이 되었다.

이어서 민주전선당의 한측인 과거 기독교민중당(PPC) 인사들을 견인하여 우익내부의 분열을 유도하였고, 이에 더하여 이미 오래전부터 진행되어왔던 중도좌파와 좌파의 분열로 막대한 정치적 영향력을 행사할 수 있었다.

그는 자신이 선거전 당시 내세웠던 중도파적 강령을 스스로 우경화시키면서 점차 신자유주의적 프로그램으로 대체하기 시작한다. 페루의 위기를 극복하기 위해서는 '위로부터' 주도하는 확고한 우익군부 연합이 필요하다는 것이 초기 통치과정에서 굳힌 생각이다.

선거과정에서 바르가스 요사가 내건 충격요법을 통한 반인플레이션 안정화 정책노선을 비판했던 후지모리는 집권 즉시 우르타도(벨라운데 정부에서 장관직을 맡은 바 있다)를 수상직에 해당하는 각의의장(閣議議長)에 임명하고 충격요법에 기초한 안정화 정책을 실시하였다.

1990년 선거에서 대중들이 투표로 거부했던 충격요법을 도입한 후지모리는 선거공약을 어긴 셈이다. 그러나 대량실업, 급진적 민영화 정책, 고용 안정성의 폐지를 주장하는 민주전선당의 신자유주의 충격요법과는 다소 차이를 보인다.

8월에 공공 서비스 요금 인상과 주요 생필품에 대한 보조금 지급 중지로 인해 물가는 엄청나게 뛰었다. 가솔린 가격은 31배, 식료품 가격은 3배, 전기료는 61배, 전화료는 27배, 물값은 8배, 학비는 3배나 인상되었다. 생계비는 평균 5배나 늘어났다.

공공부문에 종사하는 근로자들의 임금은 한 달 만에 60%나 하락했고 민간부문의 소득은 40%나 떨어졌다. 1991년에 들어와서 인플레이션은 진정되는 국면에 들어섰지만 1백만 명의 실업가가 추가로 발생하였다.

극빈자의 숫자는 개혁 이전 인구의 약 3분의 1이었는데, '후자쇼크' 이후 과반수를 넘게 되었다. 한 경제학자는 이 조치를 비꼬면서, "3년 동안 아무것도 먹지 못한 환자에게 심장, 위, 신장, 폐 수술을 동시에 시행하는 것 같다"고 평가한 바 있다.

210억 달러에 달하는 외채 문제 해결을 위해서는 IMF와의 정면대결도 불사했던 전임자 알란 가르시아 대통령의 노선을 무책임한 것이라고 비난했던 후지모리는 다시 국제금융계의 환심을 사기 위해서 국제금융계와 초국적자본이 요구하는 신자유주의적 경제개혁을 부분적으로 실행하였다.

민영화, 빠른 속도로 진행돼

페루의 경제활동인구 60% 이상이 비공식부문에 종사하고 있다고 민주전선당의 선거팸플릿 「변화를 위한 행동」은 분석하고 있다.

공식부문에서 3백 개 기업, 70만의 고용인을 지니고 있는 공공부문이 경제에서 차지하는 위치는 상당하다. 매우 낮은 임금이지만 공공부문의 급료지급에 국가 재정수입의 80%를 사용한다.

사람들은 공공부문의 임금수준이 생계비 수준에도 밑도는 저임금임에도 불구하고 고용되어 있다는 안도감에서 상대적으로 만족감을 느끼며 살아간다. 페루인들에게는 '소득'이 문제가 아니라 '고용'이 문제인 것이다. 말하자면 '자본주의적 착취'가 문제되는 것이 아니라 '착취당할 기회'가 문제가 된다.

1991년 10월 말 우르타도 '수상'은 국영기업 91개를 민영화하기로 결정하였다. 그러나 거대 국영기업인 페트로페루(석유), 엘렉트로페루(전력)는 여기에 포함되지 않았다. 후지모리는 이에 더하여 곡류를 수입하고 배분하는 국가조직인 ENCI와 ECASA를 해체하고 농업생산자들을 지원하기로 약속하였다. 그러나 초기에 후지모리는 민영화 프로그램에 상당히 소극적인 태도를 보여서 민영화는 빠른 속도로 진행되지 못했다.

그러나 얼마 뒤 수상을 경질하고 경제상에 약관 40세의 카를로스 볼로냐를 임명함으로써 민영화는 빠른 속도로 진행된다. 광업부문의 대기업인 센터로민페루, 이에로페루, 미네로페루는 주식 51%를 시중에 내다 팔았고 페트로페루는 정제업에 민간기업을 참여시키기로 허용하였다.

홍콩과 대만의 기업인들은 적자투성의 아에로페루(페루항공)를 인수하려고 협상을 벌였다. 마침내 민영화의 물결이 페루를 뒤덮기 시작했던 것이다. 후지모리는 또 한번 선거공약에서 크게 멀어졌다.

마약재배지역의 실질적 통치자, 센데로 루미노소

12년 동안 끌고 있는 자칭 '마오주의' 게릴라 그룹 센데로 루미노소('빛나는 길')와의 힘겨운 싸움으로 2만 5천 명 가량이 희생되었고 20만 명의 이재민이 발생했다. 재산손실 추정액도 약 2백억 달러 정도가 된다.

그러나 싸움의 강도는 날로 높아져가고 있다. 국토의 40%와 인구의 과반수 이상이 사실상 군부의 통치 아래 살고 있다고 해도 과언이 아니다. 게다가 아야쿠초 지역을 중심으로 센데로 루미노소가 장악하고 있는 '해방구'는 이 집단이 사실상의 통치관할권을 행사하고 있는 실정이다.

심각한 '통치의 위기'가 페루사회를 뒤덮고 있다. 풀라이 캄포스가 지도하는 투팍 아마루 혁명운동(MRTA)도 도시지역에 출몰하여 정부의 권위를 유린하고 있다.

사실상 전쟁상태에 놓여 있는 지역에서 군부의 인권침해는 국제적으로 널리 알려져 있다. 지난 12년 간 목숨을 잃은 대부분의 사람들이 게릴라나 군인들이 아니라 민간인이었다는 사실은 자연스레 우리나라의 거창 양민학살 사건을 연상케 한다. 페루정부가 마약전쟁을 적극적으로 치르도록 권고하고 있는 미국 내에서도 페루군부에 대한 원조를 반대하는 여론이 만만치 않다.

지난 3~4년 간 경제산출고가 약 30%나 하락한 경제적 정체 속에서도 그나마 버텨올 수 있었던 비밀은 흔히 '화이트 골드러시'라 부르는 '코카 달러'의 유입에 있다. 볼리비아, 콜롬비아와 함께 페루에서 가장 성업인 것이 마약산업이다. 연간 10억 달러의 수입을 올리는 마약달러는 페루 전 수출액 총계의 약 3분의 1에 달할 정도이다. 150만 평방마일에 달하는 알토 우아야가 계곡은 세계 최대의 코카 재배지역인데, 이것이 먹여살리는 인구는 경제활동인구의 약 15%나 된다.

코카달러는 게릴라 집단에서 중요한 재정원이 되고 있고 심지어 일부 군부 장교들까지도 먹여살리고 있다. 사실 후지모리가 궁정쿠데타를 감행한 이유 중의 하나가 군부까지도 마약조직화되는 것을 막기 위한 것이라는 설도 있을 정도이다. 장군급여가 월 5백 달러밖에 안 되는 조건 속에서 군부장교들 일부가 마약조직의 매수에 걸려드는 것은 있을 수 있는 일이다. 후지모리 정부는 미국 행정부의 환심을 사기 위해서 선거전을 치를 때부터 마약전쟁을 전면적으로 벌일 것을 공약해왔다. 마약전쟁을 미국으로부터 경제원조를 받아내기 위한 호재로 삼을 수 있다는 것이 후지모리의 판단이었던 것 같다.

사실 미국은 이 점에서 후지모리를 매우 높이 평가하고 있다. 워싱턴 당국의 평에 따르면 "그는 현세대 라틴아메리카 지도자들 중에서 가장 추진력 있고 깊이 있는 개혁가 중의 한 사람"이다. 그러나 미국원조의 대부분이 군사원조의 측면이 강하고 경제원조는 변변치 않아 후지모리로서도 불만이 적지 않다.

보다 더 큰 문제는 알토 우아야가 계곡의 농민들은 자신의 생계를 유지시켜주는 코카 재배를 포기할 생각이 전혀 없고, 또 코카의 생산은 물론 판매시 소생산자를 대신해서 높은 가격을 받아주는 센데로 루미노소에게 전적으로 기대고 있다는 사실이다. 이들에게 사실상의 정부는 이 게릴라 집단이다.

이들로부터 경제적 이익을 보장받고 대신 정치적 지지를 제공하는 농민들로서는 미국과 정부의 대규모 마약전쟁이 위협적으로 느껴진다.

한 군부 지도자는 "만약 우리가 마약거래를 공격한다면 이 지역 주민들은 우리를 적으로 생각할 것"이라고 말한다. 우리는 여기서 페루 군부와 후지모리 정부가 처한 묘한 딜레마를 본다.

불투명한 '국가재건' 정부의 미래

부패하고 비협조적인 의회와 사법부의 무능을 신랄하게 공격한 후지모리 대통령은 페루가 악순환을 벗어나기 위해서는 근본적인 수술이 필요하며 자신이 취한 헌정중단 조치를 하나의 '역사적 결단'으로 이해해줄 것을 국민에게 호소하고 있다.

그는 이 조치야말로 무정부주의, 부패, 혼돈 상태에서 페루를 구할 수 있는 최종적인 수단이라고 말한다. 급진적 개혁을 요구하고 전통적 정치의 폐해를 극복하기 바라는 다수 국민들은 아직 그를 믿고 있는 것 같다.

다만 바르가스 요사나 알란 가르시아의 아프라 당은 궁정쿠데타의 부당성과 부정적인 측면을 전면적으로 비판하고 있다. 바르가스 요사는 비록 리마 시민의 70%가 헌정중단조치를 지지했다고 할지라도 '결함이 많은 민주주의 제도에 대한 불만'을 '독재에 대한 열정'으로 오인해서는 안 된다고 주장한다.

그는 후지모리의 조치가 아직도 안정화되지 않은 라틴아메리카의 민주주의 행보에 부정적인 결과를 초래할지도 모른다고 경고하고 국제세계가 현정부에 헌정복귀압력을 가해달라고 주문하고 있다.

알란 가르시아 전 대통령도 정치적 위협에도 불구하고 국내에 머물면서 저항을 지도할 생각이다. 센데로 루미노소의 지도자 아비마엘 구스만은 쿠데타가 자신들에게 유리할 것으로 판단하면서 자신의 조직이 독재자에게 대항한 투쟁과 봉기의 권리를 지닌 유일한 합법적인 정치 군사력이라고 주장하고 있다.

군부의 무조건적 지지 속에서 탄생한 '국가재건' 정부의 미래는 불투명하다. 일단 민선정부의 퇴행이 다른 여타 나라들로 파급될 것을 두려워하는 여러 나라 지도자들은 페루정부에 유무형의 압력을 가하고 있다.

재정위기가 심각한 정부로서는 박봉에 시달리는 군인들의 사기문제를 해결할 능력을 가지고 있지 않고 중기적 전망으로 대게릴라 전투에서 효과를 볼 수 있을 것 같지 않다.

두 개의 게릴라 운동, 마약경제, 게릴라조직과 마약상들의 연대, 점증하는 미국의 개입, 실업과 경제적 정체 등의 문제가 실타래처럼 얽힌 페루의 위기상은 대통령과 군부의 정치적 의지만으로는 도저히 풀어내기 힘든 고등수학 문제처럼 보인다.

12

후지모리, 마침내 몰락하다:
10년 독재체제의 영광과 좌절

권력의 황혼

결국 미국은 독재자가 이 시점에서(2001년 가을) 권좌에서 떠나줄 것을 넌지시 종용했다. 철권통치를 자랑하던 3두 체제(대통령 후지모리-국가정보국의 몬테시노스-군부의 에르모사)는 미국의 간단한 압력에 사상누각처럼 무너져버렸다. 애시당초 삼선을 재선이라고 우기는 우격다짐에도, 대규모의 부정 불법 선거가 명백했을 때도 오락가락하는 태도를 보였던 미 행정부는 2000년 9월 초에 미국을 급거 방문한 후지모리에게 최후 통첩을 전달했다. 국무부 장관 매들린 올브라이트와 국가안보 담당관 새무얼 '샌디' 버거는 권력을 남용한 사람(몬테시노스를 가리킨다)이 국가정보국(SIN)을 주재할 수는 없다고 못을 박았다.

8월 21일에 내외 여론의 비난에도 불구하고 말썽많은 몬테시노스를 현직에 계속 유임시킬 것이라고 힘주어 말했는데…… 정보정치와 공작의 명수를 버리고 나의 권좌가 유지될 수 없는데. 후지모리는 뇌까렸다. 그런데 이제 미국이 그를 버리라고 한다. 아니 이건 날더러 그만두라는 것 아니야? 아니 그럴 순 없어! 나는 페루가 센데로 루미노소 수중에 넘어갈 듯한 위기에서 구해냈고 미국의 마약퇴치 프로그램에도 적극적으로 협조했는데. 나만큼 페루에서 미국의 국익을 보호해준 사람도 없단 말이야! 후지모리는 치밀어오르는 울분을 삭였을 것이다. 그러나 이제 미국에게는 독재자가 거추장스러울 뿐이었다.

"누가" 비디오를 찍었나

그리고 꼭 1주일 만에 페루 해군 장교가 폭발일로의 정국에 뇌관을 당긴 문제의 비디오를 야당 지도자들에게 건네주었다. 비디오에는 몬테시노스가 한 야당의원에게 돈을 주고 여당으로 당적을 옮기라고 채근하는, 정치 세계에서는 3류 드라마에 해당하는 진부한 스토리가 담겨 있었다. 정작 사건의 핵심은 비디오의 내용이 아니라 이 비디오를 어떻게 찍었고 누가 반출했는가 하는 점이었다.

누가 무소불위의 국가정보국 실력자의 방을 비디오로 찍을 수 있단 말인가? 또 누가 삼엄한 경비망을 뚫고 이를 빼내고, 그것도 야당의원들에게 건넬 수 있단 말인가. 비디오는 몬테시노스가 야당의원의 입을 막기 위해서 찍은 것이지만 이를 빼내는 일은 바로 몬테시노스의 경호책임을 맡은 군인들일 수밖에 없고, 이 엄청난 일은 결국 군부 상층 실력자들의 지시가 아니면 저지를 수 없다는 것은 삼척동자도 알 일이다. 결국 군부 지도자들은 이제 임종이 다가온 후지모리 체제를 버리고 포스트후지모리 체제에서 유리한 거래를 하기 위해 기꺼이 보험을 들기로 했던 것이다. 이미 미국의 확실한 사인도 있지 않은가?

미국은 몬테시노스를 버리라 하고, 그나마 이제껏 동거체제에서 정을 통해오던 군부마저 뒷걸음치는 것이 명백해지자 후지모리는 더이상 권력을 유지할 수 없다고 판단했다. 9월 16일 그는 조만간 새로운 총선을 치르고 자신은 여기에 참여하지 않겠다고 선언했다. 미 국무부는 듣고 싶은 정답을 바로 맞춰주었다고 후지모리의 조건부 퇴진선언을 열렬히 환영했다. 후지모리는 "안정과 민주주의"를 위해 2001년 선거까지 대통령직을 유지하겠다고 선언했지만 이를 또다른 꼼수를 부리기 위한 조치로 보는 것 같지는 않다. 4월 9일 대통령 선거 이래 5개월 이상 최루탄 가스와 피로 얼룩졌던 리마의 산 마르틴 광장에도 이제 한가닥 맑은 햇살이 비치기 시작했다.

몬테시노스란 인물

결국 후지모리의 발목을 잡고 동반추락한 몬테시노스는 칠레의 피노체트가 그랬고 파나마의 노리에가가 그랬듯이 미국의 CIA가 만들어낸 괴물이었다. 그는 1970년대 위관급 장교시절에 미 정보국과 관계를 맺고 페루 군부의 비밀정보를 빼내 팔아먹다가 1976년에 들통이 나서 불명예 제대를 해야 했던 별로 애국적이지 않은 기록을 가진 자였다. 미 정보국은 최근까지 몬테시노스와 좋은 관계를 유지해왔던 것으로 알려져 있다. 그런 그가

몬테시노스 처벌을 요구하는 페루 시민들

후지모리와 긴밀한 관계를 맺게 된 것은 1990년 대선 정국이었다.

당시 후지모리와 겨루던 민주전선(Fredemo)의 바르가스 요사 후보측에서 후지모리 부부가 부동산 장사를 하면서 엄청난 금액의 세금을 포탈했다고 사법부에 고발했던 것이다. 그때 국가정보국에서 일하면서 사법부 요로에 끈을 대고 있는 변호사이기도 했던 몬테시노스는 후지모리의 요청으로 그를 적극적으로 도와주게 되었다. 몬테시노스는 사법부의 실력자에게 청탁하여 사건 담당 판사를 바꿀 수 있었고, 이 판사는 해당 사건을 차일피일 미루면서 후지모리가 봉변을 당하지 않도록 도와주었던 것이다. 가르시아 정권 말기에 국가정보국에서 일했던 몬테시노스가 당시 정부가 한 번도 써먹지 못했던 '게릴라 진압전략'을 만들었던 분석관 그룹의 일원이었던 것도 후지모리의 오른팔이 되는 데 큰 역할을 했다. 후지모리는 자신의 승부수를 게릴라 퇴치에 놓고 있었기 때문에 게릴라 퇴치 프로그램을 마스터한 전략가가 필요했던 것이다. 자연히 후지모리와 몬테시노스는 가까워졌다.

몬테시노스는 후지모리에게 군부의 실력자들을 연결시켜주는 창구역할을 맡기도 했다. 자신의 동년배들이 이제 군부의 요직에 진출해 있기 때문이었다. 시민사회의 조직적인 세력이나 정당 지원이 없는 상태에서 후지모리가 거머쥔 권력은 언제든지 군부의 쿠데타로 붕괴될 위험에 노출되어 있었다. 선거전에서 기성정치인들에게 환멸을 느낀 대중들이 표를 몰아주었지만 앞으로 자신이 요리해야 할 정치판은 전혀 다른 게임이라는 것을 잘 알고 있었다. 그는 권력의 안정을 위해서 어느 조직보다 먼저 군부를 정리하고 전략적인 제휴관계를 맺어야 했다. 몬테시노스는 누구를 승진시키고 누구를 퇴역시키며 핵심 지역의 군사령관에 누구를 보직발령해야 하는지 조언해주었다. 그는 여기서도 후지모리의 신임을 단단히 얻었다. 당연히 그는 국가정보국의 실력자로 부상했고 아울러 대통령의 개인 자문관이란 직함으로 권좌에 밀착하여 후지모리 10년 통치의 삼인방 중 한 사람이 되었다.

두 얼굴의 사나이

정보책임자가 대통령을 최후의 궁지로 몰고 간 사건은 부정선거 시비가 아니었다. 그것은 무기밀매조직을 적발한 국가정보국의 쾌거로 시작된 이상한 사건이었다. 2000년 8월 21일 후지모리 대통령과 몬테시노스는 대통령궁에서 기자회견을 갖고, 요르단 군장성으로부터 AK-47 소총 1만 정을 밀수하여 콜롬비아혁명군(FARC)이 통제하는 지역에 공수한 무기밀매조직을 적발했다고 발표했다. 후지모리는 몬테시노스의 '시베리아 계획'이 주효했다고 공치사했고, "페루 사람들은 몬테시노스가 없는 페루를 생각할 사치를 누릴 수 없을 것"이라고 말하기까지 했다. 두 사람은 이 국제 첩보전의 쾌거가 부정선거 시비로부터 언론의 관심을 다른 쪽으로 돌리는 데 도움이 될 것이라고 생각했음직하다. 그러나 사태는 영 다른 쪽으로 흘러갔다.

곧이어 콜롬비아, 요르단, 미국 정부로부터 언론발표에 대한 반박이 접수되기 시작했고 후지모리 정부는 궁지에 몰렸다. 애초 정부는 페루 군에서 위관급 장교로 퇴역한 아이바르와 그의 형이 콜롬비아혁명군의 제의를 받고 사르키스란 아르메니아인 중개인을 통해 무기를 밀수해서 공수해주었다고 발표했다. 요르단 정부는 페루 군부가 합법적으로 무기수입을 요청했고 군부의 구좌로부터 돈이 합법적으로 입금되었다고 항의했다. 후지모리로부터 관련 서류를 일부 전달받은 콜롬비아의 파스트라나 대통령도 사건의 성격을 종잡을 수 없다고 했다. 미국도 하급장교 출신이 그 복잡한 국제적 무기밀매를 요리했다는 사실을 믿지 않았다.

결국 사건은 교묘하게 조작되었음이 밝혀졌다. 아이바르 형제가 소유하고 있던 니폰 코포레이션은 바로 군부, 국가정보국과 긴밀한 관련이 있는 것으로 드러났고, 요르단 정부가 제출했던 서류는 이 거래가 정부 대 정부 사이에 이루어진 합법적인 무기매매였음을 밝혀주었다. 게다가 1만 정의 소총을 4차례의 공수작전을 통해 콜롬비아 게릴라 조직에 넘겨준 비행기도 페루 공군기지를 사용했음이 드러났다. 몬테시노스와 군부 고위장성들이 짜고 콜롬비아혁명군의 마약판매 대금을 받아서 무기를 사다주었던 것이다. 미국은 그 동안 마약퇴치와 게릴라 진압 작전에 적극적으로 협조해준 것으로 알고 있는 페루 군부와 몬테시노스의 두 얼굴에 치를 떨었을 것이다. 이제 항상 몬테시노스를 두둔하고 보호해주었던 미 정보국은 자연히 할 말이 없게 되었다. 이 사건으로 페루 선거 정국에 비판적인 목소리를 내왔던 국무부의 발언권이 세진 것은 더 말할 나위도 없다. 권력의 몰락은 이런 엉뚱한 사건에서 출발했던 것이다.

격변의 10년

후지모리가 통치 10년 간에 남긴 공이 전혀 없다고 말하면 그것은 잘못된 것이다. 그가 통치한 10년은 그야말로 전광석화 같은 변화를 겪은 나날의 연속이었다. 굵직한 치적만 들어도, 경제개방과 국제금융권의 신임도 제고, 인플레이션 퇴치, 센데로 루미노소의 총수 아비마엘 구스만 검거, 페루 일본 대사관저 인질사건 해결, 에콰도르 및 칠레와의 국경문제 해결, 게릴라 진압 작전으로 얻은 무장평화 등등을 들 수 있다. 물론 이 성과들도 나름대로 문제점을 내장하고 있기는 하지만 전임 가르시아 정부가 물려준 아나키 상태의 국가를 어느 정도 바꾸어놓은 것은 누구도 부정할 수 없다. 이제 이를 하나씩 살펴보기로 하자.

1990년 52세의 후지모리가 전임 정부로부터 물려받은 페루는 그야말로 완전히 거덜난 카오스 상태의 경제와 게릴라 세력의 활거로 수도 리마마저 안전하지 않은 난장판의 페루였다. 시민들은 법과 질서를 준수하지 않았다. 게다가 칠레와 에콰도르와의 국경분쟁도 심각했다. 후지모리 집권은 바로 이러한 절박한 상황의 소산이었다. 페루 국민들은 말만 번지르하게 늘어놓는 기성 정치판에 염증을 느끼고 차라리 참신한 신인을 선택했던 것이다.

스스로 '창조자(hacedor)'라고 자부했던 후지모리는 권좌에 오르자 움직이기 시작했다. 먼저 그는 자신의 목표를 두 가지로 압축했다. 경제를 안정시키고 게릴라를 박멸하는 것이 바로 그것이다. 그는 우선 페루를 국제금융권에 재진입시키고자 워싱턴 당국이 요구하는 경제개혁에 착수했다. 또 미국이 관심을 보인 마약퇴치 프로그램에 열성적으로 덤벼들었다. 이조치는 두 마리의 토끼를 노린 것이었다. 미국의 경제적, 군사적 원조와 정치적 지지였던 것이다. 아울러 이 프로그램은 자신의 권력을 위협할 수 있는 군부를 전략적 제휴자로 만들 수 있는 미끼가 되기도 했다.

호전된 경제?

후지모리는 임기를 시작하면서 국제금융권을 향해, 페루정부는 지불 중단 상태에 있는 외채 상환을 일방적으로 재개하겠다고 선언했다. 국내자본의 동원능력이 제한되어 있기에 외국자본 유치가 절실했기 때문이었다. 그는 페루 국내의 고금리 정책과 이윤송금의 자유화 조치를 취하면서 외국 투자자들을 유혹했다. 후지모리의 전략은 일단 주효했다. 페루는 대외무역을 완전히 개방하고 자본 유출입을 자유화하면서 세계 제2위의 신흥시장으로 부상했다. 비록 구조적 빈곤층을 양산하고 다시 1차 산품 수출에 특화한 19세기형 모델로 회귀하는 결과를 낳기도 했지만 가르시아 시절의 아나키 상태에서 벗어난 것만은 틀림없었다.

IMF와 세계은행은 후지모리의 개혁조치에 감동하여 1993년 페루가 국제금융권에 완전히 진입할 수 있도록 조치를 취했다. 서방 선진국 7개국과 유럽연합 그리고 다자기구들이 페루의 경제구조 조정에 수억 달러를 융자해주었다. 후지모리 정부는 이러한 국제금융권의 지지를 업고 더욱 안정화와 구조조정에 매진할 수 있었다. 후지모리 정부가 취한 개혁조치의 특징은 어떠했을까?

후지모리 정부 아래 초기 경제개혁을 주도했던 카를로스 볼로냐는 워싱턴 컨센서스에 기초한 신자유주의 경제개혁 처방을 급진적으로 실천했다. 이미 페루의 정당 체제는 해체 일로에 있었기에 개혁에 대한 정치적 저항 같은 것은 없었다. 대중들도 1970년대 말부터 생활수준 하락을 경험했고 1982년 외채위기 후유증으로 오랫동안 고생했기에 후지모리의 새로운 조치를 사뭇 반기기까지 했다. 가르시아 정부의 실정은 후지모리로서는 그야말로 원군이었던 셈이다.

그는 전면적인 개방과 자본 유출입의 자유화 조치를 취하면서 이와 아울러 구조개혁에 착수했다. 집권 초기 천정부지에 달하던 인플레이션은 변동환율제를 도입하면서 점차 잡히기 시작했다. 세제 개혁을 단행하여 1990년 8월에 4.75%하던 GDP 대비 재정수입의 비율이 1994년에는 11% 수준으로 안정화되었다. 비록 간접세 중심의 세수 패턴을 탈피하지는 못했지만 인플레이션도 잡히면서 재정수입이 늘어났으니 더할 나위 없이 좋았다. 아울러 공공지출을 엄격히 통제하여 만성적인 수준의 재정적자 (7~8% 수준) 상태에서 벗어나 1997년에는 일차적 잉여를 1.3% 수준으로 끌어올렸다. 1992년 쿠데타 이후에는 예산지출권을 대통령궁으로 옮겨 집행을 정치적으로 통제한 것도 주효했다. 물론 이 조치는 예산지출을 선거 정치에 남용하는 나쁜 유산도 남기게 된다.

경제의 달러화

후지모리 정부가 1994년 멕시코 페소위기로 시작된 신흥시장의 연쇄 감염효과(데킬라 효과)에서 별로 피해를 입지 않은 것은 의외로 놀랍다. 금융시장을 완전히 개방하여 단기자본을 대량으로 유입시켰는데도 아르헨티나나 브라질보다 훨씬 피해가 적었던 이유는 무엇이었을까? 그 비결은 경제의 달러화에 있다.

후지모리 정부는 외국 자본의 유출입을 완전 자유화시키면서 동시에 내외국인 모두에게 달러 여수신을 허용했다. 이런 조치에 힘입어 자본시장이 상대적으로 미발달한 페루에 많은 양의 외국자본이 유입되기 시작했다. 단기자본의 상당한 부분은 페루인들이 도피시켜놓았던 달러가 재유입된 것으로 국내의 사업자금으로 활용되었던 것이기도 했다. 외국인들의 단기자금도 은행권으로 유입되어 달러 대출로 활용되었다. 달러 여수신은 1994년에 이르러 79~80% 수준에 달하게 되었고, 이 덕분에 개방된 신흥시장들이 겪는 높은 환율 리스크 부담에서 벗어날 수 있었다.

물론 여기에는 1992년 쿠데타 직후에 생긴 경제위기 속에서 단행된 금융권 구조조정의 성과도 한몫했다. 당시 금융권 위기가 발생하자 후지모리는 개발은행과 제2금융권의 다양한 신용기구들을 과감히 정리했고 은행권의 구조조정도 아울러 단행했다. 페루의 금융구조는 이제 상업은행(banca multiple)을 중심으로 재편성되었다. 이들 은행권의 경영합리화도 착착 진행되어 1993년 이후 여신 대비 고용인 숫자가 대폭 감소하였고 또 경영의 효율성이 제고되었던 것이다.

달러화로 환율 리스크를 최소화하여 국제금융권으로부터의 충격을 줄일 수는 있었지만 이 정책 역시 문제점이 없는 것은 아니다. 1996년 여신의 75%가 외환으로 이루어졌으니 중앙은행의 국내통화 수급량은 25%에 불과하게 된다. 결국 달러화는 중앙은행이 운용할 통화정책의 효과를 없애버린 결과를 초래했다. 또 대외부문의 불균형에서 파생되는 문제점을 해결하기 위해 자주 사용되는 평가절하 같은 조치도 사용할 방법이 없게 되었다. 이에 따라 자연히 국내통화 솔의 가치는 고평가되는 결과를 가져 오게 된다.

19세기 수출모델로의 회귀

어차피 완전개방이란 카드를 택하면 그 다음은 무엇이라도 악착같이 수출하는 수밖에 없다. 후지모리 정부가 택한 것은 결국 손쉬운 광산물, 농업관련 산업, 그리고 수산물·목재 같은 1차 산품들이었다. 페루는 지난 10년 간 1차 산품을 적극적으로 수출하고 대신 공산품 소비재나 기계류는 수입하는 전형적인 19세기형 국제분업구조에 재편입되었다. 물론 아스파라거스 같은 비전통적 농산물 수출품(NTAEs)도 있지만 대부분의 수출품은 전통적인 것들이었다. 이 덕분에 1987년 27억 달러에 그쳤던 수출총액은 1997년에 이르러 68억 달러로 증가하는 성과를 거두었고 2001년 수출총액은 GDP 대비 14~15% 수준에 달할 것으로 생각된다. 그러나 문제는 그렇게 간단하지 않다.

'비교우위'란 이름으로 국제금융권이 추천한 이 수출전략은 종속이론가들이 그 동안 비판했던 합리적 핵심을 완전히 간과하고 있다. 첫째, 1차 산품의 가격은 15년 전 떨어진 수준에서 아직도 회복되지 않은 상태이다. 둘째, 1차 산품 무역의 경우 수요의 등락폭이 크기 때문에 휘발성이 강하고 이는 곧 안정적인 성장패턴의 형성을 방해한다. 셋째, 비교역재 부문의 희생을 통해 교역재 부문을 키우므로 파행적인 경제구조가 안착된다. 넷째, 일시적인 1차 산품의 수출붐으로 '화란병'이 생길 수 있고 이는 곧 국제경쟁력의 하락으로 연결된다. 다섯째, 1차 산품 수출을 통한 성장률의 제고는 곧 지하자원의 과잉착취, 생태환경 파괴 등으로 연결되어 '지속가능한 발전' 과는 거리가 멀어진다.

경제실적에 대한 평가

이제 후지모리 10년 간의 경제적 공과를 현단계 시점에서 평가해보자. 무엇보다 인플레이션을 잡고 재정수지를 건전화시킨 소득도 있었지만, 중장기적 전망에서 보면 결코 안정적인 성장기조를 정초했다고 보기는 힘들다. 과격한 개방은 결국 무역적자와 경상수지 적자 기조를 온존시켰다. 서비스 부문에 투자한 외국자본의 이윤송금이 급증하여 경상수지 적자가 늘어났다는 분석도 있다. 또 경제의 달러화로 인해 고평가된 자국통화를 조정할 수도 없는 자기 딜레마에도 빠지게 되었다. 성장률도 1997년에는 7.2%로 올랐다가 다시 이듬해는 0.7%로 떨어지는 널뛰기 패턴을 보이고 있다. 결국 이래저래 인플레이션 잡은 것 외에는 높은 점수를 줄 수 없는 성적인 것이다.

후지모리가 후임자에게 유산으로 물려줄 페루 경제는 알란 가르시아 정부로부터 물려받은 만신창이는 아니지만 여전히 새로운 위기를 내장한 별볼일 없는 것이다. 페루의 금융 전문가 페드로 루이스 라바예는 이렇게 덧붙였다. "인플레이션은 통제되고 있지만 생산기구는 유동성 부족으로 심각한 정체를 경험하고 있다. 이 정체는 곧 수요와 판매 감소를 불러일으키고 부실 채권을 증대시키고 있다. 회사는 문을 닫고 아울러 실업과 빈곤도 증대하고 있다." 2000년 선거에서 후지모리의 인기가 이전과 달리 큰 폭으로 떨어진 것은 늘어난 실업자와 중간계급의 위기감과도 직접 관련이 있다.

국제관계 분야의 성과

후지모리가 임기중에 이룩한 괄목할 만한 성과는 대외 분야에서 찾을 수 있다. 그는 오랫동안 페루의 골칫거리였던 에콰도르와의 국경 분쟁을 해결했고, 또 19세기 태평양 전쟁 이래 미해결로 남아 있던 칠레와의 영토 분쟁도 처리했다.

임기중 1995년과 1997년에 두 번이나 전쟁선포 없이 무장충돌로 치달 았던 에콰도르와의 국경분쟁은 1998년 10월에 브라질에서 양국 정상이 만 나 평화협정을 맺음으로 깨끗하게 종식되었다. 양국이 교환한 의정서에 따르면 문제가 되었던 알토 세네파(페루 북부 국경) 지역의 영토 분쟁은 다 음과 같이 해결되었다. 첫째, 양국은 무력 위협을 종식할 것을 합의한다. 둘째, 페루는 티완사라 불리는 지역의 1평방 킬로미터를 에콰도르에게 양 보하고 에콰도르의 선박이 아마존 강을 다니며 안데스 지역의 강어귀에 있는 자국의 두 제조업 중심지를 관리할 수 있도록 허용한다. 후지모리는 해당 지역의 주민들이 완강하게 반대했음에도 불구하고 결국 위 협정을 타결로 이끌어내는 데 성공했다.

하밀 마아우드 에콰도르 대통령(그는 그 이후 '경제의 완전한 달러화'를 완 강하게 추진하다가 결국 권좌에서 밀려났다)과 후지모리가 체결한 협정으로 이 북부 셀바 지역의 개발사업이 본격화되기 시작했다. 이 조약의 보증국 으로 참여했던 아르헨티나, 브라질, 칠레, 미국은 유럽연합·일본과 더불 어 1억 6천만 달러를 평화기금에 출연했고 이와 더불어 2억 달러를 융자해 주기도 했다. 북쪽 국경 문제가 해결되자 후지모리는 이제 남쪽에 있는 칠 레와의 국경 문제로 시선을 돌렸다.

1879년 소위 '태평양 전쟁'에서 페루는 칠레에 대패하여 아리카 지역을 빼앗긴 바 있었다. 그러나 전후 처리를 해결하고자 한 1929년 조약은 여전 히 페루의 거부로 미해결 상태로 남아 있었다. 칠레가 빼앗은 아리카 항구 에 전용부두와 철도선을 만들고 페루인들을 감독할 세관을 설치하려고 하 자 페루인들의 민족주의 정서에 불이 붙었고 결국 정부는 조약을 비준할 수 없었기 때문이었다. 페루 국민들은 눈을 뜬 채 아리카를 빼앗길 수 없다고 저항했다. 후지모리는 애국적 국민정서를 잠재우고 100년 이상 끌어왔던 전후 처리문제를 깨끗하게 해결했다. 그는 에두아르도 프레이 칠레 대통령과 만나서 조약 문서에 서명하며 패전 결과를 과감히 수용했던 것이다.

게릴라 퇴치 전략

대외문제 해결 능력은 높은 점수를 줄 수 있지만 내정 문제는 어떨까? 먼저 후지모리 정부가 자찬해 마지않는 게릴라 박멸과 평화회복 문제를 살펴보자. 후지모리는 마약퇴치와 게릴라 세력을 박멸한다는 명분을 갖고 궁정 쿠데타로 의회를 해산하고 신헌법을 제정하여 국민들의 재신임을 얻었다. 지난 20년 간 페루가 게릴라 전쟁으로 잃은 손해는 막심했다. 3만 명이 사망했고 2만 명이 실종되었으며 60만 명이 전쟁을 피해 리마의 빈민가인 '신촌락(pueblos jovenes)'으로 이주했다. 재산 피해도 250억 달러에 달할 정도로 엄청났다.

후지모리가 집권하자 측근으로 정보업무를 맡게 된 몬테시노스가 대통령에게 제시한 전략의 대강은 다음과 같았다. 이는 전임 정부 말기에 국가정보국에서 만들어놓았던 안이었지만 한 번도 써먹은 적이 없는 것이었다. 첫째, 복잡한 국가정보 체계를 일원화한다. 둘째, 농촌지역에 대한 게릴라 대항 전선으로 '농민 야경대(rondas campesinas)'를 적극적으로 지원한다. 셋째, 군부에게 긴급사태가 선포된 지역의 정치적 통제권을 전적으로 일임한다. 넷째, 테러리즘으로 고발된 자에 대한 형량을 대폭 늘리고 체포된 자 중에서 반군을 비난하고 협조하는 사람에게는 인센티브를 준다.

결국 이 전략은 군부를 마약 퇴치와 게릴라 박멸의 전위로 끌어들여 페루 정치의 '군사화'를 가속화시키는 계기가 되고, 대통령-참모총장-국가

정보국의 삼각체제로 구성된 민간-군부 권위주의 체제를 확립시키는 길을 열게 된다. 또 군부는 이를 계기로 민간 정치세력으로부터 통제를 받지 않는 독립적인 권력장치로, 수많은 인권침해 사례에도 불구하고 면책특권을 누리는 괴물로 변신하게 되었다.

무장평화의 그림자

후지모리는 1992년 9월 12일 센데로 루미노소의 수장인 '곤살로 의장'을 리마의 은닉처에서 체포하여 최초의 개가를 올렸다. 그리고 도시 게릴라 단체 '투팍 아마루 혁명운동'도 점차 정부군의 공세에 힘을 잃고 거의 해체되었다. 그로부터 8년 뒤 2000년 5월 28일 후지모리는 센데로 루미노소가 창궐했던 아야쿠초 지역을 방문하여 이렇게 말했다.

"5월 28일 오늘 페루인들은 센데로 루미노소에게도, 투팍 아마루 혁명운동에게도, 테러리즘에도 '노'라고 말합니다." 분명히 이는 수사의 수준을 넘어선 지난 10년 간 노력의 결실이기도 했다. 후지모리와 군부 상층은 이를 자신들의 작품이라고 주장하지만 많은 사람들은 센데로 루미노소가 고립되고 해체된 배경에는 "이름없는 영웅들"인 농민 야경대(rondas campesinas)나 시민방위위원회(CAD)의 숨은 노고가 있다고 말한다. 1994년 아야쿠초와 우앙카벨리카 지역만 해도 1,655개의 시민방위위원회에 66,200명의 야경단원이 참여하여 센데로 루미노소로부터 마을을 보호하는 역할을 수행했던 것이다.

페루에도 평화가 찾아왔지만 그 평화는 여전히 무장한 상태에서 유지되는 불안정한 것이다. 게릴라 잔당들은 산속으로 숨어들었지만 게릴라 운동을 촉발시켰던 사회적 불평등이나 지역 간의 불평등이란 뇌관은 여전히 존재한다. 발전연구센터(CEPD)의 사회학자 에두아르도 토체는 이렇게 말한다. "이 나라가 평화를 회복했다고요? 그건 어불성설이에요. 정치적 폭력을 배태시켰던 조건들은 그대로 남아 있어요. 센데로나 투팍 아마루 혁명운동과는 다른 이름을 단 게릴라 봉기가 등장할 가능성도 있지요."

정치적 퇴행 또는 반(反)이행

후지모리가 집권했던 시대의 정치체제는 어떻게 규정할 수 있을까? 오도넬이라는 유명한 정치학자는 페루의 후지모리 체제를 "위임적 민주주의(delegative democracy)" 체제라고 제법 격조 있는 단어를 제조해 표현했다. 페루처럼 성숙한 민주주의 체제의 기초가 없는 나라에서 그 기초를 만들어내기 위해 대통령이 국익을 규정하고 이를 실행하기 위해 자신이 적합하다고 생각하는 방식으로 통치할 권위를 위임받았다는 것이다. 그래도 선거를 했으니 민주주의 체제는 아니냐는 것이다. 제법 그럴듯한 이 논리는 1992년 후지모리가 군부와 공모하여 '자기 쿠데타(autogolpe)'를 실행하여 사실상 공개적인 권위주의 체제로 퇴행하면서, 적어도 페루에서는 자기 땅을 잃게 되었다. 그 뒤에 들어선 것은 대통령-군부-정보국이 결탁한 은폐된 권위주의 체제였기 때문이다.

한 하버드대 정치학 교수는 "민주적 독재"라는 외견상 형용모순의 단어를 제조하여 열심히 후지모리 체제를 설명하려 하지만 필자는 왜 그렇게 "민주주의"라는 용어에 집착하는지 의문이 든다. 후지모리 체제는 간단히 말해서 "군부-민간 합작의 권위주의 체제"라 부를 수밖에 없다. 왜냐하면 민주주의라는 단어를 붙이기 위해선 '절차적 민주주의의 최소 조건'을 만족시켜야 하기 때문이다. 그 최소조건에 미치지 못하는 사항을 하나씩 들어보자.

첫째, 1992년 의회를 해산하고 쿠데타를 감행한 것은 헌정질서를 파괴한 지울 수 없는 오점이다. 둘째, 시민의 기본적 자유와 인권이 보장되지 않고 있다. 정계, 업계, 언론계의 주요 인사 대부분이 항상 무소불위의 정보국에 의해 감시와 도청을 당하고 있고 테러박멸을 이유로 무고한 시민들의 희생이 크게 늘어나고 있다. 셋째, 언론의 자유가 없다. 정부에 비판적인 뉴스를 흘렸던 한 케이블 TV의 사주 바루크 입체르는 결국 페루 국적을 박탈당하고 방송사의 소유권을 잃게 되었다. 넷째, 전국선거위원회(JNE)는 바로 행정부의 시녀처럼 움직이고 사법부, 헌법재판소, 감사원의 독립성도 완전히 훼손되었다. 다섯째, 군부는 완전히 민간 통제권에서 벗어나 독립적인 행위자로 특권집단처럼 행동한다. 군부는 사법부의 통제를 받지 않는 군사법정을 운영하고 있고 자연히 군부의 인권침해 사례는 솜방망이 재판으로 면책된다. 심지어 후지모리도 참모총장(헤르모사)의 옷을 벗길 수 없을 정도이다. 여섯째, 심지어 3선을 재선이라고 우기는 "진정한 해석법" 같은 기상천외의 발상을 의회에서 통과시켜 내외 여론을 어리둥절하게 만들었다.

후지모리가 정치 영역에서 남긴 유산은 페루의 장래로 보아서 대단히 부정적인 것이다. 기존의 정당체계가 붕괴되는 가운데 그는 반정치주의적 언행과 실천으로 그나마 남아 있는 제도적 민주주의 전통을 부숴버렸다. 그렇다고 그가 작동가능한 효율적인 권위주의 체제를 구축한 것도 아니다. 페루는 적어도 정치제도상으로 보면 거의 폐허 상태라고 해도 과언이 아니다. 정당제도는 사라졌고 인물 중심의 정치가 자리를 잡았으며 사법부와 의회는 예스맨들이 밀집해 있는 대통령궁의 하위 기관으로 변신해버렸다. 법과 질서에 대한 대중의 신뢰는 지난 10년 통치기간중 전혀 개선된 바가 없다. 가르시아 정부 때보다 이제 더욱 큰 괴물로 자란 군부 역시 다음에 권력을 이어받을 후임 대통령에게 큰 부담으로 작용할 것이다.

'두 번째 재선' 소동

의회에서 "진정한 해석법"이란 것을 만들어 3선의 길을 열고자 했던 후지모리는, 리마변호사협회가 청원한 헌법 소원으로 이 법에 대한 논란이 헌법재판소(TC: 7인의 위원으로 구성되어 있고 소원 처리는 2/3에 해당하는 5명 이상의 합의가 있어야 한다)에서도 재개되자 이 법안에 반대하는 판사 3명을 결국 경질시켰다. 공작정치와 인권침해 그리고 무리한 3선 소동이 빚어지자 리마의 대학생들이 거리에 나오기 시작했고, "진정한 해석법"에 대한 국민투표를 실시할 것을 요구하는 대중동원도 시작되었다.

1990년부터 1994년까지 65%라는 국민의 지지를 받았고(Imasen 조사), 1995년 재선 당시에도 64.42%를 얻었던 그가 이제는 리마의 중산층과 대학생들 그리고 지리멸렬한 야당 세력들의 점증하는 반대에 부딪혔다. 이러한 반대여론은 1996년부터 1999년까지 지속된 경제적 침체로 인해 더욱 강화되었고 심지어 지방에까지 확산되었다. 지방 정부는 자치와 자율권을 완전히 없애버린 후지모리 대통령 정부의 "초집중적" 행정에 염증을 내고 분권화와 "자율적 지방정부"를 요구하는 "지방전선"까지 결성하게 되었다. 후지모리에 대한 국민의 지지도는 점차 떨어져갔고, 대통령궁에서 선거용으로 선심용 사업을 집중적으로 벌인 리마의 빈민가나 지방을 중심으로 후지모리 지지대가 조직되었다.

톨레도 현상

2000년 4월 9일 선거를 앞두고 야당후보는 9명으로 난립했고, 선거 6개월 전까지는 어느 후보도 각개약진으로 후지모리와 맞붙어서 이길 승산이 없다고 보았다. 그럼에도 불구하고 야당의 단일후보는 나오지 않았다. 야당후보 중에서 지명도 면에서 선두를 달리고 있던 리마 시장 출신 알베르토 안드라데("우리는 페루"당)나 루이스 카스타녜다(전국연대당)에 대한 후지모리측의 견제도 집요했다. 이들은 관제 매스컴을 통해 집중포화를 맞고 결국 가라앉고 말았다. 이런 국면에서 국민들의 시선은 안데스 산골짜기 출신 "촐로"인 톨레도("페루의 가능성"당)에게 몰렸다. 그가 부상한 것은 1차 선거를 앞둔 3개월 전이었다.

톨레도는 안데스의 가난한 산골 출신으로 온갖 궂은 일을 하면서 학비를 벌어야 했다. 양치기, 주유소 점원, 구두닦이, 아이 돌보기를 하며 힘들게 공부했던 그는 용케도 미국 유학 장학금을 얻게 되었다. 그 덕분에 스탠포드 대학에서 경제학(석사)을 공부했고 하버드 대학 연구원을 거쳐서 유엔, 세계은행, 미주개발은행, OECD 같은 국제기구에서 젊은 시절을 보낸 그에게 찬스가 왔다. 1995년 대통령 선거에 나와 3위에 그쳐 별 재미를 보지 못했던 그는 이번 선거 3개월 전에도 바닥 수준의 지지도에 한숨만 쉬고 있었다. 그가 국민의 지지도를 단기간에 끌어올릴 수 있었던 이유는 계속된 후지모리 진영의 불법, 탈법적 선거운동에 대한 국민들의 불만이 점증한데다 마땅한 야당후보가 존재하지 않았던 데 있다. 그리고 무시못할 견인차 중의 하나는 그의 부인이었다.

벨기에 태생으로 미모와 지성을 겸비한 인류학자 엘리안 카프는 인디오 언어를 포함하여 9개 국어에 능통한 인류학자였다. 그녀의 카리스마는 매스컴에 노출되자 금방 "페루의 힐러리"로 불릴 만큼 국민 다수의 사랑을 받았다. 톨레도는 결국 선거 직전 여론조사에서 30% 정도의 지지도를 확보할 수 있게 되고 결선투표에서 후지모리와 맞붙을 유일한 야당후보로 급성장할 수 있었다.

종족과 선거

페루에서 선거의 초점은 제시된 정책이나 정부 계획이 아니다. 첫째로 중요한 것은 주요 후보가 어떤 종족 출신이냐는 것이다. 둘째는 그 후보가 가능한 많은 사회 집단들과 자신을 동일시하여 그들로부터 지지를 이끌어내는 능력이다. 외신이 전하는 사진을 보면 후지모리는 항상 자신이 방문한 지역의 인디오 복장을 하거나 그 지방의 민속춤을 흉내내고 있다. 또 리마 빈민가를 방문할 때면 걸어다니거나 자전거를 타는 모습을 보여 준다. 모두가 종족과 서민적 정서를 자신의 표로 엮어내려는 선거전술의 일환이다.

후지모리가 1990년 선거에서 백인 바르가스 요사를 꺾고 당선된 이변이 나 1995년 선거에서 하비에르 쿠에야르 전유엔 사무총장을 압도적인 표차 로 물리친 비결은 바로 여기에 있다. 후지모리가 두 번 모두 대결한 상대 는 백인 출신에 서구적인 스타일을 지닌 지식인 내지 외교관 출신이었다. 이런 경우 국민의 다수를 차지하는 인디오, 메스티조, 서민층 인구를 감안 해보면 비교적 쉬운 게임이 될 것이다.

후지모리는 "엘 치노"(중국인을 가리키나 중남미에서는 동양인 일반을 지칭 하는 말로도 사용된다. 일본인을 경멸적으로 부를 때에는 '퐁하(ponja)'라 부르는 데, 이 말은 일본을 의미하는 '하폰'을 거꾸로 뒤집은 것이다)로 불렸지만 민중 적 정서를 대변하는 "촐로(cholo)"의 대리자 역할을 할 수 있었다. 촐로는 인디오나 메스티조를 지칭하지는 않는다. 오히려 이들의 피가 섞인 사람 으로 서민적인(lo popular) 정서를 가진 사람을 가리킨다. 우리 식으로 말하 면 '촌놈'이나 '엽전'이란 말에 가깝다. 촐로들은 바르가스 요사나 하비에 르 쿠에야르 같은 백인 출신으로 부잣집에서 좋은 교육을 받고 자란 사람 을 '피투코(pituco)'라 부르며 경멸한다. 피투코는 '속물'이란 말에 가깝다. 후지모리의 성공 배경에는 이런 종족적 편견이 투표행태에 반영되는 페루 의 독특한 메커니즘이 존재한다. '엘 치노'가 피투코보다 촐로에 가깝게 다가왔던 것이다. 그런데 이번에는 진짜 촐로가 등장했다. 바로 안데스 산 악 지대의 촌놈 출신 "엘 촐로" 톨레도이다.

톨레도의 저항과 후지모리의 몰락

1996년 이래 경제 침체가 장기화되면서 후지모리에 대한 인기도가 점차 떨어지기 시작했다. 국가정보국의 몬테시노스가 자행한 공작정치에 대해서 국민들도 염증을 내기 시작했다. 부정선거와 탈법조치에 대한 대학생들과 중산층들의 불만도 거리에서 표현되기 시작했다. 그러나 이 모든 불만을 하나로 집결시켜줄 국민적 상징이 없는 차에 선거 직전 톨레도가 부상하기 시작한 것이다. 톨레도는 어떻게 보면 행운아인 셈이다. 유력한 야당후보감들이 후지모리 진영의 집중공격을 받고 쓰러진 반면 그는 약간 뒤편에 비껴나 이들의 예봉을 피할 수 있었기 때문이다.

1차 투표에서부터 부정선거 시비가 시작되었다. 국제참관인단으로 참가했던 미주기구, 카터센터, 유럽연합, 미 국무성, 각종 인권단체들은 부정, 불법, 탈법으로 얼룩진 선거과정에 우려의 표시를 넘어 비난조로 성명서를 내었다. 그리고 2차 결선투표에서는 모든 선거과정이 투명하게 이루어질 수 있도록 제도적 조치를 취해야 할 것이라고 권고했다. 결선투표에서 특히 논란이 되었던 것은 전국선거과정사무국(ONPE)이 운영하는 컴퓨터 시스템의 조작 가능성이었다. 톨레도는 반발했다. 컴퓨터 시스템을 포함하여 1차 투표 당시 보여준 각종 탈법 조치들이 시정되지 않는다면 결선투표에 참여하지 않겠다고 선언했다. 그러나 후지모리는 타협을 거부했다. 4월 25일 부정선거 들러리를 서고 싶지 않아서인지 미주기구 감시단과 카터센터가 선거감시를 포기하고 철수했다.

단독후보로 나선 후지모리는 결선투표를 치렀고 결국 당선자로 선포되었다. 톨레도의 투표불참 요구에 호응했거나 후지모리 반대 투표를 한 사람이 전국 유권자 1,200백만 명 가운데 650만 명이나 되었다. 전국선거위원회는 후지모리가 75%, 톨레도가 25%의 지지도를 얻었다고 발표했다. 그날 이후 산 마르틴 광장은 톨레도가 이끄는 반후지모리 데모대와 군경의 충돌로 날을 지새웠고 전군은 경계령이 발동된 가운데 시위대를 막느라고 정신이 없었다. 시위는 리마뿐만 아니라 지방도시들에도 확산되었고 페루는 그야말로 통치불능 상태가 지속되었다. 미주기구에서는 가이비라 전 콜롬비아 대통령을 단장으로 한 대표단을 파견하여 혼미한 페루정국에 타협과 민주개혁의 돌파구를 마련하려고 했지만 후지모리는 시간을 끌면서 선거결과를 기정사실로 굳히고자 했다. 미 국무부의 올브라이트가 비난조의 성명을 냈고 그 뒤를 이어 캐나다, 스페인, 유럽연합의 비판이 잇달았지만 구체적인 행동은 없었다. 그러나 국내외로 비판 여론이 들끓고 고립무원의 처지에 몰리자 후지모리 진영 내부에도 균열이 가기 시작했다.

군부는 일찍이 3선개헌 논의가 무르익을 때부터 후지모리를 견제해야 한다는 견해를 일부 영관급 장교들을 통해 시중에 흘렸다. 3월 28일, 8명의 영관급 장교들이 익명으로 서명하여 만약 후지모리가 "부정선거 장치들을" 이용하여 재선된다면 그의 승리를 좌시하지 않겠다는 다분히 엄포조의 선언문을 발표했다. 이미 군부는 2000년에 들어오면서 무조건적 지지 자세에서 탈피하여 사태를 관망하는 태도를 취했다. 언제든지 후지모리를 버릴 수 있고 톨레도 측과 협상할 수 있다는 기회주의적 자세로 표변했던 것이다.

미국은 바로 이러한 균열을 이용하여 쉽게 후지모리 체제를 몇 마디 말로 무너뜨릴 수 있었다. 이제 몬테시노스만 제거하면 후지모리에게는 아무도 남아 있는 사람이 없었던 것이다. 일본인 '니세이'(2세) 후지모리가 꿈꾸었던 제왕적 통치는 참으로 어처구니없이 끝을 맺었다.

새로운 선거를 기다리며

9월 말엽에 후지모리는 리마에 떠도는 쿠데타 소문을 뒤로 하고 다시 미국으로 향했다. 9월에만 벌써 두 번째 방문이었다. 그는 마지막으로 자신이 내년 7월까지 임기를 유지하면서 평화적인 정권교체를 이루고 싶다는 소망을 미 국무성에 피력하여 울브라이트로부터 확답을 받았다. 그리고 권력이양에 관한 논의도 나누었다. 후지모리의 긴급 방문은 아마도 야당이 요구하는 즉각적인 사임과 임시정부 수립안이나 군부의 쿠데타 위협을 중화시키고, 내년 4월경으로 예정된 선거를 무사히 치러서 권력을 조용히 이양해주고 싶은 발로일 것이다. 이제 더이상 그가 페루 정국을 요리할 카드가 남아 있지 않기에 미국도 그의 제안에 별 부담을 느끼지 않고 승인해준 것 같다.

군부에 의해 억류중인 것으로 알려진 몬테시노스는 결국 파나마로 떠났다. 야당과 시민들은 그를 사법처리할 것을 요구했지만 그럴 경우 군부나 후지모리조차 안전하지 못하기 때문에 그에게 정치적 망명의 기회를 주기로 했던 것 같다. 파나마로 정치적 망명을 떠날 때에도 군 장성급 7~8명을 대동하여 파나마 정부의 빈축을 샀던 그는 남은 인생을 카지노 판이나 돌아다니면서 무위도식하며 지내야 할 것 같다. 많은 시민들이 예상하듯이 권력은 현재 "엘 촐로" 톨레도에게 조용히 넘어갈 가능성이 높다. 군부의 행동과 같은 또다른 돌출변수가 없다면 말이다.

제4부

칠레

경제기적과 기억의 정치

칠레의 경제기적, 13
거짓과 진실

독재자의 곤욕

세기 초 이곳 멕시코 신문에는 연일 피노체트의 기소를 둘러싸고 벌어지는 일진일퇴의 공방이 보도되고 있다. 독재자를 기소하려는 구스만 판사는 일약 세계언론의 스타가 되었다. 연전에는 영국에서 스페인 인도를 둘러싸고 곤욕을 치렀고, 이제는 거동조차 시원치 않은데 국내에서 혼쭐이 나고 있는 것이다. 독재정권 시절에 범한 숱한 인권침해를 둘러싸고 민주화 세력들은 피노체트를 기소하여 재판하길 바라고 있다. 물론 피노체트를 지지하는 보수세력들도 만만치 않다. 하지만 피노체트 문제가 국내정치의 핵심 이슈로 떠오른 정국에 치른 1999년 대통령 결선 투표에서 국민은 과거 인민연합 소속 정당인 사회당 출신의 리카르도 라고스를 선택했다. 과거청산을 지지하는 국민이 다수라는 말이다. 필자는 이런 칠레 국민의 '지독함'에서 경제기적의 단초를 읽고 싶다.

리카르도 라고스 현 칠레 대통령. 그는 인민연합의 가맹정당이었던
사회당 출신으로 민주선거에서 당선되어 피노체트 체제 이후 칠레
민주화의 새로운 이정표가 되었다.

경제기적

　칠레 경제는 1986년부터 지속적으로 7~8%의 성장률을 기록하여 라틴
아메리카 어느 나라보다 튼튼한 경제를 가꾸어나가고 있다. 성장률로 따
지자면 동아시아 신흥공업국에도 뒤지지 않는다. 예외적으로 1999년에 내
외 환경의 악화로 마이너스 1% 성장을 기록했지만 2000년에는 5.5%로 회
복했다. 또 멕시코, 아르헨티나, 브라질과 달리 1982년의 외채위기 이래
큰 경제위기를 겪은 적도 없다. 중남미와 세계 모든 나라가 칠레를 보고
감탄하는 이유가 바로 여기에 있다. 어떻게 칠레는 다른 중남미 국가들과
달리 안정과 성장을 동시에 유지하고 있을까?

시장개혁 모델의 성공?

　시중에 유포된 칠레의 기적에 대한 가장 통속적인 해설은 '시카고 보이
즈' 시장개혁 모델의 성공작이란 것이다. 피노체트 지지자들은 경제기적
이 피노체트 군정의 작품이라고 주장한다. 여러분들도 그렇게 들었겠지만
진실은 좀 복잡하다. 개혁과 개방이라면 이웃나라 아르헨티나나 멕시코도
뒤지지 않는 실적을 가지고 있는데 실제 결과는 크게 다르지 않은가. 왜
그런 차이를 가져오는지 밝혀야 칠레 기적의 특수성을 이해할 수 있지 않
을까?

　간단히 말하자면 칠레 경제기적의 배경에는 의외로 국가의 적절한 개입

과 규제가 가미된 '개입주의 국가' 적 요소가 있다. 요즈음 칠레 경제 연구 자들이 공유하고 있는 기본 전제는 칠레의 경험을 1982년 외채위기 전후로 나누는 것이다. 전자 시기는 무차별적인 개방과 민영화가 주조를 이루는 시장개혁이 특징이라면 후자 시기는 개방과 개혁 기조를 유지하되 적절한 개입과 규제로 국가의 경제조정 능력을 강화시킨 것이 특징이다. 초기에 극단적인 워싱턴 패키지를 실행한 모델에서 동아시아의 개입형 모델 쪽으로 이동한 것이라고 할 수 있다. 필자는 이런 설명을 하기 이전에 좀 더 역사적인 관찰에서 출발하고 싶다.

피노체트의 성공, 아옌데의 도움

이 책의 앞부분에서 아르헨티나 병을 이야기했을 때 이 사회의 개혁과 발전을 가로막고 있는 중요한 요소가 과두제의 영속성이라고 말했다. 그러나 칠레에서는 지주 과두제 세력이 1960년대에 프레이 정부가 행한 토지개혁과 이를 더욱 밀어붙인 아옌데 시절의 개혁 결과로 사실상 해체되고 만다. 지주제와 대토지 소유제도가 이렇게 짧은 시간 내에 혁신적으로 바뀐 나라는 중남미 어디에서도 찾기 힘들다. 피노체트 시절의 자본주의 혁명을 위한 물질적 기반이 역설적으로 아옌데 인민연합 정권 시절에 완성되었다고 할 수 있다. 칠레에서 사회주의는 자본주의로 가는 이행기였던 셈이다.

피노체트가 아옌데의 도움을 받은 또다른 하나의 역설적인 조치가 구리 산업의 국유화 정책이다. 프레이 정부 시절 칠레의 구리산업은 케네코트 나 아나콘다 같은 외국기업의 소유 아래 있었다. 프레이 정부는 '구리의 칠레화'를 슬로건으로 내걸고 주식 지분의 내국민 비중을 높이려고 노력했고, 뒤이은 아옌데의 인민연합 정부는 아예 구리산업의 국유화 조치를 강행한다. 물론 아옌데는 장부가액에서 그 동안 외국기업이 누린 초과이득을 공제한 차액만 지급하는 사실상 무보상 정책으로 버렸다. 피노체트 정부가 오랜 동안의 시행착오를 범하면서도 지속적으로 시장개혁 정책을 추진할 수 있었던 것도 바로 이 국유화된 구리 산업에서 나온 재정수입이 뒷받침된 덕분이란 사실을 잊어서는 안 된다.

피노체트 시절에 바뀐 것, 재벌 개혁

피노체트 정권은 바로 이러한 사회적 기반에서 개방과 개혁 정책을 펴 나갔다. 이 시절 무엇보다 큰 변화는 몇몇 과두제적 재벌이 지배하던 칠레의 기업구조를 혁신시킨 점이다. 재벌의 문어발식 경영조직을 가지고 독점이윤 내지 과점적 렌트를 추구하던 족벌 체제는 정부의 지속적인 기업 합리화 정책으로 업종 전문화도 상당히 진전이 된다. 이런 정책 때문에 칠레의 기업인들과 군부 정권 사이는 세간의 오해와는 달리 부드럽지 못했고, 나중에 민주화 이행기에도 기업인들은 피노체트의 프로젝트를 경원하기까지 한다.

피노체트의 독재나 아르헨티나 군부가 모두 군정이란 형식을 취했지만 나중에 경제적 성과가 크게 달리 나타나는 이유는 바로 이처럼 권력운용 방식이 달랐기 때문이다. 전자가 시민사회 이익집단의 이해관계를 초월하여 전체적인 합리성을 유지하는 '술탄형 통제' 방식을 따랐다면, 후자는 군부 장성들과 시민사회 이익집단들이 파이를 사이좋게 나누어 먹는 '코포라티즘적 통제' 방식을 따랐기 때문이다.

국가주의 전통의 부활

칠레는 세간의 인식과 달리 국가주의 전통이 강한 나라이다. 중남미 다른 나라들과 달리 관료들은 청렴한데다 탄탄한 실력도 갖추고 있다. 시카고 보이즈들도 1980년대 중반 이후부터는 '작은 국가' 이념이나 탈규제일변도에서 탈피하여 적절한 개입을 통해 시장우호적인 조절에 역점을 둔다. GDP 대비 재정지출과 재정수입만 보더라도 사회주의 아옌데 정권 시절보다 피노체트 정권기가 훨씬 높다. 그러니 작은 국가 모델을 칠레에서 찾으려 하면 큰 실수를 한다.

칠레의 경제관료들은 1982년 외채위기를 경험한 뒤, 개방을 하더라도 핫머니를 통제하지 않으면 안 되겠다고 절감한다. 그래서 1980년대 중반부터 최근까지 칠레에는 외국자본이 투자를 할 경우 1년 내에는 돈을 빼내가지 못하도록 하였고, 또 금융자산에 투자한 경우 자본이득세를 내야 했다. 멕시코나 아르헨티나, 브라질이 돌아가면서 금융위기를 맞이했을 때 칠레에는 아무 일도 없었다. 극히 최근에야 외자 유입에 장애가 된다고 핫머니를 규제하는 제도를 폐지해버렸다.

개방과 수출경제로의 전환

칠레는 경제인구규모가 1천5백만 명 가량 되는 소국이다. 이런 작은 나라에도 1950~60년대에 수입대체산업화 모델이 유행했다. 물론 대공황 이전의 일차 산품 수출모델이 지닌 불안정성을 극복하기 위한 경제적 민족주의 운동의 일환이기도 했다. 그렇지만 이 정도 인구가 만들어내는 국내시장은 성장과 발전을 자체적으로 견인하는 데 한계가 있다. 이런 작은 나라에서 아옌데는 일국적인 사회주의가 가능하다는 유토피아적 발상을 실현하려고까지 했다. 역사는 이런 착시 현상에 대해서는 가혹한 징벌을 내린다.

피노체트 체제의 경제 엘리트들은 수입대체산업화 모델에 대한 한계를 절감하고 과감하게 수출개방 모델로 전환한다. 예로부터 칠레는 광산물 수출로 먹고산 나라다. 구리와 초석에 대한 세계 수요에 목숨을 걸고 살았던 것이다. 광산물 수출 경제는 수요가 늘어나면 경기가 좋아서 흥청망청하다가 이게 식으면 하루아침에 수십만 명의 일자리가 달아나버리는 전형적인 냄비형 경제이다. 이걸 극복하려면 일차 산품의 품종을 다양화할 필요가 있다.

경제관료들은 칠레가 비교우위 있는 1차산업, 주로 수산물과 과일 같은 농산물에 투자할 것을 유도했다. 그래서 경제개혁의 결과 제조업의 비중은 줄어들고 농수산업의 비중이 크게 증대하는 '탈산업화'의 길을 걷게 된다. 이런 점에서 칠레의 성공은 곧 칠레의 한계이기도 하다. 어쨌든 수출품목에서 포도나 사과 그리고 제지업 같은 비전통적 농업수출품목(NTAEs)이 차지하는 비중도 증가한다. 특히 과일의 경우 북반구와 기후가 반대이기 때문에(counterseasonality) 선진국 시장에서 잘 먹혀들어갔다. 단작형 수출에서 복합형 수출로 이행한 것은 틀림없는 성공이다. 한두 품목에 의존하던 수출이 이제는 다양한 품목으로 채워졌으니 국제경기의 부침에도 불구하고 상대적으로 안정적인 성장을 유지할 수 있게 되었기 때문이다.

칠레 모델, 절반의 성공

마지막으로 칠레 모델이 지닌 한계를 언급할까 한다. 칠레 내부에서는 발전모델에 대한 비판이 적지 않지만 오히려 외부에서는 성공 모델로만 추켜세운다. 1차산업 중심의 수출모델은 한편으로는 탈산업화에다 환경파괴적인 문제점을 안고 있다. 농약살포로 인한 토양오염을 비롯한 환경오염이 심하고 삼림 파괴 같은 자연자원 훼손도 심각하다. 성장률을 1% 올리려면 그만큼 땅을 더욱 오염시키고 나무를 베어내야 한다. 그래서 '지속가능한 발전' 모델과는 거리가 있다는 비판이 많다. 이외에도 빈익빈 부익부 현상이 지속되어 내수시장이 오히려 위축되고 있다는 비판도 있다. 그런 점에서 칠레 모델에 대한 과대평가도 삼가야 하지 않을까 한다.

피노체트 재판 전말기 :
기억과 망각의 정치 **14**

모네다 궁전 앞의 아옌데 동상 아래

27년 간의 투쟁이 이제서야 조그만 결실을 얻었다. "불가능한 것처럼 보이던 것이 현실이 되었습니다." 비비아나 디아스 실종자유가족연합 의장은 구스만 특별검사가 피노체트에게 내린 체포 및 가택연금 결정을 축하하는 자리에서 약간 상기된 목소리로 외쳤다. 1월의 더위가 가시지 않은 4시의 땡볕에서 사람들은 땀을 훔치며 연사들의 목소리에 귀를 기울였다. 군정 시절 '죽음의 캐러번'이란 살인부대가 가한 57건의 살인과 18건의 납치사건 피해자 측의 변호사인 우고 구티에레스, 카르멘 에르츠도 그 동안의 노력이 결실이 맺었다며 감격스러워했다. 이제 부카멜루의 피노체트 집은 감옥소로 변했다. 그는 이 살인과 납치의 주범으로 기소를 당한 것이다. 2000년 12월 1일에도 전격 체포 및 기소를 당한 바 있지만 대법원은 구스만 검사에게 기소절차를 어겼다고 다시 수사할 것을 지시한 바 있다. 아옌데는 동상 위에서 이들의 말을 물끄러미 듣고 있다. 피노체트 군정 시절 93명이

216 라틴아메리카, 영원한 위기의 정치경제

◀◀피노체트 재판의 물꼬를 최초로 튼
스페인 발타사르 가르시아 판사
◀피노체트를 기소, 가택 연금 명령을 내
린 구스만 판사

나 학살당한 경험이 있고, 또 지금도 자신의 생존권이 위협받고 있는 마푸
체 인디언들도 이 자리에 함께 하며 이 자그마한 승리를 맘껏 축하했다. 모
두들 저녁 7시에 아우마다 거리에서 만날 것을 기약하며 헤어졌다.

7시의 아우마다 거리

2000년 12일 29일의 피노체트 가택연금 결정은 역사적 기억을 쟁취하
려는 칠레 국민들에게 자그마한 승리를 안겨주었다. 군정이 민간정부로
넘어온 지도 11년이 지났지만 군정 시절의 학살과 실종 사건에 대한 실상
파악에는 아직도 넘어야 하는 산이 많다. 여전히 시체를 찾지 못한 실종자
가족들은 자신의 아들, 딸, 남편, 아내의 사진을 들고 아우마다 거리에 나
와 "진실과 정의"를 외쳤다. 대형 플래카드에는 이런 말들이 적혀 있었다.
"피노체트에게 심판을", "그대들은 어디에?", "누구도 아무것도 잊어서는
안 된다", "괴물에게 심판을".

저녁 7시에 시작된 평화행진은 아우마다에서 출발하여 라 메르셋 광장
을 거쳐 모네다 궁전 앞까지 이어졌다. 10시까지 사람들은 종이 테이프를
던지며 서로 얼싸안고 노래를 불렀다. 인민연합 시절에 많이 불리던 "우리
승리하리라(Venceremos)", "단합된 민중은 패배하지 않는다"도 가끔 터져
나왔지만 시위는 시종일관 차분했다. 모두들 이 작은 승리에 눈물을 글썽
였다.

진실과 역사적 화해, 「죽음과 소녀」

사람들이 '진실'에 목말라하는 이유는 간단하다. 민주화 이래 레티그 보고서에서부터 최근 군부가 제출한 보고서에 이르기까지 적지 않은 노력이 있었지만 여전히 군정 시절에 자행된 만행에 대한 구체적인 정보는 크게 부족하다. 최근에도 폐광과 군 주둔지 우물에서 시신이 집단적으로 발견되었지만 벌써 26년이 넘은지라 법 의학팀이 동원되어도 신상을 확인하기가 쉽지 않다고 한다. 시신을 발견하여 신원이 확인된 경우는 그래도 다행이다. 대부분의 실종자들이 사실은 "사체를 찾을 수 없는 사망자"들이란다. 이들은 군정이 태평양 바다나 남부의 호수 지대에 배를 가른 채 던져버렸기 때문이다. 그렇기에 실종자 가족들은 "진실"을 요구한다. 27년 간의 악몽에서 벗어나기 위해서는 우선 역사적 진실이 선행되어야 한다는 것이다. 진실을 모르고서야 어떻게 악몽에서 벗어날 수 있겠는가?

우리나라에서 극단 미추에 의해 두 차례나 절찬리 공연된 바 있던 「죽음과 소녀」란 연극이 기억난다. 영화로도 크게 히트한 바 있는 아리엘 도르프만의 희곡. 주인공 여인은 남편과 함께 우연히 자신의 집에 온 의사가 군정 시절 자신에게 고문을 가한 바 있는 고문 기술자임을 알게 된다. 슈베르트의 '죽음과 소녀'를 틀어놓고 자신에게 전기고문을 했던 바로 그자임을. 남편은 히스테리로 반응하는 부인에게 지나간 악몽을 잊으라고 강요하지만 여인은 고문 기술자가 진실을 털어놓기 전에는 그를 용서할 수 없다고 권총으로 그자를 위협하기까지 한다. 결국 죽음의 벼랑에 몰린 의사는 고백을 하고 고문을 당한 자는 그를 용서하는 것으로 막을 내린다. 이 여인은 아마도 망각으로, 악몽으로 잠을 못 이루는 칠레 국민을 상징할 것이다. 그리고 진정한 기억을 회복하여 역사적 화해를 달성하려는 민주세력의 꿈을 대변하기도 하겠고.

비겁한 장군과 철없는 가족

그런데도 장군은 비겁한 행동으로 일관했다. 군정 시절의 학살에 대해서는 시종일관 모르쇠로 일관했다. 가택연금 결정 며칠 전에 행한 인터뷰에서도 이렇게 말했다. "사실 내가 모든 것을 기억하는 것은 불가능하다. 나는 어떤 경우에도 누굴 사살하라는 명령을 내린 적이 없다. 정부평의회의 명령으로 정당한 방위의 경우에 발포할 수 있다고 했을 뿐이다." 그리고는 사실 조사의 책임은 지역여단 사령관에게 있다고 하급자에게 모든 책임을 전가했다. 이번 판결의 현안이 된 '죽음의 캐러번'이 저지른 만행도 결국 아레야노 장군의 책임이라는 것이다.

실종자유가족협회는 피노체트의 지시 없이는 이런 엄청난 만행이 자행되었을 리가 없다고 주장한다. 우선 세르히오 아레야노 장군(현재 복역중)을 청부살인 지시를 위해 수차례 불렀고, 아레야노도 자신이 한 일을 직접 수차례 보고했다고 증언한 바 있다. 퇴역장군인 호아킨 라고스도 피노체트가 이 일들을 자세히 보고받고 잘 알고 있다고 증언했으니 사실 피노체트에게는 빠져나갈 구멍이 없는 셈이다. 그런데도 위와 같은 거짓말을 능청스레 하고 있다. 더구나 '죽음의 캐러번' 멤버들에게는 학살 사건에 대한 책임추궁은커녕 모두 특진시키는 영예까지 주어졌으니 이보다 더욱 확실한 정황증거가 어디에 있겠는가

피노체트 변호인단은 점차 사정이 불리해지자 헌법에 보장된 '적절한 절차'니 '삶에 대한 권리'니 '신체적, 정신적 안전'을 들먹이며 기소중지를 요청했다. 이들은 국군병원의 의료진까지 동원하여 '치매'니 '정신이상'으로 재판받을 조건이 되지 않는다고 주장하기도 했다. 구스만 특별검사는 장군이 경미한 노인성 치매증을 앓고 있지만 재판을 받기에 충분한 "지극히 정상적인 사람"이라고 이 부분의 주장을 기각했다. 이제 두 번째로 기소당한 장군의 변호인단은 항소법원에, 경우에 따라서는 대법원에

호소한다고 한다.

　기가 찰 만한 일은 피노체트 가족의 태도이다. 사실 29일은 피노체트 부부의 결혼 53회 기념일이기도 했다. 이들 가족은 "하필이면 결혼기념일에 이런 판결을 내릴 게 무언가", "만약 장군의 건강에 큰 문제가 생기면 그것은 구스만의 책임"이라고 언론에 화풀이성 발언을 해댔다. 이제 걸을 기력조차 부족한 85세 노인의 건강과 가정의 행복을 그렇게 중요하게 여긴다면, 27년 동안 시체도 찾지 못해 안절부절해 하는 다수 국민들의 한과 그들의 정신적 건강은 중요하지 않다는 건지. 칠레 국민도 아닌 필자가 신문 기사를 읽으면서 철없는 피노체트의 장녀 말에 분노를 느낀다.

피노체트, 두 얼굴의 사나이

　멕시코의 저명한 언론인인 홀리로 셰레르 가르시아가 최근에 쓴 『피노체트, 살인 인생』이란 책이 출간되어 여행중에 틈틈이 읽어보았다. 근 30년 간 칠레를 관찰하면서 날카로운 기자의 직관으로 유려하게 풀어낸 피노체트의 삶은 "배신, 기만, 살인"으로 얼룩진 것이었다. 그는 자신을 신임하여 육군 참모총장에 추천해준 전임자 카를로스 프라츠 부부를 부에노스아이레스에서 자동차 폭발 사건으로 죽였고, 인민연합의 외무장관을 역임한 레텔리에를 워싱턴에서 암살시켰다. 로마에서도 미수에 거친 암살사건이 하나 있다. 기타 등등 암살과 인권유린 사건 때문에 스페인, 이탈리아, 독일, 아르헨티나 등의 나라에서도 그를 보내주길 원한단다.

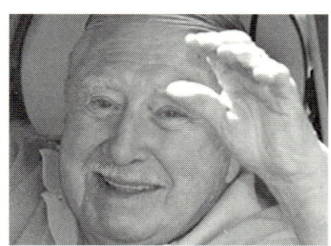

노인성 치매 증상을 이유로 기소중지 처분을 요구하는
독재자 피노체트

피노체트의 쿠테타. 호커 헌터 폭격기의
공격으로 불타는 모네다 대통령 궁

　복수와 배신의 이력은 여기에서 끝나지 않는다. 그는 오랜 지기였던 토
아 부통령에게도 죽음을 강요했고 아옌데 대통령을 이렇게 기만하기도 했
다. 최근에 공개된 무전기록의 한 장면에서 발췌한 것을 보기로 하자. 파
트리시오 카르바할 제독은 쿠데타 당일 모네다 궁을 공격하면서 피노체트
장군과 무전으로 다음과 같은 대화를 나누었다.

　피: 무조건 항복 이외 다른 이야기는 하지 말라. 무조건 항복.

　카: 좋습니다. 무조건 항복으로 그를 체포하는 겁니다. 다만 생명만 보장해준다
　　　는 거지요.

　피: 그놈의 생명과 육체적 안전만. 그리고는 바로 다른 곳으로 내보내버린다.

　카: 좋습니다. 국외탈출을 시킨다는 것이지요.

　피: 국외추방을 제의하도록 하지. 낡은 비행기에 태워 공중에 뜨면 떨어지도록
　　　말이야.

　모네다 궁전을 끝까지 지키면서 영웅적인 죽음을 택한 살바도르 아옌데
는 하마터면 이 여우 같은 장군에게 마지막까지 기만을 당할 뻔했다. 모네
다 궁전 앞에 있는 사법부 건물 입구에 서 있는 아옌데 대통령의 동상을 바

라보며 그래도 칠레인들이 이만큼 이룩한 민주화의 성과에 옷자락을 여민다. 한 진실했던 정치인의 삶과 태도가 16년 간 자행된 군정의 만행과 망각의 정치를 떨쳐버리는 중요한 무기가 되었다. 이날 비비아나 디아스 유가족연합 의장은 아옌데를 이렇게 평가했다. "칠레의 역사에서 가장 민주적이었던 우리 대통령"이었다고.

두 도시 이야기 : 산티아고와 부에노스아이레스의 정전 소동

15

불꺼진 거리들

두 도시의 슬픈 이야기(二都悲話)다. 2000년 2월 15일. 탱고 바들이 밀집해 있는 부에노스아이레스 산 텔모 지역이라고 한다. 월요일 새벽 4시에 이곳에 있는 배전회사 에데수르(Edesur)의 지하 배전 설비에 화재가 발생했다. 이로 인해 시내 중심지의 10개 구(barrios)에 불이 나가버렸다. 50만 명의 시민들은 출근 준비를 하려고 아침에 일어나서야 전기가 나간 것을 알았다. 지하철 A호선도 불통이 되었고, 물론 새벽 거리가 캄캄해진 것은 말할 것도 없다.

이튿날도 여전히 30만 명의 시민들은 전력 없이 더운 여름날을 보내야 했다. 이날 관보는 전력요금을 4% 인상한다고 공표했다. 17일, 여전히 6만 명이 전기 없이 지내고 있다. 배전회사 측은 토요일과 일요일 사이에 정상화될 것이라고 말한다. 그러나 이 정전 소동은 24일 밤에 가서야 겨우 해결이 되었다. 꼭 10일이 걸린 셈이다.

역시 2000년 4월에 칠레의 산티아고(인구 6백만 명)에서 있었던 일이다. 수백만 명의 사람들은 평소의 생활습관을 바꾸어야 했다. 중심가도의 가로등불도 서둘러 꺼졌고 상점도 이에 따라 일찌감치 철시해야 했다. 칠레 중부 지방에 전기를 공급하는 발전회사인 중부통합시스템(SIC)이 전력수요를 댈 수 없어서 정부가 매일 3시간씩 단전 조치를 취한 것이다. 이 해는 엘니뇨 현상으로 가뭄이 계속되었고, 따라서 수력발전에 크게 의존하던 SIC가 된통 당한 것이다. 4월에도 2시간씩 단전 조치가 계속되었다. 이런 이야기는 세계은행이 내놓은 민영화 리포트에는 나오지 않는다. 그 이유는 독자 여러분들이 잘 알 것이다.

민영화의 빛과 그림자

그런데도 왜 민영화를 하느냐고? 첫째 이유는 정부의 금고가 텅 비었기 때문이다. 돈이 있어야 외채도 갚고 정치도 할 것 아닌가? 외채위기로 인해 만신창이된 경제와 국가의 재정위기를 탈피하기 위해서는 팔 수 있는 것은 다 팔아야 했기 때문이다. 그래서 아르헨티나의 메넴 정부는 집권하자 곧 전화국, 항공사, 전력회사, 가스회사, 석유공사 등과 같은 알짜기업을 날치기로 팔아치웠다. 덕분에 구전도 좀 챙겼고. 이제 공공서비스 분야는 거의 국내재벌과 외국 기업이 장악한 민간 독점 분야로 굳어졌다. 서비스의 질적인 향상도 있었고 효율성도 높아졌다고 하지만, 덩달아 서민들이 부담하는 요금도 크게 올라갔다는 사실을 잊지 말자. 그럼에도 정전 사태가 10일이나 지속되었다는 사실은 민영화 기업에 대한 정부의 규제능력이 의심스럽다는 이야기에 다름아니다. 사족을 덧붙이자면, 국제금융권이 극찬했던 이 나라의 민영화 10년 역사에도 불구하고 아르헨티나 경제는 2001년 현재 혼미 상태에 들어가 또 IMF와 몇몇 선진국들이 근 400억 달러에 달하는 구제금융을 제공하기로 했다고 외신이 전한다. 우리에게도 남 이야기처럼 들리진 않지만 참으로 딱한 나라다.

단기 수익성에 희생되는 서민들

산티아고의 절전 소동도 역시 전력 서비스를 민영화했을 때 생기는 문제점을 잘 보여준다. 독점적 서비스를 공급하게 된 민간기업이 가장 중시하는 것은 이윤 동기다. 가능한 단기에 최저 비용으로 최대의 이윤을 내는 것이다. 그래서 SIC는 몇 년 전부터 전력수요가 계속 늘어나고 있다는 것을 알면서도 발전비용이 적게 드는 수력발전에만 목숨을 걸고 있다. 1998년의 엘 니뇨 현상이 가뭄으로 연결되자 일이 터진 것이다. 아마도 공기업이라면 에너지 수급 예측에 따라 다른 발전 설비를 동원했을 것이라고 많은 전문가들은 이야기한다. 적어도 절전 사태로까지 발전하지 않았을 거라고.

칠레의 경우 민영화된 전력 회사들에 대해 국가가 별로 규제자의 역할을 잘 수행하지 못한다는 비판도 있다. 요즈음 민영화의 후유증으로 세계은행에서도 탈규제에 따른 재규제 시스템의 구축을 강조하는 '규제국가론'에 관한 논의도 활발하다. 어차피 빚잔치를 위해 민영화를 할 바엔 해당 공기업을 팔아치우기 전에 규제의 틀을 만들어놓는 게 좋다고 친절히 권고한다. 팔고나서 다시 규제조항을 만들어 강제하려면 재벌들이나 외국기업들이 말을 잘 듣지 않는다나.

민영화에서 민영화까지

1930년대 말에도 사람들은 부에노스아이레스 전력 서비스의 문제점을 이렇게 요약했다. "투자 재원이 부족하고 비효율적이며, (서비스의) 질은 낮고 부패에 물들어 있다." 많이 듣던 소리다. 바로 민영화를 주장하던 사람들이 상투적으로 내거는 슬로건인 것이다. 그런데 이 슬로건은 바로 민영화 시스템이 가진 문제점을 국유화로 극복하자는 발전론자들의 주장이기도 했다. 무슨 소리냐고?

원래 부에노스아이레스의 전력 공급은 외국 사업자들이 시청의 허가를 받아서 민간 독과점 사업으로 운영하고 있었다. 20세기 초엽부터 독일자본의 CATE와 스위스/이탈리아 합작의 CIADE가 발전에서 배전 서비스까지 운영했다. 경쟁이 없으니 가격은 사실상 기업이 멋대로 정할 것 아니겠는가. 게다가 거의 자연 독점에 가까운 전력산업이니. 솜방망이를 든 시청 전력담당 직원 몇 명만 구워삶으면 별 문제가 없어진다.

2차대전 이후 시민들의 불만이 점증하고 이에 정부가 규제를 강화하여 전력 서비스 요금을 고정하자 이 외국기업들은 지출 비용을 줄여서 서비스 질을 떨어뜨렸다. 당연히 정부와 기업, 이용자 사이에는 서로 으르렁거리는 갈등이 생기게 되었다. 1955년 군부의 쿠데타가 일어난 뒤 전력사업은 공공서비스 분야로 재규정되고 이어 3년 뒤 국유화의 길을 걷게 된다. 대부분 중남미 전력산업의 국유화는 바로 이러한 배경을 가지고 있다. 당시 외국기업들이 장악하고 있는 민영화/분권화 시스템을 수입대체 산업화를 주장하던 발전주의 세력들이 다시 국유화/중앙집중화 시스템으로 대체하게 된 것이다. 외국기업들은 각 나라의 통합적 발전에 대한 욕구에 부응하기보다는 단기적 수익성에만 지나치게 열을 올렸기에 당시 주민들과 민족주의 성향의 정치세력들 비판을 피할 길이 없었다.

망각의 콘드라티에프 파동

"바뀌면 바뀔수록 그대로다(Plus ca change, c' est la meme chose)." 프랑스 속담이다. 요즈음 들어 새삼 가슴에 와닿는다. 위에서 보았듯이 1930년대 국유화할 때의 슬로건이나 요즈음 민영화할 때 내세우는 슬로건이나 별로 다를 바 없지 않은가. 1920~30년대에는 고삐풀린 시장의 된맛을 본 사람들이 동일한 문제의 징후군(비효율성, 재원 부재, 부패)을 국가의 개입과 규제를 통해 해결하려고 했다. 지금은 똑같은 징후군을 시장의 힘으로 제거하려는 차이밖에는 없다. 사람들의 변덕일까, 제도의 변덕일까 아니면 정치 사회세력들 사이의 싸움이 그렇게 만든 걸까? 결국 이 난리법석은 현대 자본주의 역사의 발전에 따라 불안정하게 경계를 바꾸어가는 공과 사의 영역이 균형을 잡으려는 몸부림일 것이다. 균형을 잡는 방식이 좌충우돌이니 어쩔 도리가 없겠지. 그러니 무슨 어린아이들 떼쓰는 것처럼 "시장이 절대선"이란 억지는 부리지 말자.

아마도 "망각의 콘드라티에프 사이클"이라는 게 있을 것 같다. 50년의 장기파동이면 두세 대 정도가 지나가는데, 역시 그 이전의 기억도 상실되는 것이다. 20세기 초엽에 시장의 된맛을 본 사람들은 금융 국제화가 가져온 '붐과 폭락(boom and bust)' 사이클을 피하려 전후에 다양한 장치를 만들었지 않나. 그렇지만 그 기억은 1970년대 말에 와서 사라졌다. 그 뒤 민영화 붐이 불었고 브레튼우즈 체제도 붕괴되면서 금융의 국제화도 가속화되었다. 1980년대부터 우리는 고삐풀린 자본주의가 강요하는 물결에 정신없이 헤매고 있다. 1920년대 전후의 아르헨티나 경제사 책을 읽으면 지금 우리가 정신없이 당하고 있는 삶과 너무 닮았다는 생각이 든다. 우리의 삶이 거창한 "세계화" 화두에 걸려 있는 것 같지만, 글쎄, 필자는 "과거로의 도약(Back to the Future)"이 오히려 더 적합한 표현이 아닐까 한다. 사람들은 한번 더 고삐풀린 시장의 된맛을 보아야 연대나 공존의 의미를 되새기게 되겠지.

제5부

베네수엘라
볼리바르 혁명과 쿠데타 소동

3일천하로 끝난 베네수엘라 사태 16

어처구니없는 미 행정부의 행동

3일천하로 끝났다. 차베스 정부를 무너뜨린 베네수엘라의 군부-민간 쿠데타는 한동안 미디어의 힘을 빌어 대세를 장악한 듯했다. CNN은 쿠데타 세력에게 유리한 혼란스런 정보를 줄곧 방송하여 여러 가지 의혹을 남겼다. 사임한 적이 없는 차베스의 사임을 군부 일부의 요구대로 발표했고, 쿠데타 주역 바스케스의 상황 장악을 과장하여 마치 상황이 끝난 듯한 분위기를 조성했다. 서둘러 카르모나 상공회의소 회장이 과도정부 대통령에 임명되었다. 그는 취임과 동시에 '볼리바르주의 공화국 베네수엘라'를 '베네수엘라 공화국'으로 개명했고, 차베스가 통과시킨 49개의 개혁입법을 모두 무효화시켜 복수의 칼날을 한번 휘둘렀다. 미국도 차베스의 축출을 "쿠데타로 볼 만한 것은 아무것도 없다"며 이례적인 논평을 내고 새 정부에 대한 지지를 서둘러 확인했다. 베네수엘라 석유 증산이 예상됨에 따라 국제유가도 큰 폭으로 하락했다.

카라카스 시가지를 뒤덮은 반차베스 시위대. 로이터 통신은 60만 명이
라 추정했다.

반차베스 데모대 일원이 최루가스 속에서
국기를 들고 행진하고 있다.

　부시 행정부가 표정관리를 하지 못하고 성급하게 나온 데는 이유가 있
었다. 차베스는 눈엣가시 같은 존재였다. OPEC에서 감산을 주도하여 유
가를 일으킨 주역이었고 미국이 적대시하는 이란·이라크와 협정을 맺기
도 했으며 최근에는 리비아를 방문하기도 했다. 미주에서는 카스트로와
함께 중남미 국가의 단합으로 미국과 맞서자는 '볼리바르주의'를 내세우
며 미국 주도의 미주자유무역지대(FTAA)안에 반대하였다. 이에 대한 대안
으로 베네수엘라는 브라질 주도의 메르코수르(Mercosur)에 접근하여 아르
헨티나의 페소 위기 이래 거의 무너져가고 있는 이 경제공동체를 되살리
려 하고 있다. 차베스는 콜롬비아의 마약 게릴라를 소탕하려는 미국의 '콜
롬비아 플랜(Plan Columbia)'에 대해서도 부정적인 태도를 취했다. 콜롬비
아혁명군(FARC)에 대한 군사작전을 수행하기 위해 베네수엘라 영공을 이
용하게 해달라는 요구를 거절했기 때문이었다.
　베네수엘라가 중남미의 요주의 국가 3국(아르헨티나, 콜롬비아, 베네수엘
라) 가운데 개입할 만한 내부 문제(경제, 마약 등)가 없는데도 포함되는 이유
가 바로 여기에 있는 것이다. 올 2월 CIA 국장 태닛이 상원 정보위원회에

서 이렇게 심중을 드러냈다. "나는 세 번째 석유공급국가인 베네수엘라를 우려하고 있다……차베스 대통령의 '볼리바르 혁명'에 대한 국내의 불만은 점증하고 있다. 유가하락으로 경제사정도 악화되고 있다. 위기 국면은 아마도 악화될 것이다." 쿠데타 당일 제시 헬름스 상원의원은 이렇게 화답했다. "오늘 아침 우고 차베스 베네수엘라 대통령의 사임은 축복으로, 민중의 의지로 볼 수 있다."

중남미 국가들의 반발

그러나 리오 그룹 대통령 18명의 반응은 미국의 대응과는 판이했다. 우선 이 사건을 쿠데타로 보지 않는 미국의 해석과는 달리 명백히 "헌정중단"과 "쿠데타"로 규정했고, 아울러 "명백하고 투명한 선거"를 통한 "민주제도의 정상화"를 조기에 이룰 것을 강력하게 요청했다. 이들은 심상치 않게 돌아가는 라틴아메리카 전역의 분위기를 감지했다. 만약 베네수엘라 쿠데타가 성공한다면 아르헨티나 군부도 움직일지 모른다는, 쿠데타의 전염효과를 우려했던 것이다. 외교적 공세에 능수능란한 멕시코의 비센테 폭스 대통령이 선거로 새 정부가 들어서기까지 승인을 않겠다고 폭탄 선언했다.

미국의 전문가들과 인권단체들도 이번 쿠데타가 1973년의 피노체트 쿠데타와 유사하다며 부시 행정부의 행동에 비판적인 시각을 피력했다. 전략문제 전문가 마이클 클레어는 이렇게 말한다. "미국이 아옌데 사례처럼 반대세력을 조직하라고 부추김으로써 차베스를 제거하려는 움직임에 지원 역할을 했으리라고 결론을 내릴 수밖에 없다."(『라 호르나다』, 2002. 4. 13) 카라카스에서 25년 간 활동하고 있는 시민사회단체인 미주문제위원회(COHA)도 이렇게 분석했다.

아마도 이용된 시나리오에는 CIA의 작전이 포함되었을 것이다. 베네수엘라 군부와 함께 논의하면서 기업가들과 노조지도자들을 파업 협의에 끌어들였을 것이다. 이로써 핵심적인 석유산업 전반이 무너지는 것처럼 보이게 하여 전국에 공포 분위기를 조성하고, 베네수엘라 경제가 무너지는 것처럼 보이게 했을 것이다.

3일천하로 끝난 해프닝

미국과 쿠데타 주역들의 의도와 달리 상황은 이상하게 꼬여만 갔다. 대통령이 사임했다는 육성이나 연설도, 심지어 자필 사임서 같은 물증이 보이지 않자 점차 군부 내부에서도 의혹이 일었다. 만약 차베스가 사임하지 않았다면 현 군사-민간 평의회는 불법으로 권력을 찬탈한 것이 되며, 또 신임 대통령은 원인 무효가 될 것이다. 차베스 지지자들은 하나 둘씩 모여들기 시작했고 카라카스에서 100킬로미터 떨어진 마라카이 군기지에서 이들은 역쿠데타를 조직했다. "국가적 존엄성 회복 작전"은 신속하게 군부 세력을 규합했고 주요 군부대는 대부분 합류했다. 게다가 카라카스 도심은 물론 군 주둔지 부근의 주거지 곳곳에서 민간인 소요가 확산되었다. 역쿠데타는 "권력을 찬탈한 사실상의 평의회를 원천적으로 부정하고……특히 경찰과 기타 그룹이 자행하고 있는 살인행위를 즉각 중지할 것"을 요구함과 아울러, "자신의 기능을 수행하고 있지 못한 대중매체에 접근"하여

3일 간 쿠데타로 잠깐 임시 대통령직에
머물렀던 페드로 카마라 상공회의소 회장

반차베스 시위대와 국가 경비대의 충돌. 이 과정
에서 16명의 사망자가 나왔지만 누가 유혈충돌을
촉발했는지는 아직도 미스테리로 남아 있다.

"차베스는 이제 물러나라"고 외치는 베네수엘라
노총 산하 노동자들

무고한 인명이 희생되는 것을 막아줄 것을 당부했다. 대통령궁의 의장대
도 헌법에 대한 충성을 맹세하고 각료를 포함한 새 정부 관리들을 체포했
고, 카르모나는 황급히 도망하여 티우나 요새로 달렸지만 이미 그곳에도
차베스 지지자들이 운집해 있었다. 평의회의 실력자 바스케스 장군도 카
르모나 대통령에 대한 지지를 철회했고 새 정부는 싱겁게도 3일 만에 무너
졌다.

누가 음모에 가담했나

음모는 극우세력들이 주도했고 워싱턴의 축복을 받은 것으로 알려져 있
다. 우선 차베스의 개혁입법으로 큰 피해를 입게 된 상공회의소
(Fedecamaras)의 기업인 집단, 노동력의 12%를 노조원으로 거느리고 있는

노조총동맹(CTV)의 부패한 노조관료그룹, 교회의 상층보수세력, 그리고 차베스 정부 출범과 더불어 갈등이 격화된 민간의 공중파 언론재벌이 차베스 정권의 붕괴를 위해 힘을 모았다. '적기(Bandera Roja)'란 극좌 세력도, 과거 CIA가 조직했고 반카스트로주의 쿠바인들이 훈련한 DISIP 요원들도 이번 거사에 참여했고, 이들이 차베스 지지자들에게 총격을 가해 대통령궁 앞의 유혈사태를 격화시킨 것으로 현지언론은 보도하고 있다. 여기에 중상층과 상층부의 이반을 감지한 군부 일부 장성들이 미국의 부추김에 들떠서 이번 거사를 기획했던 것이다.

반란은 미디어의 공세로 시작되었다. 미라플로레스 대통령궁 앞의 시위대에 대한 발포사건 왜곡보도가 시발이었다. 12명의 인명피해를 낳았던 이 소요사태에서 발포자들의 신원이 확인되지 않았지만, 공중파 방송들은 차베스의 지시에 따른 국민방위대의 폭거라고 흥분을 감추지 못했고 미확인 보도를 전세계로 날렸다. CNN은 미확인 보도를 전세계로 확산시키는 데 큰 기여를 했다. 정해진 수순에 따라 쿠데타 세력이 움직였고 곧 이어 미 국무부는 "차베스 행정부가 자행하거나 부추긴 반민주적 행동에 의해 위기가 발생하였다"고 논평을 내었다. 백악관 대변인 플레이셔는 "차베스 동조자들이 명령을 받아 비무장 평화 시위대에 발포를 했고 이로 인해 100명 이상의 사망자와 사상자가 다수 발생했다"고 발표했다. 민간 텔레비전 채널에서 사망자 수를 9~12명으로 보도했음에도 불구하고 백악관은 100명 이상으로 부풀려 보도했던 것이다. 나중에 밝혀진 바에 의하면 사망자 대부분은 차베스 지지자로 드러났다. 명백한 헌정중단 상태를 부시 행정부는 민중의 대의에 부합하는 의거로 환영했고, "쿠데타로 볼 만한 것은 아무것도 없다"며 쿠데타 세력을 두둔했다. 이런 미국의 행동은 1973년 칠레 아옌데 정부를 무너뜨렸던 피노체트의 쿠데타 당시를 연상케 했다. 정보통으로 알려진 신임 샤피로 대사와 CIA가 정국을 잘못 파악한 것으로 드러나는 데에는 불과 3일밖에 걸리지 않았다. 의외로 차베스 지지층이 군부와 시민사회 내부에 두터웠던 것이다.

차베스 정부의 공과

베네수엘라와 외국의 보수 언론에서 그리고 있는 것처럼 차베스는 "카스트로주의 독재자", "공산주의자", "미치광이 중령"의 이미지만 지니고 있을까? 예상할 수 없는 돌출적인 언어와 행동 때문에 그는 언론에서 끊임없이 구설수에 올랐다. 그렇지만 가르시아 마르케스가 『르몽드 디플로마티크』(2000년 6월호)에서 그리고 있는 것처럼 그에겐 시몬 볼리바르에게서나 봄직한 공화주의자로서의 역사적 비전과 뛰어난 지도력이 있음도 무시할 수 없다. 그 동안 차베스 정부의 공과를 현지에서 연구조사중인 미국의 베네수엘라 전문가 그레고리 윌퍼트(사회학자)의 말을 빌어 살펴보자.

이제 모든 '시민사회' 미디어, 군부가 차베스 퇴진을 당연시한다. 민중들을 배반했기 때문이란다. 이게 거짓말이란 점은 일단 제쳐두자. 통상 망각하고 있는 것은 차베스 정부의 성과이다. 구제 불가능한 부패와 불신으로 얼룩진 양당의 독점체제를 끝장내었고 선진적 헌법의 앞자리에 서게 한 민주적 헌법개혁, 뿌리까지 파헤친 농지개혁, 수많은 생태적 공동체 발전 프로젝트, 부패 척결, 1백만 명 이상의 어린이들에게 처음 학교를 제공했고 교육 부문의 투자를 2배 증액한 교육개혁, 빈민층의 불안정을 감소시킨 비공식부문의 규제, OPEC을 통한 석유 적정가 책정으로 정부의 수입을 늘인 점, 신자유주의에 반대하는 집요한 캠페인, 공식실업률 18%를 13%로 줄인 점, 빈민층과 여성들에게 제공한 대규모 소액 신용제도 신설, 소득 탈루를 크게 줄여 재정소득을 증가시킨 재정개혁, 유아 사망률을 21명(1천명 대비)에서 17명으로 줄인 것, 문맹퇴치 기금을 3배 증액한 점, 법률 제도의 근대화 등등…….(『라 호르나다』 2002. 4. 13)

기득권층의 반발

그렇지만 이런 개혁조치 가운데 기득권층의 이해관계를 크게 자극한 것도 많았다. 무엇보다 석유 부문의 통제와 감산으로 인한 유가상승 정책은 미국의 반발을 가져왔다. 베네수엘라 석유 부문의 민간개방을 노리는 다국적 석유 카르텔들은 차베스가 집권하는 동안에 자신들의 꿈이 실현될 수 없음을 절감했다. 국내에서는 2001년 11월에 통과된 49개의 법안들로 기득권층이 크게 반발했다. 특히 분노를 자아낸 것은 토지법이었다. 대토지 소유제(라티푼디오)의 유휴 토지를 수용하여 경작 농민들에게 제공한다는 이 법은 과두제 세력의 기득권을 정면에서 공격했다. 이에 대응하여 2001년 12월 10일에 자본가들이 조직한 파업이 전국을 마비시켰다. 올해 1월 23일에는 20만 명을 동원한 야당 세력 연합의 차베스 퇴진 시위가 조직되었다. 사회의 양극화가 진행되는 가운데 차베스는 정부에 악의적인 정보를 살포한다는 이유로 공중파 언론사 세 개를 정리했다. 이에 미디어 재벌들이 당연히 총공세에 나섰다. 정부 방송사를 제외한 나머지 언론과의 전쟁이 시작되었다. 그러나 일부 노동자들이 거리에 동원된 것은 다른 까닭이 있었다.

차베스 정부의 미래

'포퓰리스트' 차베스는 경제안정화 정책에 관한 한 정통파였다. 그는 엄격하게 균형재정 노선을 고수했고 볼리바르화의 고평가를 감수하며 인플레이션을 막기도 했다. 그 결과 실업률은 13%에 달했다. 고평가 압력이 30%의 평가절하로 이어지면서 노동자들의 불만이 터져나왔다. 명목임금의 인상분을 20% 선에서 동결했던 것이다. 게다가 금융, 텔레커뮤니케이션, 연기금 부문을 민간 부문에 개방했고 그 덕분에 좌파와 노조로부터 '신자유주의자'란 비난을 듣고 있다.

현재의 안개 정국은 어떻게 전개될까? 차베스는 부패한 과두제 세력의 양당 정치에 넌더리를 낸 국민들의 불만에 힘입어 두 차례 선거에서 압도적인 지지를 모았다. 그 결과 헌법 개정에 성공했고 의회도 장악하여 여러 가지 개혁정책을 밀어붙였다. 베네수엘라 사회의 상층부와 중상층 세력은 이 때문에 반발했다. 60%를 상회한 국민 지지도도 쿠데타 직전에 30% 수준으로 하락했다. 민중들은 자신들의 높은 기대수준이 채워지지 않음을 알고 이제 지지를 조금씩 철회하고 있는 것이다. 그렇지만 쿠데타를 방어할 수 있는 대중적 지지기반은 여전히 남아 있음을 확인했다.

향후 차베스 정부의 운신의 폭도 크지 않다. 이미 과두제 세력과의 관계개선은 어려울 정도로 악화되어 있고 미국의 비협조도 여전할 것이다. 일자리와 정당한 임금을 요구하는 대중들도 침묵하지 않을 것이다. 다만 10% 수준에 머물고 있는 야당 세력에 대한 낮은 지지도만이 정국운영에 도움을 주는 변수이다. 한번 끓어넘친 베네수엘라 정국이 안정화되려면 모든 세력이 참여하는 거국적 화해조처가 필요하겠지만, 그 동안의 추이를 보면 낙관하긴 어렵다.

베네수엘라 사태의 교훈 **17**

카라카스에 심상찮은 조짐이 보였을 때 내가 맡은 첫 냄새는 석유 냄새였다. 차베스 '사임' 소식이 세계로 퍼지고 있을 때 국제유가도 동시에 6% 하락했기 때문이었다.

월스트리트엔 환호성이 터졌다. "유가가 안정될 것이다. 또 조만간 베네수엘라 석유시장이 열리니 투자할 돈을 모아두라"는 분석서가 재빨리 돌았다. 나중에 민간정보회사 스트랫포(Stratfor)의 보고서로 언론에 알려졌지만, 이미 쿠데타 주도 세력은 1~2주 전에 국무부와 대사관 그리고 CIA와 접촉했고 분명히 모종의 사인을 받았다고 한다.

클린턴 행정부 시절 중남미 담당 특보를 지냈던 아르투로 발렌수엘라는 민선정부를 전복하려는 불온한 음모에 미국이 휘말리면서 지난 10여 년 간 주도해온 민주주의 수호자로서의 이미지를 훼손했고, 민주주의를 집단 방어한다는 관련 조약과 협약들을 휴지로 만들었다고 흥분을 감추지 못했다.

월스트리트의 즐거운 비명은 3일이 가지 못했다. 차베스가 복귀하자 메릴 린치사는 서둘러 '베네수엘라, 예기치 않은 사태'란 보고서를 내어 가까운 미래에 자본도피, 환율에 대한 압력, 경기침체가 가속화될 터이니 가능한 투자를 삼가라는 경고를 보냈다.

국영 베네수엘라 석유회사(Pdvsa)의 민영화 프로젝트는 이제 물건너가 버렸다. 텍사스의 오일 회사들과 스페인 석유회사 렙솔, 월스트리트의 큰손들은 서툰 미국 행정부의 솜씨에 경악을 감추지 못했을 것이다. 그러나 어찌하랴? 차베스도 명운이 질긴 것을. 백악관의 안보담당 콘돌레차 라이스도 쿠데타의 실패에 섭섭한 표정을 감추지 않으며 차베스가 분명히 교훈을 얻었으리라고 믿는다고 밝혔다.

놀랍게도 미주기구와 리오 그룹 18개국이 재빨리 대응했다. 민중의 염원이 실현된 것이라는 백악관의 해석과는 달리 이들은 '미주민주헌장'에 입각하여 "헌정이 중단된 쿠데타"로 명명하고, 아울러 "명백하고 투명한 선거"를 통한 "민주제도의 정상화"를 조기에 이룰 것을 강력하게 요청했다.

멕시코의 비센테 폭스 대통령은 새로운 선거로 새 정부가 들어서기까지 정부승인을 않겠다고 강경하게 나섰다. 브라질과 아르헨티나 같은 큰 나라들도 헌정 붕괴를 용인할 수 없다고 성토했다.

로이터나 AFP 같은 유럽계 언론사들이 비교적 사태 추이를 정확하고 신속하게 보도했다. 이들은 베네수엘라 언론사들이나 CNN이 유포하는 쿠데타 지원성 기사들의 허구를 폭로하면서 시민들에게 정확한 정보를 제공했다.

이런 외신기자들 덕분에 차베스주의자들은 시민봉기를 곳곳에 조직할 수 있었고 또 쿠데타 지지부대들도 신속하게 결집할 수 있었다. 결국 거의 무너졌던 차베스 정부를 되살린 것은 중남미 국가들의 쿠데타 비난 결의와 외신기자들이라고 말해도 과언이 아닐 것이다.

"하나님의 것은 하나님께, 시저의 것은 시저에게, 민중의 것은 민중에게." 일요일 새벽 미라플로레스 궁전에 복귀하면서 내던진 차베스의 일성이다.

'시저의 것'인 대통령직은 자기 것인데 누가 훔쳐갈 수 있겠느냐고 은근히 과시했다. 그의 애칭 중의 하나가 시저(Cesar)이기 때문이다. 그런 그도 하룻밤을 자고난 뒤 자신의 행동을 반성하는 유화적인 기자회견을 가졌다.

애초에 사태의 발단이 되었던 국영석유회사의 임원진 교체 조치와 공중파 언론3사 폐쇄 조치가 잘못된 것임을 사과하고, 이제까지 자신이 범한 오류들에 대해 국민에게 정중하게 용서를 구했다.

시민봉기로 차베스 복귀 성공

차베스는 그 동안 즐겨 사용했던 이분법적 수사인 "부자와 빈민", "과두제와 민중"이란 담론을 버리고 "모든 베네수엘라 국민의 대통령"이 되겠다고 다짐했다. 게다가 미 행정부도 "잘못된 정보의 피해자"였다며 은근히 화해의 제스처를 보냈다. 그가 추진했던 '볼리바르주의' 반미 대외정책은 위험할 정도로 벼랑 끝을 달렸다. OPEC에서 감산 정책을 주도하여 유가 상승을 부추긴 것도 보다 많은 석유를 공급하길 원하는 미국의 요구를 번번이 묵살한 것이다.

그는 '악의 축'으로 규정된 이란, 이라크와 협정을 맺었고 최근에는 리비아도 방문했다. 콜롬비아 마약 전쟁에 나선 미국에게 영공 통과를 허용하지 않았고, 미국이 주도하고 대부분 중남미 국가들이 참가하는 미주자유무역협정안에 반대했다. 게다가 카스트로의 쿠바에 좋은 조건으로 석유를 제공하여 미국 내 우파들의 신경을 짓이겨놓았다. 이런 좌충우돌의 대외정책은 자신과 자국의 조절능력을 넘어선 것이었다.

운 좋게 살아남은 그는 페이스를 조절하여 경제정책의 방향을 재조정하고 언론계에도 유화 제스처를 던지고 있다. 그렇지만 야당이 그의 말을 진

2002년 3월, 카라카스의 한 집회에서 지지자들에게 둘러싸인 차베스 대통령

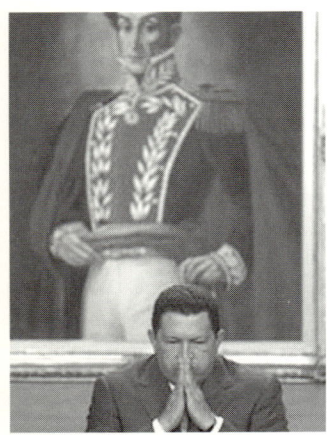

'해방자' 시몬 볼리바르 초상화 아래에서 고민하고 있는 차베스 대통령. 그의 '볼리바르주의 혁명'은 과연 성공할 수 있을까?

지하게 받아들이지 않고 있고 행동으로 구체화되기 전에는 협조하지 않겠다고 계속 으름장을 놓고 있다. 미국과 스페인 정부 역시 차베스에게 조기에 신임투표를 실시할 것을 요구하고 있다. 카라카스의 거리가 평온을 회복하려면 아직도 갈 길이 멀다.

이미 미국의 민간정보회사 스트랫포에 의해 CIA의 개입이 도마에 올랐다. "CIA는 (쿠데타) 계획을 사전에 인지했고 실패로 끝난 과도정부의 수립을 도모한 극우 군부 장교와 민간인들을 지원했다"고 보고서는 비난했다.

'반미 볼리바르주의' 죽이기

외신은 전국민주주의기금(NED : National Endowment or Democracy)이 작년 1백만 달러 가량의 자금을 베네수엘라 민간단체들에게 나눠주었고, 분명히 반차베스 민간조직들이 이 돈을 정부 흔들기에 이용한 흔적이 있다고 보도했다. 이런 은밀한 공작 외에 구체적으로 미국 정부 요원들이 쿠데타에 개입되었다는 흔적이 곳곳에서 발견되고 있다. 쿠데타 당일 대사관 무관인 로널드 맥캐먼 대령이 쿠데타 군들과 행동을 같이했다는 보도가 나왔고, 또 무관 제임스 로저스 중령은 준비 작업부터 실패에 이르기까지 티우나 요새에 있었던 것으로 확인되었다.

워싱턴의 정보통들도 쿠데타 군과 과도정부 실력자들과 여러 차례 전화를 주고받은 것이 확인되고 있다. 펜타곤에서 중남미 저강도 갈등과 특수

작전을 담당하고 있는 로젤리오 파르도 모러, 국무성의 오토 라이시, 존 메이스토 같은 고위직 공무원들이 쿠데타 전후에 조언에서 상황 통제에 이르기까지 개입된 것으로 알려졌다. 특히 라이시는 쿠데타의 민간인 주역이면서 자금줄이기도 한 베네수엘라 언론재벌 구스타보 시스네로스와 "두어 차례" 통화한 것을 실토했다. 시스네로스가 갖고 있는 론사 베네비시온은 쿠데타 주역들이 모여 과도정부를 조각하고 향후 대책을 논의하던 곳이기도 해서 라이시와 시스네로스의 통화 내용은 그만큼 무게가 실린 것이었으리라고 한다.

2002년 4월 30일자 멕시코 주간지 『프로세소』에는 미국의 개입을 명백히 보여주는 전화통신문 한 장이 보도되었다. 미 국무성의 관리 치콜로 씨와 임시정부 사이에 있었던 교신 내용이 문서번호 913호란 제명으로 공개되었다. 이것은 베네수엘라 공화국의 인장이 아니라 베네수엘라 대사관 인장이 찍혀 있는 흥미로운 문서이다.

미국의 중남미 '저강도 정책' 일환

이 문서는 "첫째, 미국은 미주민주헌장의 완전한 유효성을 인정하고 지지하는 까닭에 헌정적 합법성의 단절은 어떠한 경우에도 비난할 수밖에 없다. 따라서 현단계 진행되고 있는 과도정부는 우리가 이해하고 동조하지만 헌정적 형태를 유지하는 것이 필요하다. 이를 위해서 차베스의 사임을 국회가 동의하는 절차가 필수적이며 최고재판소에도 호소하여 여기서 긍정적인 답을 얻어내야 한다고 생각한다.

치콜로 씨는 이를 강제해서는 안 되며 새로운 권위체(새 정부 : 역주)에 대한 지지를 공식적으로 표명할 것을 종용해야 한다고 명백히 밝혔다. 그는 이것이 민주헌장의 조항들에 따르는 것이기도 하지만 대륙 일국의 헌정적 합법성이 단절되고 궁극적으로 모든 협력 활동이 정지되는 경우, 의회의 권능을 고려해야만 하는 법률적 규범에 따르기도 하는 것이라는 점을 지적했다"고 적고 있다.

이 문서는 아울러 이렇게 적고 있다. "둘째, 이런 상황 전개에 치콜로 씨는 다음을 제안했다. 새 정부는 무엇보다 우선적으로 미국 정부에 다음과 같은 공문을 보내야만 한다. 여기에는 적당한 기일 내에 선거를 소집할 것이라는 약속을 공식적으로 언명하고, 아울러 이 선거에 미주 국가들의 참관인단도 환영한다는 말도 담겨야 할 것이다." "셋째, 치콜로 씨는 차베스 대통령이 자필서명한 사임서 사본이 도착되어야 한다는 점도 대단히 중요하다고 지적했다. 넷째, 또 미주기구의 베네수엘라 현 상주대표의 교체도 즉각적으로 이루어지길 요망한다고 말했다. 베네수엘라의 국익을 위해서 그를 '부적격인물'이라고 선언하지 말고 우호적인 제안을 하듯이 일을 처리해야 할 것이라고 지적했다. 마지막으로 치콜로 씨는 동일한 메시지가 베네수엘라 주재 미 대사에게도 전달되었다는 점을 확인했다."

3일천하의 과도정부는 인큐베이터에 들어가 있는 아이처럼 미국으로부터의 훈령을 기다리는 애처로운 신세였다.

미국, '조언' 아닌 '관리' 수준

이 문서는 미국의 개입이 단순히 '조언'이나 '제안'에 제한된 것이 아니라 거의 '관리' 수준이었음을 웅변적으로 증언한다. 멍청하게도 베네수엘라 쿠데타 세력은 도망가면서 증거를 인멸하지 않았고 차베스 정부에게 한 보따리의 문서더미를 고스란히 넘겨주었다고 한다. 앞으로 또 어떤 내용들이 공개될 것인지 자못 기대가 된다.

제6부

세계화와 우리의 좌표

세계화와 우리의 심상 지도

18

머릿속의 세계지도 1

꼭 10년 전의 일이다. 한 미국인과 함께 워싱턴에서 하와이까지 2주 정도 여행을 한 적이 있었다. 밤이면 별 할 일이 없었기에 맥주를 마시며 이런저런 이야기를 했고 가끔 노래를 함께 부르기도 했다. 아마도 캔자스시티에서 보낸 어느 날 밤이었던 것 같다. 미국 가곡의 아버지라 불리는 포스터의 노래에 대한 이야기를 했었다. 우린 중고등학교에서 이런저런 노래를 배웠노라고. '올드 블랙 조', '꿈꾸는 가인', '금발의 제니' 그리고 '켄터키 옛집'이랑 '스와니 강', 또 몇 곡이 더 있었던 것 같다. 컬럼비아 대학에서 교육학 박사과정을 이수한 이 친구는 깜짝 놀랐다. 어떻게 자기가 모르는 미국 노래를 그렇게 많이 아느냐고. 그 친구가 가사를 완전히 기억하는 노래는 하나밖에 없었다. 몇몇 멜로디는 들어보았지만 처음 듣는 것도 있다고 고백했다. 그날 밤 필자는 충격을 받았다. 어떻게 우린 미국 노래를 그렇게 많이 알까? '콜로라도의 달밤'이란 멜로디도 흥얼거렸

라틴아메리카, 영원한 위기의 정치경제

다. 역시 처음 듣는다고 한다. 허 참…… 우리 음악 교과서를 만든 사람들은 무얼 보고 무얼 생각하고 책을 만들었을까? 그렇다고 우리가 미국을 제대로 아는 것도 아닌데.

머릿속의 세계지도 2

그리곤 꼭 10년 만이다. 71년 만의 권위주의 정권이 이번에는 바뀔까? 2000년 7월 선거를 앞두고 전세계 외신 기자들은 일찌감치 달아오른 멕시코 대선 정국을 취재하느라 분주하다. 미국, 유럽의 언론사는 말할 것도 없고 일본에서도 특파원들이 와서 시내 중심지의 호텔에 진을 치고 있었다. 필자는 우리나라의 미국 특파원도 몇 명쯤 올 거라고 생각했다. 결국 전세계 언론을 강타한 외신 특종이 여러 개 터졌지만("베를린 장벽의 붕괴 이래 최대의 사건"이라고 떠들었다), 우리 기자들은 겨우 텔렉스나 보며 짜깁기한 기사로 면을 채우느라 바빴다고 한다. 잔치가 끝난 뒤에야 모 신문기자가 허겁지겁 달려와 뭘 챙기려 했다나. 그럼, 멕시코쯤이야 미국 밑에 붙어 있는 자그마한 나라인데. 테킬라나 마시고 노래나 흥얼거리는 게으른 민족쯤이야…….

그런데 그렇게 괄시하지 말자. 한국은 인구 1억 명의 이 나라에서 연간 20억 달러의 무역흑자를 남기고 있다. 이 나라 사람들은 한국에 일인당 20달러씩 선물을 하면서도 "무역역조 시정" 같은 소리도 꺼내지 않는다. 인구 12억에 40억 달러 흑자를 내는 중국인들이야 일인당 3.5달러 얹어주면서도 큰소리치고 있지 않는가. 또 요즘 몇 년 동안 멕시코 경기가 좋아서 장사로 먹고사는 우리 이민들도 부쩍 늘어나고 있다고 한다. 1997년 1천 명 수준의 한인 사회가 3년이 지나면서 1만 3천 명 규모로 커졌다고 한다.

한심스런 우리의 세계지도, 외신면

지도 그리기는 정복자들과 지배자들의 프로젝트이다. 땅과 인구를 정복한 다음 지도를 그린다. 지배를 위해서. 그래서 지도에 써 있는 지명과 바다의 이름에는 지배와 권력의 역사가 각인되어 있다. 자신의 운명을 통제하려고 노력하는 자들은 자신의 지도를 그린다. 그러나 바람 부는 대로 정처없이 휘둘리는 민족은 남의 지도를 그때그때 빌려 쓸 뿐이다. 머릿속의 지도도 마찬가지다. 세계와 맞서서 자신의 운명을 개척하는 민족만이 온전한 자기 머릿속의 지도를 가지고 있을 거다.

외신기사를 보면 항상 하품이 나온다. 외신면이야말로 우리의 세계지도를 매일매일 그리는 것이 아니겠는가? 우리의 외신에서 필자는 안절부절하는 시선에다 혼미한 상태의 자기의식을 읽어낸다. 오랫동안 대문짝 크기만큼 지면을 채웠던 유고슬라비아 사태가 우리의 삶에 그만큼 중요했던가? 왜 그렇게 외신은 가십이나 스캔들 중심으로 기사화되는가? 분석이 없는 것은 그렇다 치더라도 오보는 왜 그렇게 많나? 가끔 읽는 중남미 관련 기사에서 의심스런 숫자나 이름자 틀린 것도 왜 그렇게 자주 보이나? 차라리『뉴욕타임즈』기사를 그대로 번역해서 싣는 것이 낫겠다 싶다.

나침반 없는 항해사들

세계화를 떠들어댄 지도 벌써 제법 되었다. "(해외)지역연구가 살 길"이라고 떠들며 한동안 분주했다. 교육부는 2억 원 정도 주던 연구비를 불과 몇 년 사이에 32억 원으로 늘려서 인문학과 사회과학 분야에 지역연구 붐을 조성했다. 그런데 새 정부가 들어서면서 하루아침에 제도를 바꾸었다. 다른 분야와 형평이 맞지 않으니 연구비를 통폐합한다나? 하여튼 걸음마하던 단계의 해외지역연구는 다시 원점 상태로 돌아갔다. 그 동안 투자한 돈은 무얼 건지지도 못하고 그냥 녹아서 사라져버렸다고 보는 게 정확할 것이다. 학자들에게는 교육부와 학술진흥재단이 조변석개식으로 바꾸는 정책에 대한 불신감만 높여준 셈이고. 우리나라가 수출로 먹고사는 나라라는 사실을 모두 잊고 사는 것 같지 않은가. 예의 교육부 관료들이나 위의 언론이 보여주는 행태가 바로 우리의 세계화 수준과 실력을 여실히 보여주는 것 아닐까?

외부에 대한 무지와 콤플렉스

우리의 머릿속 깊숙이 내장된 바깥에 대한 콤플렉스에는 이유가 있을 것이다. 주변의 4대 강국들에 휩싸여 오랫동안 휘둘리며 살아온데다가 중국 대륙과 일본에 가리어 바깥 세계와 격리된 채 '조용한 은자의 나라'로 은둔해온 과거 말이다. 조선조 이래 한국전쟁에 이르기까지 바깥은 내부의 안정을 해치는 위험한 요소였을 테다.

그렇지만 삼국시대에서 고려시대까지 우리 윗대 선조들은 외부 세계를 그렇게 무서워하지 않은 것 같다. 그러니 문화유산도 화려하지 않은가? 조선 초기의 융성도 고려시대에 쌓인 역량이 재결집된 것일 뿐이다. 조선 중기 이후의 쇠퇴는 바로 은연자중하는 우리 선조들의 패쇄적 태도에 그 이유가 있지 않을까? 필자는 태풍의 방향이나 해류의 방향이 반도를 향해 좀 더 서쪽이나 북쪽으로 향해 있었다면 조선이 쉽게 망하지 않았을 거라는 가설을 가지고 있다(if not history). 외부세계와 빨리 접촉해서 충격을 받더라면 내부를 추스릴 시간적 여유를 얻었을 테니까.

좌우지간에 수출지향적 공업화가 본격적으로 일어난 1960년대 이래 바깥은 숙명적으로 부딪혀야 하는 우리의 운명이 되었다. 그런데 40년이 지난 지금도 우리의 시선은 내부로만 움츠러들고 바깥을 향한 시선은 갈피를 잡지 못하고 있다. IMF 사태까지 당했으면서도 우리의 존재조건을 규정하는 바깥에 대해서 왜 그렇게 무지할까?

주객본말의 논의들

늘 과녁을 빗나가 엉뚱한 곳을 쏘는 소총수는 총을 나무란다. 자기 실력은 괜찮은데 총이 잘못이라고. 이와 비슷한 문제제기가 요즘 잘못 제기된 영어 공용화 논의와 영어 강의 열풍이 아닐까 한다. 물론 세계화 시대에 영어가 중요하다는 것은 두말할 나위가 없다. 그러나 영어 실력은 도구일 뿐이지 여기에 무얼 담는 것은 우리의 시각이고 축적된 노하우이며 농익은 지식이다. 얼빠진 소총수처럼 소총을 나무라지 말고 자신의 자세를 반성하는 게 문제해결의 지름길이 아닐까? 결코 주객본말이 될 수 없다. 툭하면 영어를 못해서 협상을 잘못한다 나무라는데 이는 거짓말이다. 영어를 유창하게 못해도 협상을 잘할 수 있다. 영어를 잘하면 두말할 나위도 없이 좋다. 그러나 무얼 잘못 알고 있고 아는 게 없거나 입장이 불분명하기에 협상에서 큰 실수가 나오고 당하는 경우가 많은 것이다.

그러니 생각나는 이야기가 있다. 아시아 유학생들을 많이 접했던 한 미국인이 몇 년 전에 필자에게 한 이야기다. 자신이 접한 한국 학생들의 특징은 대화의 내용보다 유창한 발음에 더 신경을 많이 쓴다고. 유창한 두어 문장을 빠르게 이야기하곤 더이상 대화를 이어나가려 하지 않는다고 한다. 일본이나 중국 학생들은 그렇지 않단다. 발음이 서툴러도 끈기있게 자신의 생각을 또박또박 말한다나. 문법 같은 것 틀려도 별로 개의치 않고. 또 재미있는 것은 그 멀리 공부하러 와서도 외국인들과는 잘 어울리지 않고 유독 유학생들끼리만 똘똘 뭉쳐 다닌다고 한다. 모두에게 적용되는 이야기는 아니겠지만 유학을 가서 외국생활을 하더라도 바깥 세계에 대한 공포증은 그대로 남아 있는 것 같지 않은가. 상사 직원들이나 외교관들이라고 그렇게 행태가 많이 다를까?

발음보다는 내용과 태도를 먼저 바꾸자

이런 행태부터 고쳐야 무언가 바뀌지 않겠는가? 우리의 존재조건을 규정하는 바깥에 대한 공포감부터 없애고 우리의 외부환경에 대한 올바른 지식을 차근차근 습득하는 것이 세계화에 대한 올바른 대응이 아니겠는가? 우리 언론은 가십기사형 국내정치 보도는 좀 줄이고 외신면을 좀더 내실있게 구성해야 하겠다. 이제라도 외신 전문기자를 양성해야겠다. 상사 직원들도 가격만 쳐다보고 물건을 파는 행태에서 탈피하여 정보와 인적망에 더욱 신경을 써야 할 것 같고. 외교관들 세계에도 한 지역 또는 한 분야에 대한 전문지식을 높이 평가해주는 풍토가 자리잡아야겠다. 또 학교는 세계화 현상을 올바로 바라볼 수 있게끔 학생들을 교육시켜야 한다. 수출지상국가이니만큼 교육 내용도 내수용품(국내)의 비중보다는 교역재(외부세계)의 비중이 높아져야 하지 않을까? 세계에 대한 우리의 자기의식을 형성할 무엇보다 중요한 역사 교육도 국민국가 내부에서 일어나는 일들을 주로 가르치는 체제에서 방향을 전환하여 세계화나 교역의 역사, 유민(이민)의 역사, 문명의 교류와 충돌 같은 '흐름(flow)의 역사'로 방향을 바꾸어야 하지 않을까? 세계의 변방에서 한반도를 바라보다 생각난 넋두리를 한번 적어보았다.

19

세계화와 축구 : 세 개의 이야기

하나. 와인과 축구

부르고뉴 포도주와 보르도 포도주 둘 다 마실 수 있는 세상을 위해 투쟁한다! 사회학자 피에르 부르디외가 한 인터뷰에서 한 말이다. 까다로운 프랑스 사람들의 식탐 버릇도 세계화의 거대한 물결에 위협을 받는 모양이다. 다양성은 글로벌 스탠더드란 이름 아래 서서히 소멸되고 있다. 20세기 사회학의 마지막 거장 부르디외는 신자유주의 세계화가 강요하는 획일화에 저항하는 것이 이 시대 사회과학의 임무란 말을 남기고 얼마전에 세상을 떠났다.

까다로운 감식가조차도 프랑스 와인, 캘리포니아 와인, 칠레 와인, 스페인 와인의 차이가 별로 없다는 것을 이제 잘 안다. 조금 있으면 감식가란 직업조차 없어질지 모를 일이다. 내가 좋아하는 카베르네 쇼비뇽 13도는 어디 것이나 별반 차이가 없다. 오로지 가격 대비의 미세한 차이뿐이리라.

난 당연히 싼 칠레 와인을 선호한다. 맛의 차이는 포도 종자와 도수의 차이로 축소되고, 그것도 종묘를 공급하는 다국적 회사 덕분에 그것의 다양성마저 점점 축소되고 있다. 모두 대중의 평균적인 입맛에 맞는 수익성 모델로 수렴되기 때문이다. 땅과 기후 차이는 어떡하냐고? 그것도 인공위성의 사진 촬영과 과학적 영농 방법을 응용하면 거의 벤치마킹하는 모델에 수렴한다고 한다.

그렇다면 포도주 가격을 결정하는 것은 포도가지를 치고 수확철에 포도를 따는 임금가격의 차이이리라. 따라서 당연히 스페인에는 모로코 불법 노동자들이, 프랑스에는 알제리 노동자들이, 캘리포니아에는 멕시코 불법 노동자들이, 칠레에는 싼 여성 노동력이나 볼리비아·페루 사람들이 동원된다. 포도주를 혓바닥으로 음미하면서도 난 가끔 이렇게 피말리는 세계화의 현실을 생각하고 나의 '불행한 의식'을 비웃는다.

축구라고 세계화와 획일화의 덫에서 자유로울까? 아니다. 언젠가부터 경쾌한 삼바와 부드러운 탱고 리듬의 축구가 사라지고 있다. 축구의 세계에도 종의 다원성이 줄어들고 있는 것이다. 가르시아 마르케스와 보르헤스의 환상문학이 남미 태생이듯이 문지기까지 개인기로 제치고 공을 밀어넣는 환상축구 역시 남미에서 탄생했다. 어릴 적 보았던 펠레의 신기에 가까운 묘기, 다리와 다리 사이로 공을 빼내며 순식간에 3~4명의 수비수를 제치고 느긋하게 골을 밀어넣는 마라도나의 환상적인 플레이는 일상에서 찌든 모든 이에게 경이로운 세계로 여행하는 것을 가능케 했다. 새끼줄을 말아서, 돼지방광에 바람을 넣어 공을 찼던 시골 꼬마들도 피터 팬은 몰랐지만 펠레는 알았다. 하지만 세상은 바뀌었다.

2-3-5에서 4-3-3을 거쳐 5-4-1로 이르는 전술의 변화를 에두아르도 갈레아노는 "대담성에서 두려움으로 이르는 여행"이라 갈파했다. 그 풍요롭던 환상축구가 빡빡한 경영학 축구로 바뀐 것이다. 그라운드를 뛰는 예술가들

은 이제 슬프게도 정신없이 뛰어다니는 발노동자로 바뀌었다. 테일러주의 경영학이 요구하는 시간연구와 동작연구의 규범이 그들에게도 뒤늦게 적용된 것이다. 이제 그라운드의 댄서들이 보여준 경이로운 몸동작과 드리블링은 금지되고 오로지 쉴새없이 움직이는 몸놀림, 속도, 힘만이 강조된다.

발노동자는 더욱 고달파졌다. 에너지 소모량이 많은 만큼 수명 또한 당연히 짧아졌다. '프랑스 풋볼'이 발표한 바에 의하면 지난 20년 동안 프로축구 선수의 수명은 평균 12년에서 6년으로 반감되었다고 한다. 따라서 포도주 산업처럼 프로축구 산업에도 이민 노동자들이 줄을 잇는다. 물론 원한다면 국적을 부여하는 '제국적 공화주의'의 너그러움도 있다. 과거 식민지 국가에서 온 선수들에게 베푸는 은전이다. 그래서 네덜란드에는 수리남 출신들이, 프랑스에는 알제리·세네갈 같은 구식민지 출신들이 많은 것이다. 축구 노동자들이 자그만 시골클럽에서 식민지의 도심으로, 다시 제국의 메트로폴리스로 이동하는 동안 선수들을 사고 파는 구단주들은 짭짤한 이득을 챙기지만 돈맛을 보게 되는 선수는 극소수이다.

축구 스타일이 획일화되는 가운데 경기도 진부해졌다. 축구 산업으로 혜택을 보는 구단주와 광고주, FIFA는 싱글벙글 웃겠지만 즐거움이 반감된 TV 앞에서 난 슬픈 세계화의 현실을 떠올린다. 왜 환상적인 묘기를 보는 것이 금지된 세계로 자꾸 깊이 빠져드는 것일까? 펠레, 당신이 한번 대답해주시지요.

둘. 월드컵 그 이후

세계화와 축구
축제가 끝났다. 우리를 주체할 수 없는 열정의 도가니로 몰아넣었던

2002년 6월은 그렇게 끝났다. 광화문 거리를 메웠던 그 붉은 인파들이 우리 사회에 던진 메시지는 무엇이었을까? 누구도 예상치 않았던 결과인 월드컵 4강이란 신화는 또 우리에게 무얼 이야기하고 있는 것일까? 월드컵은 끝났지만 그 여진은 아직도 남아 있다.

이번 월드컵은 축구 세계에 진행된 세계화의 여파를 잘 보여주었다. 세계 축구의 변방인 아시아에서 개최된 이번 대회에서 공동개최국인 일본과 한국은 공히 16강에 올랐고 또 세계 축구인들로부터 찬사를 받았다. 특히 4강 진출이란 기염을 토한 우리나라의 경우 네덜란드의 '토털 사커'를 성공적으로 접목해서 기대 이상의 성과를 거두었다. 적어도 축구에 관한 한 세계화 전략은 성공했다고 할 수 있으리라. 이번 대회는 1970년대 이후 약화되기 시작한 예술축구가 완전히 죽었음을 잘 보여주었다. 그것은 흔히 '작가(auteur)의 죽음'에 비유된다. 우리나라 축구팀은 다기능적인 기능공을 선호하는 포스트포디즘 체제에 맞는 체제 개편을 완전히 마쳤다. 쉴새 없이 뛰어야 하고 흐름을 연결하는 허리의 중요성을 강조하는 이 체제에 우리는 성공적으로 적응했던 것이다.

축구의 세계화로 전통적인 강호였던 유럽과 남미의 득세가 다소 약화되

프로축구 역사상 가장 비싼 선수로 소문난 지네딘 지단 선수. 그는 프랑스 대표팀 소속이지만 알제리 출신이다.

2002년 한-일 월드컵 대회에서 우
승한 브라질

세계축구의 아이콘, 펠레

고 그 틈새에 아시아와 북미, 아프리카가 약진하게 되었다. 그 동안 기술과 전법에서 우위를 지닌 유럽, 섬세한 몸놀림과 경이로운 플레이로 공격축구를 주도해온 남미는 포스트포디즘의 세계적 확산으로 그 입지가 크게 위축되었다. 이번에 8강에 들었던 한국, 미국, 세네갈, 터키(유라시아 국가라 부를 수 있지 않을까)의 부상은 바로 세계 축구의 새로운 판도를 잘 보여준다. 이제 기술과 체력의 조건이 평준화된다면 그 팀의 자원들을 효율적으로 조직하는 능력 있는 감독이 중요함을 새삼 실감한다. 감독은 시스템의 디자이너이며 전장에서 전투를 지시하는 지휘관이다. 선수들은 상대적으로 덜 중요해진다. 뛰어난 체력과 경기의 흐름을 읽어내는 눈만 있으면 누구나 우수한 선수가 될 수 있다. 이제 드리블링 능력이나 화려한 개인기는 선수가 지녀야 할 덕목이 아니다. 감독의 말을 충실히 이행하면 되는 순종적인 선수가 훌륭한 선수가 된다.

1998년 월드컵에서 우승컵을 쥔 프랑스는 이번 대회에 6명의 감독을 수출하여 고급 기술인력 수출국으로 주가를 높였다. 그렇지만 선진국 축구의 기술과 전법이 확산된다고 해도 여전히 '몸의 예술'로서의 축구는 나름대로 독특한 편차를 만들어낸다. 아무리 세계화가 기술과 전법의 획일화를 확산시킨다고 해도 검은 피부의 부드러운 율동을 완전히 해체할 수 없는 것이다. 세네갈과 브라질의 축구가 독일, 미국, 영국의 축구보다 아름다운 까닭은 바로 여기에 있다. 유럽 축구 가운데도 프랑스와 네덜란드 축구가 이탈리아와 독일 축구보다 아름다운 까닭도 마찬가지이다.

축구와 인종주의

포스트모던 축구에서 인종주의는 어떤 방식으로 작동하고 있을까? 요즈음 불법이민 문제로 우익이 정치세를 확산하고 있는 유럽의 예를 들어 간단히 살펴보자. 한국—이탈리아전이 끝나면서 이탈리아 여론은 편파 시비를 걸면서 노골적인 불쾌감을 표한 바 있었다. 사실 유럽국가 가운데 불법이민 문제를 아예 '무시'해버리는 가장 배타적인 나라가 이탈리아이다. 일본과 마찬가지로 불법이민들에 대해 가장 인종주의적 태도를 보인다. 게다가 북부의 언론재벌이자 구단주를 겸하고 있는 베를루스코니 정권이 이번 월드컵을 재선에 이용하려고 했을지도 모른다. 그 구상이 틀어지면서 아마도 신경증 증세를 보였으리라 생각한다. 단일민족 신화에 젖어 있는 우리라고 이들과 크게 다를까? 우리가 이탈리아를 욕하지만 주변에 있는 이민 노동력을 대하는 우리의 태도도 한번 돌아보았으면 한다.

프랑스 팀에는 아프리카 출신의 검은 선수들이 여럿 있었다. '라 마르세예즈'를 부르는 이들 모습에서 '제국적 공화주의 모델(imperial-republican model)'의 너그러운 모습을 보았다. 국민 영웅인 지단은 알제리 출신이다. 1998년 우승컵을 쥐었을 당시 개선문에 "지단을 대통령으로"란 플래카드가 붙었다고 한다. 우리는 과연 그럴 배짱이 있을까? 이번에 참여는 못했지만 유럽 강호 가운데 가장 아름다운 축구를 구사하는 네덜란드도 구식민지 출신 선수들을 대거 기용하고 있다. 카리브의 섬 출신들에게도 똑같은 시민권을 부여하는 너그러움에서, 잡종성(hybridity)을 문제가 아니라 강점으로 바라보는 그들의 시선에서 강소국의 교훈을 읽어야 할 것이다.

축구와 정체성의 정치

축구는 "다른 방식으로 수행하는 정치의 연장"이다. 클라우제비츠의 시간이 이제 막 지나갔다. 1989년 냉전이 종식되고 오로지 미국만이 전쟁의 권리를 배타적으로 향유하는 이 시대 축구는 대부분의 국가에게 가능한 유일한 형태의 전쟁인지 모른다. 그래서 말비나스(포클랜드) 전쟁을 치른 아르헨티나와 영국의 경기나 북방영토 문제로 골머리를 앓고 있는 일본-러시아 경기는 해당 국민들에게 특별한 의미로 받아들여졌을 것이다. 국가부도의 상태에서 경기를 보아야 했던 아르헨티나 국민들에게 16강 진출이 좌절되자, 한 일간지는 "모든 게 끝났다"란 말로 일면 상단부를 뽑았다. 현대 축구는 '90분 애국자들'을 텔레비전으로 양산해내고 자꾸만 허물어져가는 국경의 경계를 다시 세운다. "상상된 공동체"는 이미 일간지나 소설책이 아니라 TV 화면을 통해 완벽하게 건설된다. 축구팀이 해체되지 않는 한 국민국가는 해체되지 않을 것이다.

광화문을 뒤덮은 '붉은 악마'들의 외침은 '축구 민족주의'의 한국판으로 완벽했다. 민주화 이래 갈 곳을 찾지 못해 방황하던 젊은 세대의 열정이 월드컵 축구란 도가니로 흡수된 것이다. 유럽이나 라틴아메리카에서 축구의 열정은 곧 클럽으로, 해당 지역팀으로 표출된다. 펠레는 브라질 선수이기 전에 산토스팀이다. 클럽과 지역적 정체성이 강한 이들 나라와 달리 우리는 오로지 국가대표팀에 대한 열정으로 축제를 즐겼다. '하나됨의 신화'를 다시 한번 강화시킨 이번 축제는 그래도 "기존의 지배질서를 한시적으로 전도하는" 지배자들의 카타르시스 책략은 아니었다. 우리의 축제는 아래로부터 조직된 측면이 강했고 위로부터 이를 활용하려는 포퓰리즘의 유혹은 별로 없었다. 적어도 아직까지 젊은 세대의 열정을 페론이나 무솔리니처럼 정치적 지지에 동원하려는 유혹은 적은 듯하다. 축구는 축구 이상이 되어서는 안 될 것이다.

축구와 동북아시아

한국과 일본이 공동으로 개최한 이번 대회는 문제점도 없지 않았지만

"축구에서 골은 오르가슴에 해당한다"고 갈레아노는 말했다. 그러나 포스트모던 축구에
서 오르가슴은 참으로 귀하다.

국제언론은 성공작으로 평가한다. 식민지 지배—피지배의 경험이 있고 또
양국민의 감정이 좋지 않은 두 나라가 어떻게 무사히 대회를 치를 수 있을
까 하고 의아스럽게 생각했으리라. 그렇지만 양국민들은 의외로 성숙한
모습을 보여주었다. 동북아시아의 연대의식마저도 어슴푸레 느껴지지 않
았을까? 세계 정치와 경제에서 오랫동안 아시아의 지분은 위축되었다.
1997년 외환위기 이래 아시아의 부상은 다시 한번 좌절을 맛보았다. 그러
나 이번 월드컵은 동아시아의 위상을 전체적으로 제고시켰다. 중국, 일본,

그리고 우리나라가 경기에 참가했고 좋은 성과를 거두었다. 일본과 우리의 상대적 성공에 비해 중국의 저조한 실적이 그곳 국민들에게 약간의 소외감과 상처를 낳겠지만 적어도 월드컵은 상호간의 적대의식이 강한 동북아 삼국에 적대완화의 수단이 되었던 것 같다. 경제적 상호의존성은 심화되어가고 있고 자유무역지대를 만들어야 한다는 주장도 제기되고 있다. 첨예한 경제적 손익계산을 둘러싼 협상게임 이전에 '동북아 축구 리그전' 같은 축제의 장을 먼저 공유하는 것도 과히 나쁘지 않으리라 생각한다.

셋. 갈레아노의 '축구 에로이카'
– 에두아르도 갈레아노, 『축구, 그 빛과 그림자』(유왕무 옮김, 예림기획, 2002)를 읽고

독학한 스페인어 실력이지만 가끔은 그게 우쭐해질 때가 있다. 메조소프라노 테레사 베르간사가 부르는 스페인 민요를 들을 때, 그리고 '펜대로 드리블하는' 느낌을 주는 우루과이의 작가 갈레아노의 에세이를 읽을 때다. 이미 번역되어 있는 『수탈된 대지』(범우사), 『사랑과 전쟁의 낮과 밤』(한길사)에서 보여준 대로 그는 제3세계 민중의 시선에서 세계를 바라보고 현실을 비판한다. 아직 우리말로 번역되지는 않았지만 아메리카 역사를 다룬 『불의 기억』 3부작은 미국에서 랜넌 상을 받을 만큼 호평을 받았다.

이 시대의 역사저술가이자 에세이스트인 그의 글솜씨는 움베르토 에코에 뒤지지 않는다. 단문에 패러디 · 풍자 · 반어법으로 진실을 드러내는 재주라니! 그런 그가 축구에 대해 1백52개의 에세이를 썼다. 그걸 담아낸 멋진 저서 『축구, 그 빛과 그림자』는 축구의 영웅열전과 백과사전을 겸비한 종합선물 세트의 읽을거리다.

저자는 1백년 축구사를 통해 세계사의 이면까지를 엿본다. 사회학자들과 인류학자들의 게으름도 질타한다. "나는 축구한다. 고로 존재한다. …… 당신이 어떻게 축구를 하는지 내게 말해주면 나는 당신이 누구인지를 말해줄 수 있다." 축구를 둘러싼 전제정치에 대해 눈을 감고 있는 정치학자들에게도 공화제·민주제의 미덕이 확산돼야 한다고 한 수 가르친다. 그래서 나는 이 책을 '축구 에로이카' 라 평가하고 싶다. 자유·평등·박애·아름다움·다양성이 넘쳐흐르는 축구 공화제로 이르는 베토벤의 영웅교향곡 말이다.

제1악장 알레그로 콘 브리오는 영웅열전. 영웅열전은 당연히 펠레, 마라도나, 에우세비오, 크루이프 등에 관한 이야기들이다. 1백년 동안 명멸했던 영웅들에게 저자는 송가를 바친다.

제2악장은 아다지오 아사이의 장송행진곡. 골고다 언덕으로 이르는 현실이 전개된다. "축구의 역사는 즐거움에서 의무로 변해가는 서글픈 여행의 역사다. 축구의 산업화와 더불어 경기를 하며 느끼는 단순함의 미학이 사라져버렸다." 즉 저자는 호모 루덴스가 수동적인 텔레비전 시청자로 둔갑한 현실을 개탄한다. 슬픔은 이어진다.

축구가 세계적으로 확산되자 국제축구연맹(FIFA)이라는 관료기구가 탄생한다. 아무런 통제도 받지 않는 피파크래시(Fifacracy)는 텔레비전이 등장하면서 가속화된 축구의 산업화를 적극 활용하기로 한다. 아벨란제-블라터로 이어지는 관료기구는 광고주, 구단주, 언론사주를 연결하는 철의 동맹을 결성하고 '돈되는 축구' 를 지향한다. 축구산업 매상고는 1994년 2천2백50억 달러, 93년 GM 매출액의 두 배 가량으로 팽창한다. 그 결과 아름다운 축구는 파괴되고 그라운드의 예술가들은 발 노동자로 바뀐다는 게 저자의 진단이다.

"20세기 축구사가 대담성에서 두려움으로의 여행이라는 사실은, 2-3-5

에서 4-3-3, 4-4-2를 거쳐 5-4-1에 이르는 전술의 변화다. 그 결과 지난 50년 간 골인 평균치 숫자는 절반으로 감소했다." "점점 빨라지고 점점 멋을 잃어가는 프로축구는 패배에 대한 공포로 인해 주력과 힘의 경연장으로 변했다." 당연히 발노동자의 노동강도 역시 높아졌다. 지난 20년 간 프로축구 선수 수명이 평균 12년에서 6년으로 감소한 것도 그 때문이다.

축구 스타일의 다양성도 사라지고 있다. 경이로운 브라질의 삼바축구마저 해체중이다. "허리가 획획 휘어지고 몸이 파도치듯 웨이브지는 세계에서 가장 멋진 축구"에 스콜라리 감독이 사망선고를 내린 것도 그 때문이다. 갈레아노는 이 모든 것이 '아름다움에 반대하는 자들의 동맹'(말 그대로 反美同盟이다) 때문에 일어난 일이라고 독설을 날린다.

제3악장, 스케르초 풍의 기소장은 알레그로 비바체. 다음과 같은 죄목들이 나열된다. "아벨란제와 블라터는 금권정치의 주범" "축구선수들에게 국제노동기구(ILO) 규정의 적용을 거부한 부당대우" "스콜라리 감독은 브라질의 영혼을 판 죄인". 또 있다. "마라도나도 투자대상일 뿐"이라고 내뱉는 구단주에게는 인신모독죄를 내건다. 더불어 그는 마라도나가 세계무대에서 사라진 것은 약물중독 때문이 아니란다. 무엄하게도 이렇게 외친 죄목이다. "축구에는 왜 ILO의 규정이 적용되지 않는가? 왜 축구선수들은 축구로 다국적 부(富)를 쌓은 다른 거물들의 비밀계좌를 알 수 없는 것인가?" 아벨란제는 침묵했다.

이어지는 피날레 제4악장은 알레그로 몰토. 저자는 축구 영웅들을 회상하며 트로피칼 축구가, 민주공화제 축구가 부활하길 꿈꾼다. "망해가는 문명의 가장 일관된 특성은 표준화와 획일화 경향"이라 갈파한 아놀드 토인비를 추종하는 갈레아노는 아름다운 축구, 다양한 축구를 위해 외친다. "지루함에 지친 만국의 친미주의자들이여, 궐기하라."

세계화와 중남미 이민사회 20

'부족사회' 로의 이행

언젠가 아서 슐레진저 2세가 미국 사회가 점점 '부족 사회' 로 바뀌어간다고 개탄한 바 있다. 온갖 종족 집단들이 자신들의 모국어를 사용하면서 주류 앵글로아메리카 문화에 동화되지 않으니 나라꼴이 말이 아니라는 주류 와스프(WASP)의 우국충정어린 한숨소리다. 그런데 이런 이야기는 새로운 게 아니다. 미국은 노동력이 모자랄 때는 멕시코인, 중국인 가리지 않고 마구 유입시키다가 경제가 가라앉으면 소수인종을 차별하고 박해하는 건망증이 심한 나라다. 요즈음도 이 나라 3D 직종은 중남미를 비롯한 제3세계 이민 노동력의 지속적인 유입이 없으면 유지되지 않지만 보수층들은 마치 이들 때문에 나라가 망해간다는 반응을 보이고 있다. 필자는 미국 식자층이 이런 논쟁에 몰입할 때마다 우리나라도 이 '부족사회' 에서 지분을 빨리 늘려야 할 텐데 하는 생각을 한다. 어차피 아메리카 대륙 전체가 이민들의 사회였으니 비록 늦은 감이 없지 않지만 지금부터라도 지분을 빨리 챙겨야 한다고 말이다.

이민, 빼앗긴 땅의 재정복

2000년 12월에 제도혁명당의 장기집권을 무너뜨리고 권좌에 오른 멕시코 대통령 폭스는 한 연설에서 "우리 1억 2천만 멕시코인들"이라고 말해 잠시 외교가를 긴장시킨 적이 있었다. 국내 1억 인구와 미국에 사는 멕시코 출신('치카노'라 부르지요) 2천만을 뭉뚱그려 멕시코인이라 불렀으니 그럴 만도 하다. 나중에 실언이라고 정정했지만 무의식중에 멕시코인들 심중의 일단을 드러냈다는 생각도 든다. 이곳 멕시코 식자층은 가끔 이런 우스개 소리를 한다. 미국이 텍사스부터 캘리포니아에 이르는 거대한 땅을 멕시코로부터 빼앗았지만 20세기에는 이곳이 여기에 넘어간 멕시코 이민들에 의해 '재정복' 되고 있다고.

이 멕시코 이민들이 작년에 국내 송금한 돈이 80억 달러에 이르니 어려운 멕시코 경제에 적지 않은 도움이 되고 있기도 하다. 또 공부를 꽤 한 사람이라야 읽을 수 있는 옥타비오 파스나 카를로스 푸엔테스의 스페인어판 저작도 미국에서만 20~30%나 팔린다니 미국 스페인어권의 위세 또한 알 만하다. 멕시코에서 잘 나가는 대중가수들의 음반 판매량은 이것보다 훨씬 규모가 크다. 수니가란 사회학자는 '미국 문화의 멕시코화' 현상을 다음과 같이 재미있게 표현한 바 있다.

1. 멕시코는 공식적인 정의에 의하면, 포솔레를 먹고 마리아치 음악을 듣는 나라이다.
2. 멕시코는 도대체 어디에 있나?
3. 포솔레를 먹고 마리아치 음악을 즐기는 곳은?
4. 포솔레를 먹는 사람과 마리아치들이 많은 곳은?

5. 그곳은 바로 로스앤젤레스와 시카고이다.

무관심 속에서 늘어난 이민

이런 이야기를 들을 때마다 이런 생각을 해본다. 하느님께서는 우리 민족에게 금수강산을 왜 3천리밖에 주시지 않았을까? 남한의 지도 크기를 재어보니 멕시코 중부의 할리스코 주 하나보다 조금 크다. 게다가 멕시코에는 석유도 펑펑 쏟아지고 칸쿤 같은 천혜의 관광자원이 수두룩하다. 석유와 관광수입도 한해 250~300억 달러를 상회한다니 멕시코가 페소위기를 당한다고 너무 걱정하지 말자. 우리보다는 사정이 훨씬 나은 나라니까. 사실 우리가 더 큰 문제거리를 안고 있다. 부존자원도 부족한 좁은 땅덩이에 그많은 인구가 올망졸망 모여사니 말이다.

해방 이후 국가건설에 바빴던 우리의 위정자들은 한번도 해외이민을 심각하게 고려해본 것 같지 않다. 난리통에 그런 것을 생각할 겨를이 없었을 거다. 제3공화국 정부 아래 중남미 농업이민 같은 부분적인 노력이 있었지만 그것도 사전 준비가 부족하여 제대로 뿌리를 내리지 못한 것 같고. 그러나 오랜 동안의 무관심에도 불구하고 이곳 중남미에는 브라질, 아르헨티나를 위시하여 여러 나라에서 제법 규모가 큰 한인 공동체가 자리를 잡고 있다. 그 중에서도 멕시코의 한인공동체는 지난 3년 만에 1천 명에서 1만 3천 명으로 그 규모가 커졌다고 한다. 경제가 어려운 남미 쪽의 한인들이 이곳으로 대거 이동하고 국내에서도 부분적으로 들어와서 그럴 것이다.

한인 공동체의 기여

이 이민들의 기여도는 대단하다. 우선 의류를 비롯한 국내 물건들을 들여와서 시장에다 내다 파니 국내의 경제적 이득도 적지 않다. 안전이 문제가 되는 테피토, 믹스칼코, 텍스코코 지역의 시장판에서 직접 의류장사를 하는 우리나라 사람들을 보면 참으로 대견하다는 생각도 든다. 국내에서 사양산업 취급을 받는 섬유봉제업체들도 푸에블라에 대거 들어와 있어 멕시코인들에게는 일자리를, 국내 중소기업에겐 짭짤한 수익을 남겨주니 그것도 일거양득이겠다. 이런 와중에 밥장사도 잘된단다. 몇 년 전에는 3~4개밖에 없었던 한국식당도 12개로 늘어났다. 음식문화는 시간이 흐르면 자연히 멕시코 사회로 전파되기도 하겠다. 또한 오래전부터 이곳에 들어온 태권도가 한국의 인지도 상승에 미친 영향은 두말할 나위 없이 크다. 이민의 효과는 이렇듯 경제적 이득에서 문화 전파에 이르기까지 다양하다. 그래서 필자는 이민이 부쩍부쩍 늘어나면 좋겠다는 생각을 갖고 있다. 작은 밥그릇을 둘러싸고 조금 더 먹으려고 아옹다옹하는 싸움판에서 단련된 몸이라면 이곳 중남미에서 돈을 벌기는 그리 어렵지 않기 때문이다. 몇 년 전에 3만을 헤아렸던 아르헨티나 이민사회는 『뉴욕 타임즈』에도 여러 번 성공사례로 소개되었던 적이 있었다. 봉제업 하나로 부에노스아이레스의 온세 상가거리를 장악했으니 말이다.

거친 한인사회

부쩍부쩍 키가 커가는 이 한인공동체에도 문제점이 많다. 우선 어떻게 된 사연인지 작년부터 올초에 이르러 멕시코 언론에 좋지 않은 보도들이 줄을 잇고 있다. 조직폭력배를 동원한 채무청산 협박 사건에서 구사대를 동원한 폭력 사태에 이르기까지 말이다. 미국과 유럽의 주요 언론은 한동안 과테말라나 중미에 투자한 한국 봉제기업들의 노무관리에 대해서도 악평을 퍼부었다. 필자가 살던 아파트 단지에도 "한국인(학생) 사절"이란 임대 공고가 두 번이나 붙은 경우까지 생겼다. 주인 아주머니에게 왜 그런지 물어보니 돼지 삼겹살에다 김치찌개 같은 것을 자주 먹으니 아마도 음식

냄새가 배서 그럴 거라고 말했지만, 필자는 이것보다 더욱 뿌리깊은 우리의 나쁜 습성에 원인이 있다고 본다. 남을 우습게 아는 근거없는 우월감과 '한탕주의' 습관 말이다.

한탕주의

여기에 이민 온 사람들은 대부분 뿌리를 내려 살기보다는 한탕하고 뜨는 '철새 이민'으로 자기를 규정한다. 이곳에서 빨리 돈을 벌어 미국으로 가든지 아니면 한국으로 되돌아갈 생각인 것이다. 그러니 많은 사람들이 비자면제협정을 이용하여 들어와서 체류자격을 변경하거나 그것이 여의치 않으면 불법체류를 한다. 살 집을 구입하기보다는 임대를 하고 불법이든 탈법이든 돈만 벌면 된다는 심정으로 무리를 감행한다. 세금을 내지 않으려고 세관직원에게 뇌물을 주고 불법통관을 한다든가 외국의 유명상표를 도용했다가 사법당국에 적발되는 사건도 다수 발생하고 있다. 동일업종에 종사하는 교민들 사이의 과당경쟁으로 제살 깎아먹기도 예사요, 수가 틀리면 상대방 비리를 멕시코 사법당국에 고발하고 도망치는 악덕 교민도 종종 보인다. 그러니 대사관 직원들이 할 일이 얼마나 많겠는가.

당연히 말을 열심히 배운다든가 문화를 익힌다든가 하는 노력은 전혀 하지 않는다. 게다가 근거없는 우월감으로 멕시코 현지인들을 우습게 여기고 상대방을 무시하며 폭력적인 언어와 손찌검까지 자연스레 행사하니 어떻게 일등국민 대접을 받겠는가. 이곳 사람들과 정부 관계자가 한국인들을 보는 눈초리도 점점 나빠져가고 있다. 연전에 칠레에서도 이와 유사한 사건들이 빈발하여 비자면제협정을 취소해버렸는데 여기서도 그렇게 되지 않으리라는 보장이 어디 있겠는가.

정부와 시민사회 차원의 대책을

세계화는 영토를 매개로 한 국경 개념을 약화시키는 탈영토화 현상과 동시에 재영토화가 이루어지는 과정이기도 하다. 그런 점에서 이민사회는 우리의 상품과 문화를 심는 새로운 영토이다. 또 좁은 땅덩이에 모여 살면서 점점 더 사나워지는 성격을 교정할 수 있는 수단이기도 하다. 정부는 이 새롭게 생성하고 있는 영토를 잘 관리할 책임이 있다. 또다시 이민사회 문제가 악화되어 칠레에서 겪은 것처럼 비자면제협정을 취소당한다든가 하는 사태가 빚어져서는 안 되겠다. 물론 개개인의 나쁜 습성이나 악덕 행위를 근절하는 것은 정부가 할 일이 아니다. 그것은 학교나 가정이나 사회에서 이루어지는 시민교육에서 걸러져야 하는 것들이다. 그런 점에서 학교나 시민단체 그리고 언론의 '글로벌 에티켓' 운동도 국내에서 말로만 떠드는 프로그램이 아니라 현지 이민사회에서도 생생하게 느낄 수 있는 프로그램이 되었으면 좋겠다.

아래로부터의 세계화:
시민사회의 국제화와 저항 네트워크들

21

시민사회의 국제화

시애틀과 퀘벡 그리고 포르투 알레그레까지, 미주 대륙에서는 가진 자들의 세계화 프로젝트에 반대하는 목소리가 드높아지고 있다. 1999년 11월 시애틀에서는 신자유주의적 세계화에 반대하는 데모대가 시가지를 장악해 세계무역기구의 밀레니엄 라운드를 사실상 무산시켜버렸다. 2001년 4월 퀘벡에서 열린 미주정상회담의 미주자유무역지대안(2005년에 발족할 예정)을 반대하는 데모대가 거리를 장악했다. 회의가 열린 나흘 동안 400여 명이 구금되었고 충돌 과정에서 수십 명이 부상을 당했다. 거리에는 영어, 불어, 스페인어, 포르투갈어로 된 플래카드, 깃발이 나부낀다. 캐나다와 미국인은 말할 것도 없고 영국인, 이탈리아인, 브라질인, 멕시코 등의 히스패닉, 아시아계 사람들, 검은 피부의 사람들이 함께 뛰어다닌다.

불과 2~3년 사이에 풍경이 놀랄 만큼 달라졌다. 예전에 다보스에서 열린 세계경제포럼이나 IMF 연차 총회에 누가 감히 돌을 던지려고 했던가?

WTO의 각종 라운드에 어떻게 시민사회가 개입할 수 있었던가? 국지적인 시민사회 단체의 조직들이 반대와 항의 집회를 조직했지만 그 효과는 극히 미미했을 뿐이었다. 그러나 지금 상황은 크게 바뀌었다.

무엇보다 아래로부터 시민사회도 급속하게 세계화되고 있는 것이다. 인터넷을 통한 네트워킹이 가능해졌기 때문이다. 19세기 유럽 사회주의자들이 꿈꾸었던 인터내셔널은 선진국 노동자들의 모임에 그쳤고 혁명 후 소련이 주도한 제3인터내셔널은 자발적인 연대조직이라 보기 힘들었다. 자발적인 시민단체, 선진국과 제3세계를 자연스럽게 아우르는 자생적인 연대조직으로 인터내셔널은 21세기에 와서야 가능해졌던 것이다. 역사는 여전히 끝나지 않았고 유토피아도 역시 사라지지 않았다. 대안도 여전히 열려 있고 조직적인 저항도 여전히 가능하다. 이것이 지난 시애틀, 퀘벡, 그리고 최근에 있었던 포르투 알레그레에 동원된 세계 시민사회 조직들이 세계를 향해 던진 메시지다.

양극화 체제의 귀결

갈수록 신자유주의에 저항하는 사람들이 늘어난다. 지구 인구의 80% 이상을 버리고 5%의 부자와 그에 딸린 15%의 기능인들만 살리는 체제. 시장이란 극히 추상화된 논리로 문명과 공동체적 삶을 단순화시키는 이 기제는 실업과 고용 불안이란 구조적 폭력을 낳고 공공의 이익을 사사화(私事化)시킨다. 공동체는 파괴되어가고 개인들은 파편화된 자아정체성에 몸을 숨긴다. 사람들은 점점 불안해진다. 공익과 공동체를 해체하는 신자유주의 속성에서 저항운동은 손쉽게 그 저변을 넓혀간다.

다수의 국리민복을 소수의 다국적 기업과 재벌의 몫으로 돌리는 이 체제는 그 동안 전후 복지국가의 유산을 짧은 시간 내에 크게 훼손시켰다. 제3세계가 자립적 발전을 꿈꾸며 수입대체 산업화로 쌓아올린 공업 기반도 외채위기를 매개로 일거에 무너뜨렸고 알짜배기 기업들을 손쉽게 자신의 수중으로 옮겼다. 그러나 인구의 80%를 배제시키는 이 시스템이 얼마나 오래갈 수 있을까? 선진국에서도 빈곤층은 급속도로 증가하고 있고 제3세계에서는 이들이 인내할 수 있는 한계를 이미 넘어섰다. 과거에 쉽지 않았던 선진국과 제3세계의 민중 연대가 이제는 훨씬 용이해진 것이다.

인터넷 혁명이 가져온 변화

사회적 불만과 국지적인 동원이 국제적인 연대운동으로 옮겨가는 데에는 바로 인터넷이란 기술적인 조건이 존재한다. '글로벌라이제이션 옵서버토리'의 공동 창립자 수전 조지는 이렇게 말한다.

1998년 말경 다자투자협정(MAI)에 반대하는 동원을 조직할 무렵이었지요. OECD 내부에서는 이 안을 비밀리에 토론했고 우리에겐 시간이 1년도 남지 않았어요. 그렇지만 정보기술과 인터넷을 통한 접촉 덕분에 우린 20개국 이상의 조직망과 함께 일을 할 수 있었고 같은 날에 각국에서 공동 행동을 할 수 있었지요. 또 '전자' 회의를 조직하여 비판적인 분석을 했고 이를 전세계에 회람시킬 수 있었답니다. 이렇게 우리는 역전공격을 조직할 수 있었지요.

신기술이 없었다면 그렇게 빠른 속도로 행동할 수도, 우리의 목적 즉 OECD에서 다자투자협정을 무산시키는 것을 달성할 수도 없었겠지요. 『파이낸셜타임즈』가 우리를 보고 '인터넷 게릴라'라고 부르며 '도대체 이 친구들이 누구야?' 하고 묻는 것을 읽고는 무척 자랑스러웠답니다…… '이 친구들'이야 다자투자협정이 민주주의를 파괴할 위험이 있다는 것을 이해하고 자기 집에서 스스로 동원되는 사람들이지요…….

우후죽순의 국제 네트워크

최근 몇 년 사이에 조직된 시민단체의 국제적 네트워크를 제대로 살펴

본다는 것은 거의 불가능한 일이다. 올해 포르투 알레그레에서 있었던 제1차 세계사회포럼 사이트에 들어가보면 이 작업이 왜 불가능한지 쉽게 알 수 있다. 주제별로 다양한 포럼이 조직되고 있고 각종 자료와 선언문, 모임과 동원에 대한 공고가 각국별로 국제적 차원에서 떠다니고 있다. 그야말로 '정보의 바다'에 떠다니며 헤맬 수밖에 없다. 그러나 다소 자의적이지만 "다른 세계가 가능하다"고 믿는 세계 각지의 시민사회 네트워크 가운데 대표적인 것들만 살펴볼 수 있을 것이다. 대부분의 네트워크가 아직도 유럽과 미주에 집중되어 있고 아시아에는 필리핀과 말레이시아 정도에 국제적으로 알려진 네트워크를 찾아볼 수 있다. 이상하게도 한국과 일본에는 세계적으로 알려진 시민사회 네트워크가 없다. 인터넷 보급률이 높다고 자랑만 하는 우리나라 사람들도 시민사회의 국제화 수준을 보면 필리핀 사람들보다 나을 것이 없는 것이다.

비아 캄페시나 (the Via Campesina)

농민과 중소농들의 세계조직으로 가장 잘 알려진 연대기구이다. 인터넷 사이트는 'www.virtualsa.com/via/' 이다. 1992년 4월 니카라과 마나과에서 열린 소농축산업자 전국대회에서 중미, 유럽, 미국의 농민 대표들이 신자유주의 농정의 폐해에 맞서기 위해 의견을 모았다. 이듬해 벨기에의 몽스에서 제1차 회의를 조직하였고 국제집행서기로 온두라스의 라파엘 알레그리아를 선임했으며 1996년 멕시코 틀락스칼라에서 열린 제2차 세계대회에서 선언문을 채택했다. 총 37개국의 69개 조직이 대표를 보냈고 선언문에 서명을 했다. 4대륙에 연락 사무소가 따로 조직되어 있다.

비아 캄페시나는 "농민과 땅에 대한 존중, 식량주권, 공정한 무역에 기초한 농촌 경제"를 창달하기 위해 싸운다. 이들은 다국적 기업이 주도하는 글로벌 시장 중심의 신자유주의 농정이 세계의 중소농가를 파괴하며 아울러 지구의 생태 환경을 파괴하고 있다고 비판한다. 대안으로 내세우는 것은 경자유전 원칙의 농지개혁, 식량주권의 확립, 종의 다양성 보존 등이다. 시애틀 선언에서 이들은 "문화적 선호에 따라 훨씬 다양한 생산과 소비를 할 수 있도록 자국 소비자를 위한 식품을 생산할 권리"를 천명했다. 우리 식으로 표현하면 '신토불이'인 셈이다. 유전자 조작 식품의 유통이 가져올 종의 다양성 파괴를 경고하고 다국적 기업의 이익을 대변하는 세계무역기구(WTO)가 바이오기술을 의제로 다루는 것을 집요하게 반대한다. 이들은 세계무역기구가 아예 농업 문제에서 손을 뗄 것을 요구한다 ("Agriculture out of WTO").

집행서기장 라파엘 알레그리아는 비아 캄페시나의 성격을 이렇게 요약한다.

　　우리 조직은 아시아, 미주, 유럽의 중소농과 농업 노동자, 그리고 원주민 여성과 공동체들 조직을 묶고 있습니다. 자율적이고 다원적이며 독립적이고 다문화적이지요. 전국 및 지방 조직들 하나하나의 자율성을 세심하게 배려한답니다. 확실히 복잡한 조직이긴 하지만 바로 이 복잡성 때문에 그만큼 새롭고 또 강한 조직이 될 수 있었지요.

8년 간의 활동 속에서 비아 캄페시나는 세계에서 가장 대표성이 높은 농민 조직으로 자리잡았다. 이들은 시애틀에서 워싱턴, 프라하, 방콕을 거쳐 퀘벡에 이르기까지 최근에 있었던 국제적 동원 행사에는 빠짐없이 참석했다.

비아 캄페시나에 소속된 조직 가운데 활동이 왕성한 프랑스농민연맹 (www.confederationpaysanne.fr)의 대변인 조제 보베는 2001년 3월 11일 멕시코에서 사파티스타와 마르코스를 만나 국제적 연대 운동을 논의했다. 포르투 알레그레 제1차 세계사회포럼에 마르코스를 초청하려 했지만 멕시코 정국의 사정으로 아마도 불발에 그친 것 같다. 그렇지만 사파티스타 민족해방군과 비아 캄페시나가 서로 협조하는 관계는 수립한 것 같다.

지난 4~5년 간 국제 언론의 관심을 끌어온 브라질의 무토지농촌노동자운동(MST: Movimento dos Trabalhadores Rurais Sem Terra)도 여기에 가입되어 있다. 현재 라틴아메리카에서 가장 큰 사회운동체일 뿐 아니라 세계적 차원에서도 가장 성공한 민초 운동체이다. 인터넷 사이트는 'www.mstbrazil.org'이다. 이 조직은 소유 토지가 없는 자들이 놀고 있는 라티푼디오(대농장)를 점거하여 공동체를 건설하는 운동체로 1984년 브라질 남부에서 가톨릭 교회의 도움으로 시작되어 지금은 전국적 조직으로 발전했다. 2001년 현재까지 25만 가구가 1천5백만 에이커의 소유권을 획득하는 성과를 올렸다.

브라질에는 엘 살바도르 크기의 땅을 가진 지주들도 다수 있다. 이 나라의 대토지 소유제는 경제와 농업 발전을 가로막는 큰 장애물이다. 무토지자들은 무능한 정부를 향해 농지개혁을 요구하다 지쳐서 이제 직접 놀고 있는 토지를 점거하고 있다. 1999년 한 해에도 2만 5천 가구가 토지를 점거했고 현재 7만 1, 472 가구가 정부의 인정을 기다리고 있다. 이들은 놀고 있는 토지를 활용하여 생산성을 높이는 데 무엇이 문제냐고 반문한다. 이들은 환경친화적인 생태주의 농업을 도모하고 아울러 교육과 의료보장을 통해 개인의 유기적인 발전을 꾀하기도 한다. 각 공동체에는 대안적 기술을 모색하는 협동조합이 조직되어 있고 의료센터에서는 당국의 허락 아래 싼 값으로 의약품을 생산하여 보급하는 시스템이 마련되어 있기도 하다. 40~50% 수준에 달하는 농민들의 문맹률을 낮추는 것도 이 조직의 야심찬 목표 중의 하나이다.

삼대륙 센터(CETRI: le Centre Tricontinental)**와 세계대안포럼**(FMA)
1960년대 라틴아메리카, 아프리카, 아시아 전역에서 선진국의 제국주의적 행태를 비난하는 경제적 민족주의 운동이 들끓었다. 약소국 비동맹 운동도 힘을 모았다. 전세계의 지식인들도 종속이론으로 제3세계가 처한 열악한 조건을 구조화시킨 세계체제의 논리를 비판했다. 그러나 외채위기를 계기로 제3세계의 연대운동은 와해되었고, 구사회주의권의 약화로 인해 주변부는 국제정치에서도 원군이 없는 고립된 존재로 변했다.

이에 따라 선진국과 제3세계 사이의 불평등도 더욱 심화되고 있다. 1960년부터 1993년 사이에 두 세계의 일인당 GDP 격차는 5,700달러에서 15,400달러로 늘어났고, 부국 20%의 지분은 70%에서 86%로 늘어난 반면 빈국 20%의 지분은 2.3%에서 1.1%로 감소했다. 지난 3~40년 간 남북의 격차는 더욱 심화되어왔던 것이다.

삼대륙 센터는 바로 제3세계의 빈곤을 심화시키는 현단계 세계체제에 대한 대안을 끊임없이 탐구하는 연구소이자 연대의 틀을 짜는 센터이기도 하다. 1976년 루뱅라뇌브 시에 자리잡은 이 센터는 벨기에 출신 사회학자 프랑수아 우타르(Francois Houtard)가 이끌고 있다. 사이트는 'http://www.dvlp.ucl.ac.be/CETRI_old/Cetri.htm'이다. 국제연대운동의 핵심인물 중의 한 명인 그는 연구소의 취지를 다음과 같이 밝힌다.

현단계의 경제적, 정치적, 문화적 시스템에 대한 대안들을 찾으려고 노력합니다. 이 체제는 갈수록 더 큰 불평등과 배제를 유발합니다. 이미 시애틀, 워싱턴, 방콕에서 저항들이 터져나오고 있지 않아요? 이 사회운동들과 함께 이 사회의 미래에 대해 심각하게 숙고하기를 바랍니다.

루뱅 가톨릭 대학교의 도서관에 자리잡은 '제3세계 자료센터'는 약 500여 종의 잡지를 구독하고 있는데 이것이 바로 세트리의 자료실이다. 유럽에서는 영국의 서섹스 대학교의 발전연구소와 함께 가장 널리 알려져 있다. 계간지 『남측의 대안(Alternatives Sud)』도 낸다.

1997년 이 연구소가 주관한 "발전의 미래"란 세미나에서 멕시코의 저명한 사회학자 파블로 곤살레스 카사노바가 "세계적 수준의 행동"을 조직해야만 한다는 주장을 냈고 이를 받아들인 참여자들은 곧 "역사의 방향을 돌이킬 시간이 도래했다"는 선언문의 초안을 성안하였다. 이를 바탕으로 이집트 경제학자 사미르 아민이 의장으로 주관하는 제1차 세계 대안 포럼(WFA: World Forum for Alternatives)이 조직되었다. 이 포럼의 사무실은 세네갈의 다카르에 있고 세트리의 소장 우타르가 사무총장으로 일한다.

1999년 포럼은 스위스 취리히에서 '대안의 다보스(The Other Davos)'란 회의를 개최했고 다보스 세계경제포럼이 개최될 당시 다보스에서 기자회견을 하기도 했다. 대안 포럼은 곧 신자유주의적 세계화에 저항하는 단체들을 결집하는 중심이 되었고 2001년 4월 브라질 포르투 알레그레에서 열린 세계사회포럼(WSF, FSM, http://worldsocialforum.org)으로 연결되었다.

제3세계 외채청산위원회(CADTM)

1990년에 창설된 CADTM(불어 약자)은 브뤼셀에 본부가 있는 제3세계 네트워크의 대표적인 연계망이다. 사이트는 http://users.skynet.be/cadtm 이다. "지구의 방방곡곡에서 생기는 상이한 억압 형태들에 대한 급진적인 대안을" 추구하는 이 조직은 오늘날 선진국 G7, 다국적 기업들, 그리고 삼인방(세계은행, IMF, WTO)이 강제하는 횡포가 바로 제3세계 외채에 기인한다고 믿고, 외채를 청산하고 제3세계에 강제된 구조조정을 폐기하는 것만이 보다 정의로운 세계로 향하는 길이라고 믿는다.

지난 수년 간 이 조직이 동원한 압력과 다른 국제적 연대 운동의 결과로 G7 국가들은 최빈국들의 외채를 일부 탕감했지만 이 조직의 사무총장 에릭 투생은 "부정과 냉담의 바다에 물방울 몇 개를 떨어뜨린 것"이라고 폄하했다.

CADTM이 요구하는 또다른 목표는 제3세계의 부자들이 북측에 은닉한 재산을 몰수하고 세계 최고 부자들의 재산에 예외적인 세금을 부과하여 그 돈으로 제3세계 민중의 복지에 쓰는 것이다. 투생은 UNDP의 1998년도 보고서에 기초하여 225명의 부호에 대해 부과하는 재산세 4%만으로 400억 달러가 모일 것이며 "10년 간 이 세제를 유지하면, 오늘날 13억 인구에게 식수를 공급할 수 있고 10억의 문맹자에게 기초교육을 제공할 수 있으며, 또 치유가능한 질병으로 매년 죽는 1천 7백만 어린이들에게 기초의료를 제공하여 살릴 수 있을 것"이라고 말한다.

이 조직의 전략은 세계적인 차원의 동원을 더욱 강화하는 것이다. 2000년 11월 11일부터 17일 사이에 열렸던 다카르의 제3세계 외채 정상회의에서는 아프리카, 유럽, 미국, 캐나다, 라틴아메리카, 아시아 등 22개국에서 200여 명의 조직 대표들이 참여하여 성황을 이루었다. 아프리카, 유럽, 라틴아메리카의 참여는 활발하나 아시아 국가들의 참여는 상대적으로 뒤떨어진다.

아탁(ATTAC)

아탁(ATTAC: Association for Taxation of Financial Transaction to Aid Citizens, http://attac.org)은 프랑스의 유명한 월간 시사저널 『르 몽드 디플로마티크』를 주관하고 있는 베르나르 카셍과 익나시오 라모네가 주도하여 만든 조직이다. 널리 알려져 있듯이 이 저널은 신자유주의 세계화에 저항하는 매체로 오랜 역사를 지니고 있다.

위 잡지의 1997년 12월호 사설에서 라모네는 "시장을 무장해제하며"란 제하에 이런 제안을 던진다. 노벨경제학상을 받은 토빈이 제안한 금융거래세, 속칭 토빈세를 실천에 옮겨 빈곤한 시민들에게 도움을 주자는 것이다. 그의 계산에 따르면 0.1%의 세율만으로도 1,660억 달러가 생길 것이고, 이것의 2년분치면 세기말에 최악의 빈곤을 없애는 데 필요한 금액이 되리라 한다.

왜 세계적 수준의 새로운 NGO가 될 '시민을 돕는 토빈세를 위한 행동 (ATTAC: Action for a Tobin Tax to Assist the Citizen)'을 만들지 않는가? 노조들이나 사회, 문화, 환경 단체들과 연대한 이 NGO는 각국 정부에 세계적 연대의 이름으로 이 세제를 실행하게끔 엄청난 압력을 행사할 수 있을 것이다.

사설이 나간 지 몇 주 만에 5천 통의 답장이 도착했고 5개월 뒤인 1998년 6월 3일 베르나르 카셍이 주도하는 ATTAC이 창설되었다. 2년이 채 못 되어 프랑스 전역에 지부가 설치되었고 올해 4월 현재 150개의 지부에서 2만 5천 명의 회원이 활동하고 있다.

국제적 조직망도 급속도로 팽창했다. 아프리카에서는 부르키나파소, 세네갈, 코트디부아르, 카메룬, 말리, 튀니지, 모로코에 지부가 있으며 모잠비크, 우간다, 소말리아에서는 창설을 준비하고 있다. 유럽에서는 벨기에, 스페인, 에이레, 룩셈부르크, 네덜란드, 스위스, 독일에 지부가 있으며 기타 5개국에서는 창설을 준비하고 있다.

캐나다의 퀘벡 지부는 올해 4월 미주자유무역지대를 논의하는 미주정상회담에 반대하는 대안적 회의를 조직하였고 NGO 단체들의 동원을 주관하여 격렬한 시가전을 치르기도 했다. 미국에서는 퍼블릭 시티즌(Public Citizen), 토빈세 이니셔티브(Tobin Tax Initiative), 정치경제연구센터(Center for Politic and Economic Research), 지구의 친구들(Friends of the Earth) 등이 ATTAC과 긴밀히 협력한다.

아시아에서는 두 개의 강력한 네트워크 조직이 관계를 맺고 있다. 말레이시아에 본부가 있는 제3세계 네트워크(The Third World Network), 태국에 본부가 있는 제3세계 포커스(Focus on Global South)가 바로 그것이다. 라틴아메리카에서는 아르헨티나와 브라질에 지부가 있으며 콜롬비아, 우루과이, 파라과이, 칠레가 지부를 건설하고 있는 중이다. 몇 달 전부터 멕시코 지부 건설도 논의되었으나 카셍과 라모네가 마르코스 부사령관을 접견한 뒤 멕시코 지부를 사파티스타민족해방군(EZLN)으로 대체하는 것을 고려하고 있다고 한다.

원래 금융거래에 토빈세를 부과하는 것을 조직 창립의 목표로 삼았지만 현재 활동반경은 훨씬 커졌다. 세계 시민사회를 향해 세계화된 지구의 실상을 담은 교재를 값싸게 공급하기도 하고 전자 잡지나 전자 토론을 조직하여 여론을 환기시킨다. 이들은 각국이나 세계적 차원에서 금융거래를 규제하고 통제하는 방법을 계몽하고 금융 천국과 금융 범죄에 대한 투쟁을 조직하며 연기금 회사들의 실상을 폭로하기도 한다.

이들의 홈페이지에는 그 동안 아탁의 토빈세제 실천에 관한 프로그램과 국제금융 상황이나 외채 그리고 신자유주의 현황에 대한 풍부한 글들이 올려져 있다. 아울러 아탁이 생긴 이후 새롭게 창설된 연대 포럼들이 링크되어 있기도 하다. 대표적인 것만 해도 "다보스 이후(After Davos)", 플래닛(Planet-Another World is Possible), Geneva-2000 등이 있다. ATTAC의 대외협력을 맡고 있는 크리스토프 아귀통은 얼마전 퀘벡의 미주정상회담 당시에 있었던 투쟁 과정에서 이렇게 말했다.

우리는 모든 국제협약을 감시하고 있다. 다자투자협정을 폐기시켰지만 환상에 빠져서는 안 된다. 이 협정은 WTO에서 다른 이름으로 재등장하거나 미주자유무역지대 같은 지역협정에서 고개를 내밀 것이다. 그래서 우리가 퀘벡에 모여 있다. 이들은 이 협정들을 완전히 밀실에서 비민주적으로 논의하고 서명할 것이다. 그렇게 되면 우리의 삶과 노동 조건은 더욱 나빠질 것이다. 우리처럼 신자유주의 세계화에 저항하는 조직들의 힘은 다른 곳에서 등장하여 성장하고 있는 사회운동체들이 합류해준다면 더욱 커질 것이다.

퍼블릭 시티즌

워싱턴에 본부를 두고 있는 퍼블릭 시티즌(Public Citizen: www.citizen.org)
은 저명한 시민운동가 랠프 네이더가 1971년에 만든 조직으로 이제 30년
의 연륜을 쌓았다. 회원도 15만 명이나 되는 거대한 시민단체로 국내는 물
론 국제적으로도 다양한 시민사회 단체들을 네트워크로 묶어내어 소비자
들의 이익을 보호하고 기업과 정부의 잘못된 활동을 감시하고 있다.

창립 당시 네이더는 조직의 목표를 "미국의 공공생활, 경제생활, 그리고
정치를 감시하는 것"으로 잡았다. 그는 지난번 대선에서 제3당의 대통령
후보로 출마하여 시민운동의 열기를 정치판에 불어넣으려 했지만 양당제
의 벽을 깨는 데는 실패했다. 1965년 『어떤 속도에도 안전하지 않다(Unsafe
at Any Speed)』란 책을 내어 미국에서 생산되는 자동차들의 결함을 고발하
여 소비자 운동의 기수로 떴던 네이더. 그는 퍼블릭 시티즌을 "미국 소비
자들의 눈과 귀"라고 하며, 이 조직은 미국민들이 "양질의 의사와 약품, 오
염이 덜한 에너지 자원, 깨끗한 환경, 정당한 무역, 보다 개방적이고 민주
적인 정부"를 누릴 수 있도록 노력한다고 말한다.

1993년 퍼블릭 시티즌은 내부에 세계무역감시단(Global Trade Watch)을
만들었다. 경제와 무역의 세계화로 인해 미국이 가장 많은 혜택을 보지만
이로 인해 생긴 부작용과 문제점에 미국 여론이 눈감아서는 안 된다는 논
리에서였다. 단장은 37세의 변호사 출신 로리 월랙(Lori Wallach). 그는
1999년에 『누구의 무역기구인가?(Whose Trade Organization? Corporate
Globalization and Erosion of Democracy)』란 책을 썼고, 이 책은 요즈음 일고
있는 세계화 저항운동의 필독서로 자리잡았다.

글로벌 트레이드 워치는 국내에서 종교단체, 노동조합, 소농 조직, 환경
단체, 공동체 집단들과 함께 폭넓은 연대의 망을 구축하고 있고, 또 국제
적인 차원에서도 다양한 연대사업을 꾸리고 있다. 이러한 네트워크 덕분

에 시애틀과 워싱턴에서, 그리고 최근에 있었던 퀘벡의 대안적 정상회담 모임에서 동원과 시위를 조직하였고 회의와 기자회견을 통해 여론을 환기시킨 바 있다.

2000년 3월에 퍼블릭 시티즌과 글로벌 트레이드 워치는 보스턴에서 세계화에 저항하는 조직들을 망라하여 회합을 조직하였다. 여기서 나온 새로운 구호가 "세계무역기구에 굴종할 것인가 아니면 그것을 해체시킬 것인가?"였다. 이 회의에 참가한 단체들은 다음을 합의했다. 첫째, WTO가 이전에 합의한 협정들의 영향을 충분히 검토하지 않고서는 새로운 협상에 임하지 못하도록 한다. 둘째, 새로운 무역 자유화의 수단을 채택하기 전에 사회적 환경적 영향을 검토하도록 한다. 셋째, 최빈국들에게는 특별한 대우를 하도록 한다. 넷째, WTO가 투명한 의사결정 과정과 행정을 취하도록 한다.

아시아의 네트워크들

포커스 온 글로벌 사우스(Focus on Global South: www.focusweb.org)는 태국의 방콕에 본부가 있는 아시아 중심의 제3세계 네트워크이다. 소장은 반세계화 운동 기수 중의 한 사람으로 우리나라에서도 잘 알려진 월든 벨로(Walden Bello)이다. 그는 마르코스 독재 시절 미국에서 저항운동을 조직했고 세계은행이 어떻게 마르코스 독재를 지원했는가를 분석한 책(국내에서도 번역이 되었다)을 써서 유명해진 학자이기도 하다. 마르코스 정권이 무너진 뒤 귀국한 그는 바로 이 포커스를 창설했고, 마닐라 대학의 정교수로 재직하면서 이 네트워크를 아시아의 대표적인 조직으로 키웠다.

최근 포르투 알레그레에서 열린 한 분과회의에서 제3세계의 이익보다는 선진국들의 국익에 기능적인 유엔의 개발금융회의(의장은 멕시코 전 대통령 세디요)의 창설을 비판하고, 이에 더하여 "아무런 정당성도 없는 세계은행과 국제통화기금을 폐쇄해야 할 것"이라고 목청을 높이기도 했다.

탈냉전 이후 제3세계는 더욱 소외되어가고 빈곤층은 관리하기 힘들 정도로 팽창하고 있다. 벨로는 IMF나 세계은행은 바로 이러한 고삐 풀린 신자유주의 세계화를 추동하는 중심세력이라고 본다. 제3세계는 이에 대항하여 풀뿌리 조직 수준에서부터 상층 수준에 이르기까지 대안적 발전을 추구하는 변화를 조직해야만 한다. 이를 위해서는 무엇보다 국제금융기구를 개혁해야만 하고 선진국도 제3세계 민중들의 생존을 위해서 특별한 노력을 아끼지 않으면 안 된다고 본다.

제3세계 네트워크(Third World Network: www.twnside.org.sg)는 1998년 말레이시아 태생의 화인 마틴 코(Martin Khor)가 창설한 조직으로 페낭에 본부가 있다. 비록 늦게 생겼지만 코의 노력으로 반세계화 운동을 조직하는 아시아의 중심으로 성가를 누리고 있다. 제3세계의 입장에서 세계무역기구와 IMF, 세계은행을 비판하며 대안적인 국제질서를 주장한다. 인터넷 사이트에는 볼 만한 자료들이 꽤 있다.

전세계에 7개 지부와 13개국(아시아 5개국, 라틴아메리카 4개국, 아프리카 4개국)의 회원국을 두고 있으며 반세계화와 국제기구의 개혁에 관한 자료와 출판 활동이 특히 왕성하다. 제네바에서는 남북관계를 모니터하는 일간 뉴스레터 "North-South Development Monitor"를 비롯하여 제3세계의 이해를 대변하는 각종 잡지들을 내고 있다.

이 네트워크의 아이디어는 지구 자원의 균형 배분, 제3세계에게도 정당한 기회가 주어지는 인적, 경제적 발전이다. 캠브리지 대학 출신인 마틴 코 소장은 IMF 위기 이후 서울에도 여러 차례 다녀갔고, 아시아 금융위기와 국제금융기구의 개혁에 관한 자신의 입장을 명쾌하게 소개하기도 했다.

막스 하벨라르 협회

선진국 소비자들은 최근 '공정한 무역(fair trade)'에 대한 관심이 크다. 막스 하벨라르 협회는 점차 열악해지고 있는 제3세계 농민들의 경제적 환경적인 조건을 개선하고 중간도매상의 착취를 막기 위해 생산자—소비자 직거래 방식을 개발하여 선풍적인 인기를 끌고 있다. 이제 12년을 맞이한 이 운동은 현재 국제무역량 전체에서 차지하는 비중은 작지만 향후 농산물 분야에 있어서는 큰 변화를 가져올 수 있는 잠재력이 있다. 프랑스 지부의 인터넷 사이트는 'www.maxhavelaarfrance.org'이고 미국 지부는 'www.transfairusa.org'이다.

막스—하벨라르 프랑스 지부장 빅토르 페레이라는 그 기원을 이렇게 설명한다.

1986년 (멕시코의) 치아파스 주 동부의 커피 소생산자들이 유럽 시민사회단체들에게 서한을 발송하면서 일이 시작되었어요. 그들의 용건은 이랬지요. 차를 사거나 학교를 짓기 위해 매년 기부금을 받는 것으로는 도저히 문제가 해결되지 않는다. 정말 우리를 도우려면 우리가 생산하고 있는 커피를 정당한 가격으로 사주는 게 더 좋은 방식이다.

네덜란드 시민사회단체들이 이 요청에 답하여 1988년에 막스 하벨라르 협회가 창설되었고 (공정무역)"인증도장"도 탄생했다. 이 협회는 제3세계의 생산자와 제1세계의 수입업자, 가공업자, 물류센터를 연결해줄 뿐 결코 상품화나 유통에 직접 개입하지는 않는다. 반면 제3세계의 소농들이 농업을 하는 데 필요한 금융이나 협동조합을 조직하는 데 도움을 주고, 환경친화적 영농(유기농)과 선진국의 농산물 기준 등에 부합하도록 기술적으로 도움을 준다. 대신 협회는 중간도매상이나 국제시장 가격보다는 높은 가격으로 최소한의 구입가격을 보장하여 농민들의 지속적인 영농활동이 가능하도록 돕는다. 때에 따라서는 추수 이전에 선불금융으로 구매가의 60%까지 주기도 한다.

　12년 만에 선진국의 3만 5천 개 슈퍼마켓에서 130개 브랜드의 상품이 바로 공정무역 정신 아래 거래되고 있다. 특히 유럽에서 그 성과가 큰데 프랑스의 경우 3,500개 슈퍼마켓에서 이 커피를 취급한다. 이로부터 아프리카와 라틴아메리카(주로 중미와 멕시코)의 40개국 소농 70만 가구가 혜택을 보고 있다. 최근에는 공정한 무역 사례가 카카오, 차, 설탕, 오렌지주스, 바나나, 꿀 등의 재배자들에게도 확산되고 있는 중이라고 한다.

　'공정한 무역' 관행의 확산은 여러 가지 측면에서 의미가 있다. 첫째, 과거 1차 산품의 가격지지 정책이 선진국들의 비협조로 성과를 낳지 못한 것과 달리 아래로부터의 연대와 결합으로 훌륭한 성과를 낳고 있다. 둘째, 생산자는 중간도매상의 횡포에서 벗어나 생산물에 대한 정당한 가격을 받을 수 있다. 셋째, 소비자는 인증제를 이용하여 양질의 생산물을 적당한 가격으로 살 수 있다. 넷째, 환경친화적인 영농으로 농민들은 지속가능한 개발을 꿈꿀 수 있다. 물론 현단계에 시행되고 있는 공정한 무역의 물량은 전체 무역고에 견준다면 매우 미미한 수준이다. 그렇지만 농산물의 경우 선진국 시민단체의 협조로 그 범위가 점차 확산되어갈 전망이다.

　마지막으로 덧붙일 말은 막스 하벨라르(Max Havelaar)의 출전이다. 그는 1860년 네덜란드 작가 에두아르드 도우스 데케르(Edouard Douwes Dekker)가 쓴 소설의 주인공이다. 이 작품은 인도네시아 자바섬에 사는 3천만 명의 자바인들을 착취하는 가혹한 무역 시스템을 공격했던 최초의 반식민주의 소설이다. 막스 하벨라르는 이 작품에서 커피농장에서 착취당하는 원주민들을 옹호하는 로빈 훗이었다. 이 영웅이 130년 뒤에 공정한 무역의 상징으로 다시 부활하는 행운을 얻은 것이다.

제7부

**라틴아메리카 및
지역 연구의 방향**

라틴아메리카 (지역)
연구 유감

22

과달라하라에서

필자가 멕시코에 첫발을 내디딘 때가 1987년 초였으니 벌써 13년이 지나갔다. 그 동안 연구서도 3권 내고 여기저기 글도 제법 썼지만 아직도 전문가로 자칭하기는 낯이 뜨겁다. 현지체류의 경험이 일천한데다 아직도 모자라는 구석이 많다고 믿는 까닭이다. 그러나 지난 13년 간 중남미 문제를 연구하고 관련 강좌를 강의하면서 먹고살았기에 의당 그 동안 필자가 느낀 소회를 남들에게 전해주고 또 관심 있는 사람들의 반응을 들어보는 것도 나쁘지 않다고 판단해서 원고 청탁을 받아들였다.*

2000년 3월 16일, 비행기를 타고 멕시코시티에 내리니 캄캄한 밤이다. 요즈음 시티의 치안 상황이 좋지 않아서 여행객들은 밤에 특별히 조심해

----

* 필자는 2000년 멕시코 외무부의 초청으로 과달라하라 대학교와 콜레히오 데 메히코의 초빙연구원을 지냈다.

야 한다. 보통 택시는 믿을 것이 못 되니 꼭 모범택시를 타야 한다. 이 정도는 서울에서도 알고 있는 정보였다. 호텔에 도착하여 야밤에 여기서 공부하는 학생부부를 불러내어 인근식당에서 맥주를 한잔 마시기로 했다. 이들은 호텔이 허수룩하니 카메라나 컴퓨터(랩톱) 같은 것은 방에 두지 말고 들고 다니라고 했다. 다음날 항공권과 6개월 간 체류경비를 지원하는 외무부에 들러 등록을 하는데, 양복을 입은 채로 그 무거운 짐들을 배낭에 넣고 다녔으니 독자 여러분은 필자의 몰골을 상상하기 바란다. 시티에서 불쾌한 하루를 보내고 바로 과달라하라로 이동하여 어느 정도 안정을 찾았다. 여기는 제2도시지만 아직은 밤거리가 안전했기 때문이었다.

12년 전에는 그렇지 않았다. 아니 4, 5년 전만 해도 시티의 밤거리는 별로 위험하지 않았다. 그러나 살리나스가 들어서서 급격히 시도한 개혁의 후유증으로 실업자가 양산되면서 덩달아 치안도 나빠졌다. 신문은 매일 마피아 총격전, 유괴범 소동, 강도 살인 뉴스로 범벅이 되어 있다. 범죄와의 전쟁도 간간이 언급되지만 사람들은 냉소적이다. 누가 누굴 잡는단 말인가? 이놈이나 저놈이나 도적이고 떼강도이기는 마찬가지인데. 서론부터 우울한 이야기를 끄집어낸 이유는 비교적 가까운 과거에 묻어둔 우리의 건망증을 되살려내고 여기서 중남미 연구 내지 지역연구에 대한 어떤 함의를 이끌어내기 위함이다.

살리나스가 집권하여 개방과 개혁을 급속도로 추진했을 때 국제금융권은 물론 주류학계에서는 그의 리더십을 극찬했다. 루디거 돈부시는 그의 조언자 역할까지 자임했다. 필자도 이 시절의 경제개혁에 관한 논문도 썼고 학계에서 여러 번 토론자도 불려가서 이야기한 적이 있었다. 대체로 주류 경제학의 훈련을 받은 사람들이나 미국에서 중남미 연구를 한 사람들은 대세론으로 필자를 압박했다. 나의 비판적인 코멘트를 냉소적으로 받아넘겼던 것이다. 아마도 몇몇은 속으로 "경제학도 모르는 주제에" 이런 식으로 공박하지 않았을까 싶다.

그 살리나스가 요즈음 멕시코에서는 고역을 치르고 있다. 얼마전 부활절 축제 전날에 한동안 금지된 이곳 고유의 풍습인 "유다 화형식"이 다시 리바이벌했다. 소칼로 광장에서 그날 유다로 지목된 5적 가운데 2명이 살리나스 형제였다. 국민의 공적으로 지목된 사람들의 형상을 한 꼭두각시 인형은 겉에서부터 타들어가기 시작하여 나중에 몸통 전체가 폭약과 함께 터지면서 산산조각난다. 대중들은 이렇게 울분을 삭인다. 살리나스는 자의반 타의반으로 떠난 망명처 에이레에서 이 소식을 접하고는 어떤 생각이 들었을까?

외눈박이의 무지

필자가 이야기하고 싶은 것은 간단하다. 결국 어떤 한 지역을 이해하는 데는 하나의 분과학문적인 전문성만 고집해서는 곤란하다는 것이다. 경제학 교과서에 적힌 대로 개방과 개혁을 밀어붙인 살리나스의 개혁정치는 주류 경제학자들에게는 멋진 모델이었을 것이다. 그러나 그것은 개혁의 사회적 비용을 간과한 것이었고 그 결과 멕시코 사회에 엄청난 재앙을 불러왔다. 붕괴된 공안 질서와 사회적 평화를 회복하는 데 들어갈 경제적 비용도 왜 경제학에서 다루지 않는지……. 필자는 사회적 컨텍스트(맥락)를 다루는 데 가장 둔감한 주류 경제학이 지역연구에 기여할 가능성은 다른 분과학문에 비해 비교적 작다고 생각한다. 이 점에 관한 한 정치학은 낫다. 그렇다고 정치학자들의 문제점이 전혀 없는 것은 아니다.

두 번째로 들 예는 정치학계의 이론 소비 행태에 관한 것이다. 필자가 대학원에서 정치학을 공부한 지 아직 20년은 되지 못했지만, 과연 우리 학계가 소비하는 (비교)정치학 이론들이 지역연구와 얼마나 관련이 있을 것인가 가끔 자문해본다.

중남미 연구를 예로 들어보자. 단순화시켜 말하면 1970년대 종속이론의 붐이 있었고 1980년대 중반 이후에는 관료적 권위주의론(BA론)이나 민주화(이행) 이론의 붐이 있었다. BA론이나 민주화 이행론이 붐이었을 때는 정치학자치고 강의나 연구에 중남미 사례를 다루지 않은 사람은 거의 없었다. 한국-멕시코 비교연구는 그중 가장 유행한 테마였다. 물론 훌륭한 연구들도 간간이 있었지만 필자가 보기에는 비교의 맥락을 잘못 짚은 것이 대부분이었다.

이 당시 필자가 민주화 이행론에 대해 느낀 소감이다. 이상하게도 내가 만났던 중남미 학자들은 오도넬, 슈미터 식의 이행론을 시시한 것으로 보았다. 부에노스아이레스, 멕시코시티에서 모두들 신통치 않다는 반응이었다. 뭘 잘 모른다는 것이다. 아니 세상이 바뀌어 주기적으로 선거도 하는데 그것이 중요하지 않다는 걸까? 중남미 학자들은 자신들이 겪고 있는 민주화의 성과에 대해 열광하지 않았다. 민주화를 다루었지만 그것이 걸어가야 할 험난한 길이나 한계 등을 강조했던 것이다. 이 당시 이들이 주로 연구하는 주제도 정치문화에 관한 것이나 아니면 발전모델과 국가개혁에 관련된 것이 다수였다. 그런데 이 시점에 한국에서 중남미 연구를 하는 사람들을 포함해서 비교정치학자들은 이행론에 열광하고 있었다. 누가 얼이 빠진 사람들이었을까?

프랑스 학자들의 글을 훔쳐보기로 했다. 파리에 있는 후배한테 연락해서 보이는 대로 책을 사보내라고 했다. 맙소사! 프랑스 정치학자들의 관심은 이랬다. "도대체 중남미에서 선거가 무슨 의미를 지니고 있나?" 아예 책 제목이 이런 투였다. 민주화를 보는 시선이 그만큼 달랐다. 선거연구만 정신없이 하면서 컴퓨터 앞에 앉아 있는 미국 학자들도 많은데. 아하! 이렇게도 세상은 넓고 재미있구나.

적어도 정치학의 영역에서는 중남미 현지 학자들의 관심사에 가장 가까웠던 것이 프랑스 학자들이었다. 일본 학자들의 글도 아시아 경제연구소 출판물에 제한해서 말한다면 미국풍이 많았던 것 같다. 그래도 이들은 지역에 대한 전문성은 투철했다. 10여 년이 지난 뒤 지금 뒤돌아보더라도 민주화 이행론에 투자했던 우리보다 프랑스 사람들이, 이보다는 덜하지만 지역 전문성이 투철한 일본 학자들이 귀중한 인적 물적 자원을 덜 낭비했을 것이라고 믿는다. 잘못된 중복투자와 낭비는 학계라고 예외는 아니니까. 이제는 누군가가 이런 메타정치학적 관심사에도 구체적인 글을 써주었으면 한다. 주기적으로 등장하는 '자아준거적인 정치학'이란 원칙론만 이야기하지 말고.

지역연구 모델을 찾아서

연구 여건은 열악하고 교육 여건도 열악하다. 공부하는 사람도 많지 않고 글을 써도 읽어줄 사람도 거의 없다. 누구나 다 아는 정답이다. 그래도 이 쓰레기통에서 장미꽃을 피울 생각을 한번 해보자는 게 필자의 야무진 꿈이다.

'친불파'라는 누명을 쓰고서라도 이야기를 계속 이어가보자. 필자가 보기에 지역연구 모형으로 우리에게 적합한 것은 미국형이나 일본형보다는 유럽형, 좁게 이야기해보면 필자가 그래도 문헌들을 계속 읽어본 프랑스형이라고 생각한다. 이 나라는 역사학이 학계 전체에서 차지하는 비중이 크고 아날학파의 영향 탓인지 지역연구를 하는 사람들은 대체로 두 개 이상의 분과학문에 전문적인 지식을 갖추고 있는 것 같다. 그리고 지정학, 지경학, 역사인류학 같은 혼합형 학문(hybrid discipline)이나 기호학, 종교학 등과 같은 인문학도 지역연구에 깊이 관여하고 있다.

중남미 지역연구의 텍스트북으로 중남미에서 가장 많이 사용되는 것은 놀랍게도 프랑스 사람들의 저작들이다. 이 중 입문용은 이곳 대사를 오랫동안 역임했던 알랭 루키에의 저서(『América latina : Introducción al extremo occidente』, 1987)이고, 전문적 연구를 위한 텍스트북은 바로 저명한 사회학자인 알랭 투렌이 쓴 것(『América latina, Política y sociedad』, 1989)이다. 두 권 모두 1980년대 중반 전후에 나왔지만 요즈음 읽어도 역시 좋은 책이라는 느낌을 받는다. 필자의 수업을 들은 대학원 학생들도 이 교재들(스페인어판)을 읽고나서 감이 잡히고 정리가 된다고 좋아했다.

필자가 이야기하고 싶은 것은 다음과 같다. 미국의 학문 경향은 대체로 분과학문 중심적이고 뿌리깊은 학과제국주의(departmental imperialism)의 벽이 도사리고 있기 때문에 학제적이고 종합적인 판단력이 요구되는 지역연구가 발붙일 틈이 별로 없다는 것이다. 더구나 영어라는 만국공용어가 가지고 있는 어마어마한 분업구조를 도저히 흉내낼 수 없는 소규모 언어공동체인 우리가 그것을 모방하고 싶다고 해서 할 수 있는 것도 결코 아니다. 양복을 입어도 몸에 맞는 옷을 사입거나 맞추는데 왜 우리 선배들은 학문의 세계를 우리 몸에 맞추거나 디자인할 생각을 하지 않았는지 모르겠다.

그나마 프랑스의 학풍이 나은 점이 있다면 사회과학 전반에도 역사학이나 인문학적 전통이 스며들어가 어떤 주제를 파악할 때 거시적으로 조망하고, 또 종합적으로 상을 그리는 능력이 뛰어나다는 점이다. 그래서 바깥의 이론적 유행이나 바람에 별로 동요하지 않고 자신의 전망을 확보하고 있는 것이다. 필자는 미국의 포디즘식 논문 생산보다는 장인의 수공적 기예를 강조하는 프랑스적 분위기가 우리가 지향해야 할 지역연구 모형에 도입되어야 하지 않나 생각한다. 아울러 우리의 모델을 사고할 때 빠질 수 없는 변수, 즉 지식 공동체의 규모와 이에 따른 분업의 한계를 생각할 때에도 이들의 경험은 비교 준거로 이용될 수 있을 것이다.

교육환경에 대하여

교육환경에 대해서도 한번 살펴보자. 필자에게 수업을 받는 대학원생들은 대체로 스페인어나 포르투갈어는 잘하는 편이다. 대개 교포 출신이거나 현지 언어연수를 1년 이상 다녀온 학생들이기 때문이다. 그런데 문제는 학부에서 지역 관련 강좌를 들은 것이 거의 없기 때문에 가르치기가 무척 힘이 든다. 간혹 관련 강좌를 들었다고 해도 읽은 것이 거의 없기 때문에 마찬가지이다. 어문학과 출신이라도 문학작품을 제대로 읽은 것이 거의 없다. 역사, 지리, 정치, 경제에 대한 기초지식은 거의 없다고 보는 것이 좋다. 그래서 선진국 유수 대학원의 커리큘럼을 흉내내고 싶어도 그렇게 못한다. 필자가 보기엔 오늘날 회자되는 '대학의 위기'는 사실 '학부교육의 부실화'에 뿌리를 두고 있다. 튼튼한 학부 교육이 없으면 경쟁력 있는 대학원 교육도 어불성설이고 연구중심대학도 공염불이다. 적어도 지역연구에 관해서는 확실히 그렇다.

사라질 도서관을 그리며

한국에서 지역연구를 하는 사람에게 제일 큰 고역은 자료 문제이다. 지난 여름에 지역연구하는 사람들 몇몇이 열악한 해외지역연구 환경의 개선을 건의하기 위해 교육부 당국자를 찾아서 간담회를 나눈 적이 있었다. 이상하게도 현정부가 들어서면서 시작한 교육개혁의 여파로 지역연구에 찬바람이 불기 시작했던 것이다. 이제 겨우 불씨를 하나 마련했나 싶었더니 폭풍우가 몰려왔던 것이다. 한참 이야기하다가 자료 문제가 나왔다. 정책당국자 중 한 분이 대뜸 하시는 말씀. "자료요, 그것 인터넷에 들어가면 다 있어요. 요즈음 세상, 책으로 된 것 볼 필요 있나요?" 내 기억이 정확하다면 그랬다. 문제는 이런 의식을 공유하고 있는 '힘센 사람들'이 의외로 많다는 사실이다.

필자는 사실 인터넷을 통해 멕시코 신문과 주간지를 1주일에 두어 차례 보고 중요한 것은 항상 스크랩하는 습관을 지난 3~4년 동안 유지해왔다. 그래서 자료의 등급과 질에 대해서는 어느 정도 감이 있다. 인터넷에서 구할 수 있는 것은 대체로 신문 쪼가리 아니면 정크에 가까운 것들이다. 정크에서 진주를 찾으려고 시간을 낭비한 필자의 생생한 경험에 기초한 진술이니 독자들은 흥분하시지 말기를. 대개 '지역연구'의 '지'자도 모르는 사람들이 위와 같은 폭력적인 언사를 맘대로 하고 또 그것을 개혁인 양 치장한다. 그래서 한국은 항상 이 모양 이 꼴인가보다.

지난 몇 년 간 교육부는 서울대 국제지역원에 해외지역연구 자료센터를 설치하고 잡지 구입비(평균 2억 원)를 보조한 바 있었다. 이 돈으로 구입된 1천여 종의 자료들은 주로 현지자료들로 전국의 많은 연구자들이 귀중하게 이용해왔다. 재작년부터 이 자료비 지원에 제동이 걸려 2000년부터는 완전히 자료비가 끊어진다고 한다. 언제는 지역연구가 살 길이라고 목청을 높이더니 이제는 슬그머니 모든 것을 10년 전으로 되돌리고 있다. 몇 년 전에 필자가 방문했던 아시아 경제연구소는 현지자료를 5천 종 정도 구독하고 있고 교토대 동남아 연구센터는 동남아 관련 자료만 3천 종 정도 구독한 것으로 알고 있는데, 이제 우리는 겨우 1천 종 정도 보면서 그것마저 인터넷 검색으로 대체하라니……

국제경쟁력 수준은 도서관의 수준을 보면 안다. 이는 필자가 선진국 도서관들을 돌아다니면서 뼈저리게 느낀 사실이다. 박사논문을 쓸 때부터 자료비에 엄청난 돈을 탕진한 바 있는 필자이기에 제대로 된 지역연구 전문 도서관을 늘 꿈꾸어왔다. 특히 재원이 부족한 우리의 현실을 생각해보면 이런 도서관이 더욱 절실하게 느껴진다.

교육부의 자료비 지원이 사라지면 생길 필자와 나라의 '경제적' 손실을 상상하면서 이 글을 맺고자 한다. 현지자료가 꼭 필요하다는 우격다짐보다는 우리 모두의 호주머니 사정을 이야기하는 것이 더 잘 먹혀들어갈 테니. 결과적으로 말하면 자료비 지급 중지는 최소한 6억 원 이상의 외화 낭비가 예상되는 개혁조치가 될 예정이다.

아마도 필자와 비슷한 처지에 있는 사람이 지금 서울에서 보고 있는 잡지의 종수를 1년에 한 차례 현지나 미국을 방문해서 복사를 한다고 치자. 틀림없이 3주 정도는 여기저기 다니며 찾고 꼬박 복사를 해야 이듬해 1년 치 농사 지을 분량의 자료를 모을 것이다. 가능한 최소치의 경비로 계산해 보자. 왕복 항공료(멕시코시티) 150만 원, 숙박료 100만 원(5만×20일), 식대 60만 원(3만×20일), 복사비 50만 원. 기타 경비 40만 원. 도합 400만 원. 필자와 비슷한 처지의 사람이 최소치로 전국에 200명 있다고 하면 8억 원. 여기에는 이들의 경제적 기회비용이 포함되지 않았고 또 대학원생들이 잃어버릴 손실도 계산에 넣지 않았다. 게다가 우리가 복사해온 자료는 프로젝트에 일회용으로 사용되고 그나마 세월의 무게를 몇 년 견디지 못한 채 연구실 한켠에서 쓰레기통으로 사라질 것이다. 까짓것 도서관도 사라질 판인데 그게 무어라고. 아니 차라리 인기도 없는 지역연구를 그만두지 뭐.

라틴아메리카와 우리 23
퍼슨웹 / 이성형

한국에서는 '남미'라는 코드를 둘러싼 좌우파의 담론이 확연히 구분되는 점이 있는 것 같습니다. 예컨대 우파 담론은 한마디로 "남미처럼 되지 말자!"는 말로 집약되는데 (특히 경제 문제에 있어) 남미를 피하거나 닮지 말아야 할 어떤 것으로 상정하고요, 반대로 좌파의 경우에는…… 사실 남미에 대해서 말하는 것 자체가 우리 스스로를 제3세계적인 정체성으로 바라보고 종속이나 파시즘의 문제를 비판적인 시각에서 제기하는 것과 관계 깊었거든요. 1970년대나 1980년대에 특히 그랬었죠. 우리를 제3세계라고 규정하는 것이 허구적인 제1세계인의 의식을 갖는 것이 아니라 진정한 대항적인 정체성을 갖는 것이라 생각한 적도 있었고요.

그러니까 이전에는 남미에 대해서 실제로 아는 것이 거의 없으면서도 좌우가 다 그것을 굉장히 정치적인 담론으로 사용해왔다는 생각이 듭니다. 그런데 지금은

---

* 이 대담은 지난 2001년 12월 퍼슨웹(personweb.com)과 이루어진 것을 축약 게재한 것이다.

남미라는 '코드'에서 정치적인 색깔이 많이 탈색되고 문화적인 착색이 많이 됐거든요. 북한의 몇 안 되는 맹방이라는 "쿠바"음악을 들어도 아무도 이상하게 생각하지 않고요. 물론 포퓰리즘 문제는 또 좀 다르지만요.

남미라고 하는 땅이 "정체와 종속"이라는 문제와 불가분의 관계가 있는 것이 사실이고 부정적인 이미지가 있는 것도 맞지요. 실제로 남미의 정치경제적인 모델은 대부분 실패, 파산해왔고요. 그래서 "남미병"이 객관적인 실재로 인정이 되죠. 또 그 안에는 "아르헨티나 병"도 있고 "베네수엘라 병"도 있어요. 이런 말들은 학술적으로 정립이 되기까지 했어요. 그런데 과연 '그 병의 기원이 뭐냐?' 하는 문제가 있어요. 그 문제에 있어 신비화가 시작되는 거죠. 그래서 아주 통속적인 답으로는 아르헨티나 같은 경우 병의 원인이 포퓰리즘(populism)이나 노동조합이다 그러죠. 사실 굉장히 익숙한 담론입니다.

그런데 실제로 제가 싸우고 싶은 게 바로 그런 겁니다. 과연 남미병이란 게 그래서 만들어진 거냐? 아르헨티나 페론 대통령의 포퓰리즘도 그렇게 역사적으로 간단한 게 아니거든요. 오히려 페론 대통령은 아르헨티나에 뿌리깊은 왜곡된 토지소유구조 - 극소수가 대규모 토지와 부를 편중되게 갖고 있는 - 가 온존할 때 대통령이 되었는데, 대중의 열망을 실제로 등에 업고 있었어요. 물론 그 사람이 실수를 많이 했고 그 실수가 경제 실패의 한 원인이 되기도 했어요. 그런데 그런 실수는 부차적인 거고 본질적으로는 지주과두제의 시스템을 고치고 깨기 위해서 나온 것이 포퓰리즘이에요. 또 본질적으로는 대중의 사회경제적 욕구를 표출한 것이고요. 이런 맥락을 다 빼버리고 이야기하면 안 돼죠. 그건 주객을 전도시키는 거잖아요. 그렇게 단순화될 수 있는 게 아닌데 말이죠. 물론 포퓰리즘이 예산 낭비라든가 잘못된 사회 행태를 만들어낸 문제아라는 점도 인정하지만요.

대부분의 매체가 아르헨티나 사태의 '원인(原因)'으로 페로니즘을 드는데요. 선생님이 보시기에는 어떤가요?

한마디로 '잘못된 개방 정책' 때문입니다. 신자유주의가 오늘날 사태의 원인이지요. 개방 정책이 잘못되면서 국제 투기자본이 어떤 규제나 룰 없이 단물만 쏙 빼먹고 도망가도 되는 곳이 된 거죠. 그게 가장 직접적인 원인입니다.

포퓰리즘에 대해 의도된 '단순화, 무지한 척'이 많은데요. 원론적으론 문제에 대한 그러한 단순화가 한국 사회의 기득권층이 기득권을 지키기 위해 사용하는 한 방법이겠죠.

예. 실제로 남미병이 존재하지 않는 건 아니지만 병의 원인에 대해서 왜곡하지 말라는 겁니다. 칠레의 기적에 대해서도 왜곡이 많아요. 그런 걸 제대로 정리하고 싶습니다,

미래를 향한 남미라는 상상력

왼쪽과 관련해서 이야기를 좀 해보면요…… 1980년대에는 식민지자본주의나 사회성격 논쟁에서도 라틴아메리카의 경험이 상당히 중요한 것으로 논의되었고, 아옌데 정권이나 산디니스타 민족해방전선 같은 것이 가진 상징성도 대단히 크게 받아들여졌거든요. 그런데 지금은 좌파들에게 있어서도 남미는 많이 의미가 달라졌죠?

그렇죠, 그 동안 남미 자체가 신자유주의 개혁 노선과 담론에 죽 따라왔었고 또 그게 사실상 실패로 귀결되었죠. 오히려 요즈음은 신자유주의 개혁 실패의 반면교사로서 남미가 중요해졌는데요, 그런 것에 대한 분석이 많이 된 것은 아닙니다.

좌파와 관련해서는 두 가지가 당장 머리에 떠오르는데요. 사파티스타 운동과 쿠바의 미래……

사파티스타 운동의 경우, 지금 세기에 우리에게 주는 메시지는 두 가지로 정리됩니다. 하나는 신자유주의 개혁의 극단적인 폐해와 그 효과에 관한 것인데요. 살리나스 정부의 농지개혁이란 게 기존에 공유지였던 것을 다 민영화하고 야만적인 시장의 논리에 맡긴 거잖아요. 살 사람은 살고 죽을 사람은 죽으라는 식으로. 거기에 적응할 수 없었던 농민들이 그런 식으로 반발을 하고 나온 것이고요.

두 번째는 망각되었던 인디언들 세계의 복원에 관한 것입니다. 인디언들은 끊임없이 수탈당하고 자기들의 정체성을 해체할 것을 강요당하면서 살아왔습니다. 5백 년 간의 저항과 수탈의 역사가 있었던 거죠. 여기에 사람들이 일어나면서 내건 중요한 단어가 '존엄성'입니다. 자기들이 이어온 언어, 생활방식, 문화의 존엄성을 위해 투쟁한다는 것이죠. 여기에는 멕시코에서 그 동안 수없이 시도되고 진행되어온 서구적 근대화논리에 저항하는 의미도 있습니다. 근대화라는 게 당신들만의 논리가 전부가 아니다, 우리에게도 우리만의 습속이 있고 합리성이 있고 우리가 추구하는 유토피아 프로젝트도 있다, 이거를 내세운 거죠. 일종의 공동체주의이기도 한데요. 그런 것들을 한쪽에 강하게 내세운 거죠. 그걸 대변하는 이데올로그로 마르코스가 나온 거고요.

기존의 근대화논리에 대항하는 굉장히 강력하고 새로운 유토피아 담론이라 할 수 있는 거죠. 그런데 그것이 모든 것을 포괄할 수 있는 논리는 아니고 그 사람들의 지역적이고 국지적인 논리이기에 어디에서나 적용할 수 있는 것도 아니고요. 그런데 그 사람들이 요구하는 건 다원주의 질서 안에서 자신들의 목소리를 인정해달라는 것으로 한편으로는 문화적 권리선언이기도 한 거고요. 자기들 아이덴티티를 새롭게 정립하고자

하는 기획이기도 하죠.

마르코스가 말하는 것이 분명히 그 민족과 지역적 정체성에 근거하고 있는 것이기는 한데, 기존 서구의 진보 운동 – 서구의 68이나 신사회운동 또 남미의 좌파 운동 등의 논리와 전통을 종합하고 있다는 느낌도 들었거든요. 마르코스가 인텔리 출신이라 그런 건지는 모르겠지만요. 우리나라에서도 마르코스의 책이 많이 팔리고 대학생들이 좋아하는 이유가 그의 논리가 보편성을 담지하고 있기 때문일 거라는 생각이 들었습니다만……

서양 지식인들이 마르코스에게서 다시 보는 것은 잃어버린 68세대의 새로운 얼굴이 아닐까요? 68세대가 추구했던 유토피아 프로젝트 같은 것은 지금은 다 파산했고 현재 생동감 있게 그걸 추구하는 게 불가능하니까요. 그래서 그런 걸 보면서 대리충족하는 게 아닐까요. 사실 그런 서구 지식인의 시각에 대해서 멕시코 지식인들은 정작 비판적이죠. "너희는 우리에게서 '고귀한 야만(bon sauvage)'을 보고 싶어하는 것일 뿐이다"라고.

쿠바의 미래에 대해서는 어떤 생각을 가지고 계신지요?

『배를 타고 아바나를 떠날 때』(창작과비평사, 2001)에서도 그런 이야길 썼지만 사실 쿠바란 나라가 가진 조건이 열악하지요. 인구도 1100만밖에 안 되고 생산하는 자원도 아주 제한되어 있고, 그래서 수입에 많이 의존해야 돼요. 대단한 산업국가가 되리라고 생각되지도 않고 탄탄한 경제구조를 가진 것도 아니거든요. 그런데 미국이 규제만 풀면 충분히 잘 먹고살 수 있어요. 원래 그 나라는 사탕수수나 담배 재배 그리고 음악, 이런 거 해서 먹고살 수 있거든요. 관광이나 야구선수 상품성도 있고……. 이전 시스템으로 돌아가야 할 부분이 생길 텐데 그래도 쿠바 혁명 이전의 나라로 돌아가진 않을 거예요. 혁명 이전에는 사실 나라가 미국의 창녀촌 비슷하게 굴러갔거든요. 그런 데로 다시 돌아가진 않을 거고요. 사회복지, 의료, 교육 같은 것이 잘 갖춰져 있어요. 그래서 심지어 카스트로가 없어진다 해도 쿠바는 사회민주주의적인 가치 같은 것이 잘 보존된 사회로 남을 가능성이 큽니다. 개방이 되더라도 최소한 사회복지정책은 유지되면서 민주화되는 사회로 이행할 가능성이 크죠. 그건 무엇보다 쿠바 국민들이 지난 40년 동안 하나의 '국민됨'을 경험했기 때문이기도 하지요. 특히 최근에는 쿠바의 경제 사정 자체가 상당히 회복되었고요.

남미가 가진 문제로 빼놓을 수 없는 것이 종속, 특히 대미 종속인데요. 남미에 있어 미국이란 나라를 어떻게 생각해야 됩니까?

종속이라는 게 다양한 차원일 것입니다. 경제적으로 종속된 거야 부인할 수 없을 거고요. 그러나 단순히 미국이라는 존재 때문에 그 사회가 엉망으로 되었다고 단순화시키기는 힘들 것 같습니다. 외국세력과 유착되어 있는 국내 과두제 세력이 더욱 문제이죠. 그런 세력이 또 내외 독점자본과 연합 종속적인 관계를 맺고 있고 그런 시스템 때문에 종속이 내면화되어 있는 거죠. 매스미디어 부문에 있어서의 문화적 종속에 대해 많은 논의를 해왔는데 남미에 있어서는 큰 문제는 아닙니다. 오히려 역설적으로 남미 문화라는 것은 끈질깁니다. 미국문화에 저항하고 자기 정체성을 보존하는 능력은 대단하다고 봅니다. 음악이나 다양한 사회운동으로 표현된다고 생각하는데. 그러니까 그런 경제적 종속 속에서도 버틸 수 있었던 거지요. 그런 것들은 종속이라는 쉬운 단어 한마디로 말하기 어렵다고 봅니다.

신자유주의 경제개혁의 반면교사로서의 남미를 말씀하셨는데요. 경제적 구조의

취약함 때문에 신자유주의 개혁이 실패했거나 희생이 가중되었을 듯한데요. 신자유주의 개혁과 관련하여 반면교사가 될 수 있는 어떤 방향을 생각하시는 것 같습니다.

20여 년 간의 과정을 죽 보면요, 워싱턴 컨센서스라는 교범에 충실하게 따른 나라들이 멕시코와 아르헨티나 등입니다. 그런데 아르헨티나는 경제가 굉장히 심하게 망가졌고 멕시코는 중간 정도로 망가졌죠. 칠레는 성공한 걸로 되어 있습니다만 그 경우는 시장개혁 자체가 성공한 것이기도 하지만, 오히려 국가가 굉장히 강력하게 규제를 행한 경우입니다. 그러니까 오히려 동아시아적인 모델과 가깝다고 할 정도로 시장 개혁과 정부의 적절한 규제가 결합된 거죠. 그런데 '칠레의 기적'을 말할 때 시카고보이 이야기만 하는데 사실은 잘못된 이야깁니다. 시카고보이의 잘못된 점을 정정했을 때 경제가 나아졌거든요. 그래서 이런 것도 정확하게 소개될 필요가 있습니다.

아바나에 이르기까지

국내에 라틴아메리카 관련 강의가 얼마나 개설되어 있나요?

사실 별로 없지요. 가끔 '중남미 정치론'이 간헐적으로 개설되긴 하는데요. 서문학과에서 중남미 역사나 문화 강의가 한두 과목 개설되는 편이고요. 전체적으로 보면 거의 없다고 보면 됩니다. 아직 우리한테는 라틴아메리카란 게 굉장히 생소하고 먼 대륙이니까요. 서울대의 경우에도 문학 전공자 외에는 관련 전공 교수가 한 사람도 없지요. 반면에 학생들의 관심은 꽤 큰 것 같아요.

'라틴아메리카 학회'가 있는 걸로 아는데요.

예. 거기 문학하는 사람도 많이 있고 인류학, 정치학 하는 사람들도 좀 있는데요. 그렇지만 관련된 논문을 매년 1~2편씩 쓰는 사람은 희소합니다. 중남미 정치를 한다는 사람들도 한국정치를 주 전공으로 하면서 곁가지로 그걸 다루는 경우가 많지요.

라틴아메리카를 전공하게 된 계기는요?

제가 서울대 사회과학연구소 조교를 했는데, 그때 소장님께서 조교를 마칠 때쯤 수고했다고 외국여행을 보내주신대요. 유럽에 갈 수도 있었는데…… 우연한 선택이었어요. 남미를 한번 그냥 가보고 싶었어요. 그래서 브라질까지 가기로 했는데 너무 멀고 해서 브라질까지 가는 여비는 반납하고 멕시코까지만 가서 한 3주 정도 있었어요. 그게 제가 한 첫번째 외국여행이었고, 그게 멕시코였다는 게 박사논문을 그쪽으로 쓰게 된 계기죠.

첫 남미(멕시코)여행에서 본 것이 무엇이었습니까? 무엇이 운명적인 힘으로 작용했나요?

아무래도 서점에서 만난 책들이었던 것 같아요. 스페인어 책을 읽을 수는 있어서 거의 매일 서점가를 돌았는데, 제가 처음 접한 지식 세계여서 거의 황홀한 기분이었어요. 참고로 스페인어권은 인구가 4억이 넘습니다. 그래서 영어, 불어, 독어, 이탈리아에서 나온 주요 서적들이 금방 번역되어 나오고 또 자체의 언어권에서 쏟아져나오는 지적 성과도 대단합니다. 그 다음 반한 것이 라틴 음악이었어요. 당시 멕시코에는 중남미에서 망명온 수준 높은 음악인들이 다수 있었고 이들이 연주하고 노래 부르는 '알 라 페냐'라는 술집이 있었어요. 그곳에 두어 번 갔었는데 저녁 8시에 가면 꼭 연주가 끝날 새벽 한두 시쯤에 돌아왔지요. 물론 구할 수 있는 테이프와 음반도 꽤 샀고요.

하여간 돌아와서 그 책들을 정리하고 읽으면서 새로운 세계에 빠져들게 되었지요. 그러다 박사 학위 논문 준비를 하게 됐는데 사회과학하는 사람들 가운데서 중남미를 전공하는 사람이 없었기 때문에 처음으로 이런 공부를 시작해보는 것도 의미가 있겠다고 생각했어요.

박사논문 쓴 과정을 돌아보시면요?

중남미에 대해서 누군가로부터 배우면서 공부한 게 아니기 때문에 굉장히 시행착오가 많았어요. 처음 어떤 주제를 잡아야 할지 정하는 것부터 힘들더라고요. 그러다가 그쪽 지성사의 흐름을 정리할 수 있는 주제를 정해보자고 생각했어요. 대단한 업적을 내겠다는 욕심을 버리고 쿠바혁명 이후 2~30년 간의 지성사의 흐름, 특히 라틴아메리카 지식인 세계를 지배하는 좌파 지식인의 사상을 정리해보고 싶었어요. 그게 제 박사 논문이고요.

멕시코 초빙연구원 시절(2000. 3. ~ 2001. 2)에 관한 이야기 좀 해주세요.

멕시코 방문은 멕시코 외무부에서 주는 연구비로 다녀왔지요. 원래 6개월 예정하고 연구비를 신청했는데, 출국 예정된 3월이 가까운 2월 20일이 되었는데도 연락이 오지 않아요. 안 된 것도 아니라는데. 그러다가 신학기 전에 보길도에 놀러 간 적이 있었어요. 그때 멕시코 대사관에서 두 주 후의 비행기표가 도착했으니 받아가라고 연락이 왔어요. 황당하기도 했지만 놓칠 수도 없는 기회라서 무리를 해서 갔지요. 6개월 간은 '멕시코 혁명 벽화에 대한 정치적 독해'라는 주제로 연구를 했지요. 나중 논문을 외무부에 제출했고요. 이 부분의 연구결과는 멕시코 기행부분에 반영이 되어 있어요. 벽화 운동 세 거장의 차이점에 대한 제 나름대로의 해석이지요. 과달라하라에 있을 때 이 논문을 조그만 학자들 소모임에서 발표한 적이 있었는데 사람들이 흥미를 표하더군요. 아직 멕시코 잡지의 지면에 발표하지는 못했지만 시간이 허락하면 손질을 해서 보내려고 합니다. 6개월을 보내고나니 좀 아쉽더군요. 뭘 제대로 구경도 못했는데 떠나려니…… 그래서 국제지역원에 폐를 끼치기도 그렇고 해서 사표를 내고 6개월 간 더 멕시코시티에 머물렀지요. 그 이후는 쿠바, 페루, 칠레 등지로 여행을 다녔고, 그 기록이 바로 『배를 타고 아바나를 떠날 때』입니다.

그 책의 멕시코 부분에 보면 토도로프가 한 해석을 뒤집어 설명하는 부분이 나왔는데요, 무척 인상적이었거든요.

츠베탕 토도로프 같은 경우는 워낙 유명한 학자니까 그 권위가 대단하죠. 그 사람이 해석한 걸 보고 저도 처음엔 "참 잘 썼다, 기호학으로 정복사를 그렇게 쓸 수 있다니." 그렇게 생각했지요. 그러다가 나중엔 그래도 정복은 전쟁이고 힘 문제인데 기호론이 무슨 관계가 있을까 의심을 좀 해봤어요. 정복사에 관심을 갖고 이 책 저 책 읽어보니까 거짓말 같아요. 처음부터 정복자들이 이긴 전쟁이 아니거든요. 첫번째는 실패했지요. 두 번째에 와서 주변 동맹을 잘 활용하고 또 무엇보다 무기의 압도적인 우세를 앞세워 쓰러뜨린 것이지요. 전쟁하는 방식이 다른 것도 중요했지요. 아즈텍 사람들은 제물로 바치기 위해서 상대방을 생포하려 했지 칼로 사람들을 한방에 죽이는 그런 개념의 전쟁에 익숙하지 않았어요. 전쟁사를 조금만 읽어보면 토도로프 논리는 상당한 과장이라는 걸 알게 되죠. 그래서 구체적인 역사 분석이 중요한 겁니다.

그리고 칠레에 대한 서술에서, 다른 라틴아메리카인들과 구별되는 칠레인들의

국민성이랄까요, 그것이 기실 정치적 무의식의 발로이며 역사적 연원을 갖고 있는 것이라는 서술이 인상적이고도 아프게 다가왔습니다. 혹시 이 부분과 관련하여 하고 싶은 말씀이 있는지요?

칠레의 근현대사는 광업의 역사입니다. 초석 광산과 구리 광산이 이 나라 국민들의 밥줄이었던 셈이지요. 최근에는 과일과 포도주 산업이 부가되었습니다만. 광산 경기란 것은 세계자본주의에 그만큼 민감하게 반응합니다. 흥청망청하다가도 금방 싸늘하게 식어버리는 것이지요. 어쩌면 칠레 노동자들은 마르크스주의 세계관을 받아들이기에 가장 적합한 환경을 가지고 있었을 거예요. 게다가 광산주는 대부분 외국인들이었으니. 개인의 삶은 항상 경기부침에 따라 격변하니 자연히 계급주의적인 사고가 노동자들에게 깊숙이 파고듭니다. 반면 광산주들이나 지주들 역시 이런 거친 민중세력을 통해 이윤을 극대화하려니 자연히 억압과 폭력에 의존할 수밖에 없지요.

그래서 칠레 정치는 19세기부터 날카로운 대립의 계급정치를 학습했고 또 오랜 시행착오를 거쳐 이를 제도화하려고 노력해왔다고 할 수 있지요. 아옌데의 인민연합, 그리고 그를 뒤이은 피노체트의 쿠데타는 20세기 후반에 와서도 그런 학습이 끝나지 않았음을 증명해준 것이지요. 민주화가 되어 많이 순화되긴 했지만 지배층의 권위주의적인 정치문화와 민중의 투쟁적인 전통이 묘하게 어우러져 있는 나라라고 평가할 수 있습니다.

『배를 타고 아바나를 떠날 때』의 서문에 보면 "지역연구에 한이 많은 나로서는 여행기를 통해서 여러 가지를 발언하고 싶었다"는 구절이 있던데요?

우리나라는 지역연구가 많이 필요한 나라입니다. 그런데 참 현실은 다르죠. 왜 그런 이야기를 하냐면요…… 우리가 '우리의' 지식세계를 구축하고 만드는 과정이라는 것은 우리 중심의 분업구조를 갖는 것입니다. 여기서 '우리'라는 건 스스로 구성되는 게 아니라 타자와의 접촉, 충돌, 대면 속에서 만들어지지요. 그런데 우리는 늘 두 가지 극단적인 태도를 반복해온 것 같아요. 하나는 바깥 세계에 대해서 국수주의적이고 편협한 태도를 가지고 '우리 것'을 무조건 강조하는 입장이고 다른 하나는 외국 것이라면 무엇이든지 잡식적인 태도로 가리지 않고 삼키고 보는 태도죠. 외국이론이나 문화에 대해서나 소비행태에 있어서 안정감이 없죠. 그래서 제가 '과식과 설사'의 사이클이라 쓴 적이 있어요. 잔뜩 먹고 한순간에 잊어버리는 이런 불안정한 시선이 왜 반복될까 하는 의문을 가졌는데, 이는 우리가 자신감이 없고 외국에 대해서도 잘 모르고 우리에 대해서도 잘 모르는 탓이라는 생각이 들어요. 좀더 개방적이면서도 외국에 대해서도 깊이 있게 연구해야 우리의 학문이나 지식세계를 가질 수 있다고 봐요. 이런 주장에 대해서는 사실 막연히 동의하면서도 별로 행동에 옮기지는 않거든요. 김영삼 정부가 들어서 세계화 운운하면서 그런 생각이 힘을 받던 시절이 있었죠. 그래서 서울대를 비롯하여 유수 대학교의 국제대학원에 5년 간 1천억을 주는 프로젝트로 연결되었어요. 그런데 이 대학원이 어찌된 연유인지 지역연구를 제대로 하는 곳이 아니라 국제관계나 국제통상을 주로 하는 교육기관으로 변질되어 버려요. 물론 학내의 힘관계나 갈등에 기인한 바가 크지요. 지금도 지역연구를 제대로 하는 대학원이 하나 없다는 것이 참 아쉽게 생각됩니다.

그리고 지적하고 싶은 것은요, 제대로 된 지역연구를 위해서 필수적인 것은 제대로 된 좋은 도서관과 자료라는 사실입니다. 정말 기본을 갖춘 지역연구 자료실 내지 도서관이 국내에는 한군데도 없습니다. 신문, 도서, 잡지, 영상 및 음반 자료 등이 모여 있는 데가 한군데도 없죠. 그래서 그런 것을 한번 제대로 만들어보는 게 꿈이었는데…… 잘 안 됐죠. 언젠가 기회가 오겠죠 뭐.

"지역연구"의 알파와 오메가

지역연구(Area Studies)란 것이 제국주의적인 기원과 목적을 가지고 출발한 학문이라는 것은 누구나 인정합니다. 그리고 현재 그것은 '제국주의적인' 의도가 아니라도 국가나 기업의 정치 경제적 이해와 긴히 관련되는 경우가 많은데요, 그런 것으로부터 자유로운 지역연구가 어떻게 성립하는 것일까 하는 점이 궁금합니다.

네. 맞습니다. 제국의 경영과 이해를 위한 지식세계를 건설한 게 지역연구죠. 국가나 기업으로부터 굉장히 많은 돈을 받아서 키운 거죠. 그래서 에드워드 사이드는 '지역연구'라는 말이 '추악한 신조어'라고 말한 적이 있고요. 분명히 지역연구나 인류학이 다 그런 역사를 가지고 있습니다. 하지만 지금 말하는 지역연구는 좀 다른 의미를 가지고 있어요. 그것이 지식세계에 자극과 활력을 줄 수 있는 이유는, 기존의 학문 체계가 너무나 분과학문적인 데 머물러 있고 전체에 대한 윤곽은 잊어버리고 전문화되고 세분화된 지식만 생산한다는 것이거든요. 뉴턴 물리학적인 세계를 사회과학에 대입해서 만든 그런 근대 학문의 체계가 복잡하게 변화하는 세계를 설명할 능력을 상실했을 뿐 아니라 그런 체계가 모더니티의 위기상과도 관련된다는 생각이거든요.

지역연구가 이런 데서 탈출구가 될 수 있는 것은 분과학문의 벽을 헐어가면서 학제간 연구(interdisciplinary study)가 가능한 분야이기 때문입니다. 월러스틴(I. Wallerstein) 같은 사람도 『사회과학의 개방(Open Social Sciences)』 등에서 지역연구의 잠재력을 적극적으로 평가합니다. 미국 같은 데서도 분과적인 학문 체계가 너무 강력했기에 지역연구가 발전할 수 없었어요. 혹자는 학과 제국주의(departmental imperialism)란 표현도 썼지요. 그런데 최근 미국에서도 지역연구에 대한 입장이 많이 바뀌었다고 합니다. 지역연구에 돈을 많이 대줬는데 국익에 기여한 바가 뭐냐 하는 건데요. 국정 담당자들이 그런 판단을 하기 때문에 이제 돈을 많이 안 준다는 거예요. 예를 들어 소련 연구자들이 많았지만 망하는 그 순간까지도 소련 붕괴를 아무도 예측하지 못했죠. 미국의 러시안 스터디는 동유럽과 소련에서 건너온 유태인들이 장악하고 있었다는데 소련을 무슨 "惡의 제국"이라는 식의 종교적인 멘탈리티로 봐서 실상을 제대로 볼 수 없었다고 해요. 물론 수정주의적인 시각이 나오는 1980년대 이후에는 좀 달라졌다고 하지만.

모든 지역에 대한 연구가 다 그런 실정인가요?

지역마다 좀 다릅니다. 라틴아메리카 연구의 경우, 1980년대 레이건 행정부의 대중남미정책을 굉장히 비판했어요. 그레나다 침공이나 니카라과 문제 때문에 말이죠. 그래서 국무성 당국자들은 화가 났지요. "실컷 돈 줘서 연구하라 그랬더니 국가 정책이나 비판하고 말야." 이런 겁니다. 수없이 그런 일이 반복되었죠. 그래서 1990년대 이후에는 아젠다가 바뀝니다. 글로벌 세계가 되니까 글로벌 스터디를 해야 한다고.
그런데 한국에서는 야, 미국도 안하는데, 우리가 그런 걸 왜 해야 되냐? 이렇게 말하는 사람들도 있는데 이거야말로 맥락을 모르면서 하는 말이죠.

말씀하시는 "타자에 대한 정확한 인식을 목적으로 하는" 지역연구라는 것은 인문학의 냄새를 많이 풍기는데요, CIA 같은 기관이 필요로 하는 학문(?)까지는 아니라 해도 분명히 여타 인문사회과학에 비해 실용성을 많이 가진 학문임에는 틀림없는 것 같은데요.

세부 분야별로 좀 다를 수 있겠죠, 경제나 정치를 연구하는 것과 문화

연구를 하는 것이 다르니까요. 그러니까 지식의 용도를 일괄적으로 규정할 수는 없잖아요. 굉장히 실용적인 것도 있고 인문학적인 지평을 넓히기 위한 것도 있고요. 지역연구를 한마디로 뭐라고 규정하기보다는 마치 코끼리 같은 거라서 코도 있고 다리도 있다고 해야겠지요.

그리고 꼭 실용주의적인 연구가 나쁘다고도 할 수 없죠. 상호 관계를 맺거나 교역을 하려면 그런 지식이 요긴하잖아요. 어차피 상호의존적인 세계니까요. 그런데 다만 과거에 지역연구가 가졌던 어두운 그림자는 정확히 밝히고 그것을 극복하면서 우리가 기여할 수 있는 것을 찾으면 되죠.

대학원에서 지역학 연구를 위해 트레이닝 차원에서 학생들에게 강조하시는 게 있다면요.

인류학자가 아니지만 저는 인류학적 훈련을 강조합니다. 제가 지역연구 입문을 가르칠 때에는 항상 오리엔탈리즘, 옥시덴탈리즘을 첫 순서로 읽히지요. 이건 시선의 문제이기 때문이죠. 필드(현장)를 갔을 때 늘상 생길 수 있는 많은 문제, 즉 '시선의 문제'들을 대비하기 위해서지요. 그리고 어떤 정보나 데이터를 활용할 수 있는 방법, 예컨대 음반이나 영상자료 같은 다양한 자료를 많이 활용해야 된다는 것도 이야길 많이 하죠. 그 다음에 지역연구 하려면 소설책을 많이 읽어야 된다는 것도 말합니다. 직접 안 가본 다음에야 리얼리티에 가장 밀접히 접근할 수 있는 건 역시 문학작품이기 때문에 자기 연구하는 지역 작가가 쓴 소설책을 최소 20권은 읽어야 된다고 말합니다. 현대작가부터 고전에 이르기까지.

■ 출전

1. 아르헨티나 병 : 영원한 위기의 정치경제학

　『시민의 신문』 2001. 1. 1 ; 5. 14 ; 8. 27.

2. 국가부도, 무엇이 문제였던가?

　『민족 21』 2002. 2.

3. 아르헨티나 사태의 국제정치학

　『시민의 신문』 2001. 12. 31.

4. 고도를 기다리며 : IMF 지원의 정치경제

　『민족 21』 2002. 8.

　보론(1) : 사회학자 알시라가 본 아르헨티나 위기

　『시민의 신문』 2002. 2. 11 ; 2. 25.

　보론(2) : 스티글리츠, IMF를 정면으로 비판하다

　『시민의 신문』 2002. 7. 15 ; 7. 22.

5. 아르헨티나 사태와 한국 언론

　『진보평론』 2002. 봄호.

6. 25주년을 맞이한 오월광장어머니회

　『민족 21』 2002. 7.

7. 탱고를 통해 본 아르헨티나 사회

　『매일경제신문』 2002. 5. 29.

8. '영원한 구조조정' 18년의 공과

　『월간중앙』 1998. 11.

9. 사라진 공룡 : 제도혁명당 최후의 날

　『월간조선』 2000. 9.

10. 치아파스 통신 : 마르코스의 도박

　『시민의 신문』 2000. 12. 18 ; 2001. 3. 19 ; 『중앙일보』 2001. 4. 25.

11. 후지모리의 페루 : '스스로 쿠데타' 이후

　『옵서버』 1992. 6.

12. 후지모리, 마침내 몰락하다 : 10년 독재체제의 영광과 좌절

　『월간중앙』 2000. 11.

13. 칠레의 경제 기적, 신화와 진실

　『시민의 신문』 2001. 1. 15.

14. 피노체트 재판 전말기, 기억과 망각의 정치

　『시민의 신문』 2001. 2. 26.

15. 두 도시 이야기 : 산티아고와 부에노스아이레스 정전 소동

　『시민의 신문』 2000. 12. 25.

16. 3일천하로 끝난 베네수엘라 쿠데타

　『민족 21』 2002. 5.

17. 베네수엘라 사태의 교훈

　『시민의 신문』 2002. 5. 6.

18. 세계화와 우리의 심상지도

　『시민의 신문』 2001. 1. 8.

19. 세계화와 축구 : 세 개의 이야기

　『문화일보』 2002. 6. 8 ; 『정세와 정책』 2002. 8 ; 『중앙일보』 6. 15.

20. 세계화와 중남미 이민사회

　『시민의 신문』 2001. 1. 22.

21. 아래로부터의 세계화 : 시민사회와 저항 네트워크들

　『시민의 신문』 2001. 5. 28 ; 6. 4 ; 6. 11.

22. 라틴아메리카 (지역) 연구 유감

　『세계지역연구협의회 뉴스레터』 2000. 5.

23. 라틴아메리카와 우리 : 대담(퍼슨웹/이성형)

　www.personweb.com

라틴아메리카, 영원한 위기의 정치경제

1판 1쇄 발행   2002년 9월 25일
1판 2쇄 발행   2006년 8월 5일

지은이   이성형
펴낸이   김백일
펴낸곳   역사비평사

출판등록   제1-669호 (1988. 2. 22)
주소   서울시 종로구 가회동 175-2
전화   02-741-6123~4 (영업), 6125~7 (편집)
팩스   02-741-6126
홈페이지   www.yukbi.com
전자우편   yukbi @ chol.com
ISBN   89-7696-260-5   03950